Me alegro de que mi madre haya muerto

Jennette McCurdy protagonizó el famoso *show* de Nickelodeon *iCarly* y su *spin-off, Sam & Cat*, así como la serie de Netflix *Between*. En 2017 se retiró de la actuación y comenzó su carrera como guionista y directora. Sus películas han participado en el Florida Film Festival, el Salute Your Shorts Film Festival y el Short of the Week, entre otros. Sus ensayos han sido publicados en *HuffPost* y *The Wall Street Journal*. Su monólogo, *Me alegro de que mi madre haya muerto*, estuvo dos temporadas con entradas agotadas en los teatros Hudson y Lyric Hyperion de Los Ángeles. Conduce el pódcast *Empty Inside*, que encabezó el *ranking* de Apple Podcasts y cuenta con invitados que hablan acerca de temas incómodos. Vive en Los Ángeles. www.jennettemccurdy.com

---

Código BIC: BGA | Código BISAC: FAM033000
Diseño de cubierta: Faye Orlove
Fotografía de cubierta: Koury Angelo

Me alegro de que mi madre haya muerto

Jennette McCurdy

Traducción de Rut Abadía

Argentina – Chile – Colombia – España
Estados Unidos – México – Perú – Uruguay

Título original: *I'm Glad My Mom Died*
Editor original: Simon & Schuster
Traducción: Rut Abadía

1.ª edición en **books4pocket** Enero 2026

Los nombres y características de algunas personas han sido modificados.

López de Hoyos, 92, Planta Baja Derecha – 28002 Madrid
www.reinventarelmundo.com
www.books4pocket.com

ISBN: 978-84-19130-98-3
E-ISBN: 978-84-19497-16-1
Depósito legal: M-22.724-2025

Fotocomposición: Urano World Spain, S.A.U.

Impreso por Novoprint, S.A. – Energía 53 – Sant Andreu de la Barca (Barcelona)

Impreso en España – *Printed in Spain*

Para Marcus, Dustin y Scottie

Prólogo

Es curioso que nos empeñemos en darles grandes noticias a los seres queridos que están en coma, como si el coma fuera algo que te ocurre porque te falta algo que te ilusione en la vida.

Mamá está en la UCI del hospital. El médico nos ha dicho que le quedan cuarenta y ocho horas de vida. La abuela, el abuelo y papá están en la sala de espera llamando a sus familiares y comiendo bocadillos de la máquina expendedora. La abuela dice que las galletas de mantequilla de cacahuete calman su ansiedad.

Estoy de pie, rodeando el pequeño cuerpo comatoso de mamá con mis tres hermanos mayores: Marcus (el sensato), Dustin (el listo) y Scott (el sensible). Le limpio las comisuras de los ojos cerrados con un trapo y entonces empieza todo.

—Mami —el sensato se inclina y susurra al oído de mamá—, voy a volver a California.

Todos estamos expectantes, ilusionados por ver si mamá se despierta de repente.

Nada. Entonces el listo da un paso adelante.

—Mamá. Eh, mamá, Kate y yo nos vamos a casar.

De nuevo, todos miramos esperanzados. Pero nada.

El sensible se acerca.

—Mamá…

No puedo oír lo que dice el sensible para intentar que mamá despierte porque estoy demasiado ocupada pensando en lo que diré cuando llegue mi turno.

Y ahora me toca a mí. Espero a que todos los demás bajen a buscar algo de comer para quedarme a solas con ella. Acerco la silla chirriante a su cama y me siento. Sonrío. Estoy a punto de sacar la artillería pesada. Olvida las bodas, olvida la mudanza. Tengo algo más importante que ofrecer. Algo que seguro que a mamá le importa más que nada.

—Mami, ahora mismo estoy… muy delgada. Por fin he bajado a cuarenta kilos.

Estoy en la UCI con mi madre moribunda y lo que estoy segura que conseguirá que se despierte es el hecho de que en los días transcurridos desde que fue hospitalizada, mi miedo y mi tristeza se han convertido en el cóctel perfecto para provocarme anorexia y, finalmente, he alcanzado el peso que mamá tenía como objetivo para mí. Cuarenta kilos. Estoy tan segura de que esto funcionará que me reclino completamente en la silla y cruzo las piernas de forma pomposa. Espero a que vuelva en sí. Y espero. Y espero.

Pero no lo hace. Nunca vuelve en sí. No le encuentro sentido. Si mi peso no es suficiente para que mamá se despierte, nada lo será. Y si nada puede despertarla, significa que se va a morir de verdad. Y si realmente se va a morir, ¿qué se supone que debo hacer conmigo misma? El propósito de mi vida siempre ha sido hacerla feliz, ser quien ella quiere que sea. Así que, sin mamá, ¿quién se supone que debo ser ahora?

ANTES

1

El regalo que tengo delante está envuelto en papel de Navidad aunque estemos a finales de junio. Nos ha sobrado mucho papel de las fiestas porque el abuelo compró el *pack* de una docena de rollos en Sam's Club aunque mamá le dijo un millón de veces que la oferta no era tan buena.

Despego —no rasgo— el papel, porque sé que a mamá le gusta guardar un trozo de cada regalo, y si lo rasgo en lugar de despegarlo, el papel no estará tan intacto como a ella le gustaría. Dustin dice que mamá es una acaparadora, pero mamá dice que simplemente le gusta conservar recuerdos de las cosas. Así que no lo rasgo.

Miro a todos los que me observan. La abuela está allí, con su permanente abullonada, su nariz de botón y su intensidad, la misma intensidad que siempre sale a relucir cuando ve a alguien abrir un regalo. Se interesa mucho por la procedencia de los regalos, por su precio, por si estaban en oferta o no. Ella *tiene* que saber estas cosas.

El abuelo también mira, y saca fotos mientras lo hace. Detesto que me hagan fotos, pero al abuelo le encanta hacerlas. Y no hay quien pare a un abuelo que quiere hacer algo. Como cuando mamá le dice que deje de comer helado de vainilla Tillamook todas las noches antes de acostarse porque no le hará ningún bien a su corazón, que ya está fallando, pero él no le hace caso. No dejará de comer su helado Tillamook ni dejará de hacer fotos. La verdad es que me enfadaría si no lo quisiera tanto.

Papá está allí, medio dormido, como siempre. Mamá le da un codazo y le susurra que no está muy convencida de que su tiroides esté sana, entonces papá, irritado, le dice «mi tiroides está bien» y se vuelve a quedar medio dormido cinco segundos después. Esta es su dinámica habitual. O esto o una pelea a gritos. Yo prefiero esto.

Marcus, Dustin y Scottie también están ahí. Los quiero a todos por diferentes razones. Marcus es muy responsable, muy sensato. Supongo que se debe a que es prácticamente un adulto (tiene quince años), pero aun así, tiene una fortaleza que no he visto en la mayoría de los adultos que me rodean.

Me encanta Dustin, aunque parece un poco molesto conmigo la mayor parte del tiempo. Me encanta que se le den bien el dibujo, la historia y la geografía, tres cosas que a mí se me dan fatal. Intento felicitarle a menudo por las cosas que se le dan bien, pero él me llama marrullera. No estoy segura de lo que significa exactamente, pero por la forma en que lo dice debe ser un insulto. Aun así, estoy segura de que en secreto aprecia los cumplidos.

Me encanta Scottie porque es nostálgico. Aprendí esa palabra en el libro de vocabulario ilustrado que mamá nos lee todos los días, porque nos educa en casa, y ahora intento usarla al menos una vez al día para no olvidarla. Describe a Scottie a la perfección. «Sentimentalismo por el pasado». Eso es exactamente lo que le pasa, aunque solo tiene nueve años y, por ende, no tiene mucho pasado. Scottie llora al final de la Navidad y al final de los cumpleaños y al final de Halloween y a veces al final de un día normal. Llora porque le entristece que se haya acabado, y aunque apenas *ha acabado*, ya lo recuerda con añoranza. «Añoranza» es otra palabra que aprendí en el libro de vocabulario ilustrado.

Mamá también está observando. Oh, mamá. Es tan hermosa. Ella no cree que lo sea, y probablemente por eso pasa una hora peinándose y maquillándose todos los días, aunque solo sea para ir al supermercado. Para mí, no tiene sentido. Juro que está mucho mejor sin esas cosas. Se ve más natural. Puedes verle la piel. Los ojos. A ella. En cambio, lo oculta todo. Se unta la cara con un bronceador líquido, se raspa el párpado con un lápiz, se unta las mejillas con muchas cremas y se aplica muchos polvos. Se carda el pelo. Lleva zapatos de tacón para alcanzar el metro sesenta, porque dice que un metro cincuenta (su estatura real) no es suficiente. Son muchas cosas que no necesita, que desearía que no usara, pero puedo verla debajo de todo eso. Y lo hermoso es quién es ella debajo de todo eso.

Mamá me mira y yo la miro a ella y así es siempre. Siempre estamos conectadas. Entrelazadas. Unidas. Me sonríe como diciéndome que me dé prisa, así que lo hago. Me doy prisa y termino de despegar el papel de mi regalo.

Me siento inmediatamente decepcionada, si no horrorizada, cuando veo lo que he recibido como regalo por mi sexto cumpleaños. Sí, me gustan los personajes de *Rugrats*, pero este conjunto de dos piezas (una camiseta y unos pantalones cortos) muestra a Angélica (mi personaje menos favorito) rodeada de margaritas (odio las flores en la ropa). Y hay volantes alrededor de las muñecas y los tobillos. Si hay algo que podría considerar totalmente opuesto a mi personalidad, son los volantes.

—¡Me encanta! —grito emocionada—. ¡Es el mejor regalo del mundo!

Pongo mi mejor sonrisa falsa. Mamá no se da cuenta de que mi sonrisa es falsa. Cree que el regalo me gusta de verdad. Me dice que me vista para la fiesta mientras empieza a quitarme el pijama. A medida que lo hace, me da la sensación de que está rompiendo el envoltorio en lugar de despegarlo.

Han pasado dos horas. Estoy de pie en Eastgate Park, con mi uniforme de Angélica, rodeada de mis amigos, o más bien de las únicas personas que conozco de mi edad. Son todos de mi clase de primaria de la iglesia. Carly Reitzel está aquí, con su diadema en zigzag. Madison Thomer también está aquí, con las dificultades para hablar que me gustaría tener a mí, porque me parece sumamente genial. Y también está Trent Paige, hablando del color rosa, cosa que hace en exceso y a menudo, para consternación de los adultos que le rodean. (Al principio no me di cuenta de por qué los adultos se preocupaban tanto por la obsesión de Trent por el color rosa, pero luego sumé dos más dos. Creen que es gay. Y nosotros somos mormones. Y, por alguna razón, no se puede ser gay y mormón al mismo tiempo).

La tarta y el helado están listos, y yo estoy encantada. Llevo dos semanas enteras esperando este momento, desde que decidí cuál iba a ser mi deseo. El deseo de cumpleaños es el mayor poder que tengo en mi vida ahora mismo. Es la mejor ocasión que tengo para ejercer el control. No menosprecio esta oportunidad. Quiero aprovecharla.

Todo el mundo canta el «Cumpleaños feliz» desafinando, y Madison, Trent y Carly dicen chachachá después de cada verso, y a mí me molesta mucho.

Me doy cuenta de que a todos les parece muy divertido escuchar los chachachás, pero a mí me parece que le quita la pureza a la canción de cumpleaños. ¿Por qué no pueden dejar las cosas como están?

Miro a mamá para que sepa que me preocupo por ella, que es mi prioridad. Ella no dice chachachá. La respeto por eso. Me dedica una de esas grandes sonrisas que me hacen sentir que todo va a salir bien. Le devuelvo la sonrisa, tratando de disfrutar de este momento lo mejor posible. Siento que los ojos se me humedecen.

A mamá le diagnosticaron un cáncer de mama en fase cuatro cuando yo tenía dos años. Apenas lo recuerdo, pero tengo algunos flashes.

Me viene a la memoria mamá tejiendo una gran manta de hilo verde y blanco, para que pudiera usar cuando ella estuviera en el hospital. Yo la odiaba, u odiaba la forma en que me la daba, o la sensación que tenía cuando me la daba… No recuerdo con exactitud lo que odiaba, pero había algo en ese momento que detestaba por completo.

Me viene a la memoria el momento en el que caminaba por lo que debía de ser el césped de un hospital, de la mano del abuelo. Se suponía que íbamos a recoger dientes de león para llevárselos a mamá, pero en lugar de eso recogí unas hierbas marrones, pegajosas y con forma de palo porque me gustaban más. Mamá las guardó en un bote de plástico de Crayola en el mueble del comedor durante años. Para conservar el recuerdo. (¿Acaso Scott ha heredado su instinto nostálgico de ella?).

Me viene a la memoria el momento en el que estaba sentada en una moqueta azul llena de bultos de una sala esquinera de nuestra iglesia, viendo cómo dos misioneros jóvenes y guapos ponían sus manos sobre la cabeza calva de mamá para darle una bendición sacerdotal mientras todos los demás miembros de la familia estaban sentados en frías sillas plegables dispuestas alrededor de la sala. Uno de los misioneros consagró el aceite de oliva para que se volviera sagrado o lo que fuera, y luego lo vertió sobre la cabeza de mamá, dándole aún más brillo. Luego el otro misionero entonó la bendición, y pidió que la vida de mamá se prolongara con la voluntad de Dios. La abuela se levantó de su asiento de un salto y dijo: «¡Y aunque no sea la voluntad de Dios, maldita sea!», lo cual interrumpió al Espíritu Santo, por lo que el misionero tuvo que volver a empezar la oración.

Aunque casi no recuerdo esa época de mi vida, no hace falta que lo haga. En la casa McCurdy se habla tan a menudo de aquellos acontecimientos que ni siquiera hubiera hecho falta estar allí para que la experiencia se me quedara grabada en la memoria.

A mamá le encanta explicarle la historia de su cáncer (la quimioterapia, la radioterapia, el trasplante de médula ósea, la mastectomía, el implante mamario, que estaba en fase cuatro, que solo tenía treinta y cinco años) a cualquier feligrés, vecino o cliente del supermercado que le preste atención. Aunque los hechos son muy tristes, me doy cuenta de que la historia en sí le produce un profundo sentimiento de orgullo. De motivación. Como si ella, Debra McCurdy, hubiera sido enviada a esta tierra para ser una superviviente del cáncer y contarlo a todo el mundo al menos cinco o diez veces.

Mamá recuerda el cáncer como la mayoría de la gente recuerda las vacaciones. Incluso llega al punto de volver a ver cada semana un vídeo casero que hizo poco después de conocer su diagnóstico. Todos los domingos, después de la misa, le pide a uno de los chicos que ponga la cinta de VHS, ya que ella no sabe manejar el reproductor.

—Muy bien, shhhhh. Silencio. Miremos y demos las gracias por cómo está mami ahora —dice mamá.

Aunque mamá afirma que estamos viendo este vídeo para agradecer que ahora está bien, hay algo en él que no me gusta. Me doy cuenta de lo incómodos que están los chicos, y definitivamente lo incómoda que estoy yo. No creo que ninguno de nosotros quiera volver a ver a nuestra madre calva, triste y moribunda, pero ninguno lo dice.

El vídeo comienza. Mamá nos canta canciones de cuna a los cuatro niños mientras estamos sentados a su alrededor en el sofá. Y al igual que el vídeo es el mismo cada vez que se reproduce, también lo son los comentarios de mamá. Cada vez que volvemos a ver el vídeo, mamá comenta que la carga era «demasiado para Marcus», por lo que tenía que salir al pasillo para coger fuerzas y volver a entrar. Lo dice como si fuera el mayor de los halagos. El hecho de que Marcus estuviera angustiado por su enfermedad terminal es la prueba de lo buena persona que es. Luego comenta lo «bicho» que era yo, pero dice la palabra «bicho» con una mordacidad tan venenosa que bien podría ser una palabrota. Continúa diciendo que no puede creer que no dejara de cantar *Jingle Bells* a todo pulmón cuando la situación era tristísima. No puede creer que no lo entendiera. ¿Cómo podía estar tan contenta cuando estaba claro que la situación era muy dura? Tenía dos años.

La edad no es excusa. Me siento tremendamente culpable cada vez que volvemos a ver el vídeo casero. ¿Cómo no me di cuenta? Qué estúpida. ¿Cómo no pude percibir lo que mamá necesitaba? Necesitaba que todos estuviéramos serios, que nos tomáramos la situación tan a pecho como fuera posible, que estuviéramos devastados. Necesitaba que no fuéramos nada sin ella.

Aunque sé que los tecnicismos de la historia del cáncer de mamá (la quimioterapia, el trasplante de médula ósea, la radiación) son palabras que evocarán una gran reacción de asombro en quien las oiga, como si no pudiera creer que lo haya pasado tan mal, para mí son solo tecnicismos. No significan nada.

Pero lo que *sí* significa algo para mí es el ambiente de la casa McCurdy. La mejor manera de describirlo es que, desde que tengo memoria, el ambiente en la casa es como si estuviésemos aguantando la respiración. Como si todos estuviéramos conteniéndonos, a la espera de que el cáncer de mamá regresara. Entre las constantes recreaciones del primer cáncer de mamá y las frecuentes visitas de seguimiento a los médicos, el ambiente en casa está cargado. La fragilidad de la vida de mi madre es el centro de la mía.

Y creo que puedo hacer algo para aliviar esa fragilidad con mi deseo de cumpleaños.

Por fin se acabó la canción del «Cumpleaños feliz». Ha llegado el momento. Mi gran momento. Cierro los ojos e inspiro profundamente mientras pido el deseo en mi mente.

Deseo que mamá sobreviva un año más.

2

—Una fila más de clips y habremos terminado —dice mamá, refiriéndose a las pinzas en forma de mariposa que está sujetando cuidadosamente en mi cabeza.

Detesto este peinado, los mechones de pelo apretados y sujetos con dolorosas pinzas que me lastiman el cuero cabelludo. Preferiría llevar una gorra de béisbol, pero a mamá le encanta este peinado y dice que me hace estar guapa, así que dejo que me ponga los clips de mariposa.

—Está bien, mamá —digo, sentada sobre la tapa del inodoro mientras muevo las piernas de un lado a otro. El balanceo de las piernas queda muy bien.

El teléfono de la casa empieza a sonar.

—¡Rayos!

Mamá abre la puerta del baño y se asoma lo más que puede para coger el teléfono que está colgado en la pared de la cocina. Todo esto lo hace sin soltarme el mechón de pelo con el que está trabajando, así que todo mi cuerpo se inclina en dirección a mamá.

—Hola —dice al contestar al teléfono—. Ajá. Ajá. ¿QUÉ? ¿A las nueve de la noche? ¿Eso es lo más temprano? Muy bien, supongo que los niños tendrán que pasar OTRA NOCHE sin su PAPÁ. Es culpa tuya, Mark. Es culpa tuya.

Cuelga el teléfono de golpe.

—Era tu padre.

—Me lo imaginaba.

—Net, de verdad, a veces ese hombre... —Respira profunda y ansiosamente.

—¿A veces qué?

—Bueno, podría haberme casado con un médico, un abogado o un...

—Jefe indio —termino por ella, ya que conozco muy bien esta frase suya.

Una vez le pregunté con qué jefe indio había salido, y me dijo que no lo decía literalmente, que era solo una forma de hablar, una manera de decir que en su momento podría haber tenido a quien hubiera querido, antes de tener hijos, que la ha hecho menos atractiva. Le dije que lo sentía, y me dijo que no pasaba nada, que prefería tenerme a mí y no a un hombre. Luego me dijo que yo era su mejor amiga y me dio un beso en la frente y, como si se hubiera acordado después, me dijo que en realidad había salido algunas veces con un médico: «Alto y pelirrojo, muy estable económicamente».

Mamá sigue peinándome.

—Con productores también. Productores de cine, de música. Quincy Jones una vez se volvió a mirarme cuando se cruzó conmigo en una esquina. A decir verdad, Net, no solo podría haberme casado con cualquiera de esos hombres, sino que *debería* haberlo hecho. Yo estaba destinada a tener una buena vida. A la fama y la fortuna. Sabes lo mucho que deseaba ser actriz.

—Pero los abuelos no te habrían dejado —digo.

—Es verdad, los abuelos no me habrían dejado.

Me pregunto por qué los abuelos no la habrían dejado, pero no digo nada. Sé que no debo hacer cierto tipo de preguntas, las que requieren respuestas que profundizan demasiado en los detalles. En lugar de eso, dejo que mamá comparta la información que quiera compartir, mientras yo escucho atentamente y trato de asimilarla justo como ella quiere.

—¡Ay!

—Perdona, ¿te he pillado la oreja?

—Sí, no pasa nada.

—Es difícil de ver desde este ángulo.

Mamá empieza a frotarme la oreja. Me tranquiliza inmediatamente.

—Lo sé.

—Quiero darte la vida que nunca tuve, Net. Quiero darte la vida que me merecía. La vida que mis padres no me dejaron tener.

—Vale. —Estoy nerviosa por lo que viene a continuación.

—Creo que deberías actuar. Creo que serías una gran actriz. Rubia. De ojos azules. Eres como les gusta en esa ciudad.

—¿En qué ciudad?

—Hollywood.

—¿No está muy lejos?

—A una hora y media. Por supuesto, hay que ir por la autopista. Tendría que aprender a conducir por autopista. Pero es un sacrificio que estoy dispuesta a hacer por ti, Net. Porque yo no soy como mis padres. Quiero lo mejor para ti. Siempre. Lo sabes, ¿verdad?

—Sí.

Mamá hace una pausa como cuando está a punto de decir algo que cree que forma parte de un gran momento. Se inclina para mirarme a los ojos, todavía con el mechón de pelo en la mano.

—Entonces, ¿qué dices? ¿Quieres actuar? ¿Quieres ser la pequeña actriz de mamá?

Solo hay una respuesta correcta.

3

No me siento preparada. Sé que no estoy preparada. El chico que está delante de mí baja de un salto los escalones del escenario de una manera que me confunde. No parece nervioso en absoluto. Es un día cualquiera para él. Toma asiento junto a la docena de niños que ya están sentados porque ya han representado sus monólogos.

Miro la aburrida sala de paredes blancas y sin decoración y las filas de niños sentados en las sillas metálicas apilables. Me pongo a hojear el papel que tengo en las manos, nerviosa. Soy la siguiente. Me puse última en la cola para tener más tiempo para practicar, una decisión de la que ahora me arrepiento porque mis nervios han tenido más tiempo para crecer. Nunca me había sentido así. Tengo el estómago revuelto por los nervios. «Adelante, Jennette», me dice un hombre moreno con cola de caballo y perilla que va a decidir mi destino.

Le hago un gesto con la cabeza y subo al escenario. Dejo la hoja de papel en el suelo para tener más libertad para usar las manos y hacer los grandes gestos que mamá me ha dicho que haga, y entonces empiezo mi monólogo sobre los caramelos de goma.

Al comienzo me tiembla la voz. La oigo muy fuerte en mi cabeza. Trato de silenciarla, pero sigue sonando más fuerte. Sonrío mucho y espero que Perilla no se dé cuenta. Finalmente, llego a la última línea del texto.

—¡... porque los caramelos de goma me hacen reír!

Me río después de la frase, tal y como me dijo mamá: «agudo y cursi, frunciendo un poco la nariz al final». Espero que la risa no resulte tan incómoda como me siento yo cuando sale de mí.

Perilla se aclara la garganta, lo que nunca es una buena señal. Me dice que lo intente una vez más, pero «afloja un poco, hazlo como si estuvieras hablando con una amiga... Ah, y no hagas esos gestos con las manos».

Tengo un conflicto. Los gestos con las manos son exactamente lo que mamá me dijo que hiciera. Si vuelvo a la sala de espera y le digo que no he hecho los gestos con las manos, se sentirá decepcionada. Pero si voy a la sala de espera y le digo que no he conseguido un agente, se sentirá aún más decepcionada.

Vuelvo a hacer el monólogo, evitando hacer gestos con las manos, y me siento ligeramente mejor, pero me doy cuenta de que Perilla no ha conseguido exactamente lo que quería. Le he decepcionado. Me siento fatal.

Cuando termino, Perilla anuncia nueve nombres, incluido el mío, y les dice a los otros cinco niños que pueden irse. Me doy cuenta de que solo una ha entendido que acaba de ser rechazada. Los otros cuatro salen de la sala como si fueran a tomar un helado. Me siento mal por ella, pero bien por mí. Soy una elegida.

Perilla nos dice a todos que a Academy Kids le gustaría representarnos para trabajos de fondo, lo que significa que nos pondremos en el fondo de las escenas de programas y películas. Me doy cuenta de que Perilla está intentando que las malas noticias suenen bien por la alegría excesiva que desprende su rostro.

Cuando nos deja ir a la sala de espera a contárselo a nuestras madres, Perilla dice el nombre de tres niños y les pide que se queden. Me quedo y trato de ser la última en salir de la sala para poder escuchar lo que les pasará a esos tres niños especiales, esos tres «elegidos» como yo, pero mejores. Perilla les dice que han sido seleccionados para ser representados como «actores principales», es decir, actores con diálogos. Lo han hecho tan bien en sus monólogos que no les van a representar como objetos de utilería humanos, sino como auténticos ACTORES oficiales y dignos de diálogos.

Siento que una molestia se está gestando en mi interior. Celos mezclados con rechazo y autocompasión. ¿Por qué no soy lo suficientemente buena para tener un papel en el que pueda hablar?

Salgo a la sala de espera y corro hacia mi madre, que está haciendo cuentas por cuarta vez esta semana. Le digo que me han elegido como actriz de fondo, y parece realmente contenta. Sé que esto se debe a que no sabe que podrían haberme elegido para un nivel superior. Me preocupa que se entere.

Mamá empieza a rellenar el papeleo del contrato de representación. Me señala la línea de puntos en la que se supone que debo firmar. Está al lado de otra línea de puntos en la que ella ya ha firmado; ella también tiene que firmar porque es mi tutora.

—¿Qué vamos a firmar?

—El contrato solo dice que el agente se lleva el veinte por ciento y nosotras, el ochenta por ciento. El quince por ciento de ese ochenta por ciento irá a una cuenta Coogan, a la que podrás acceder cuando cumplas los dieciocho años. Ese es todo el dinero que la mayoría de los padres dejan a sus hijos. Pero tú tienes suerte. Mamá no se llevará nada de tu dinero, salvo mi sueldo y lo esencial.

—¿Qué es lo esencial?

—¿Y ahora por qué me sometes a este interrogatorio? ¿No confías en mí?

Me apresuro a firmar.

Perilla sale a dar su opinión a cada uno de los padres. Primero se dirige a mamá y le dice que tengo potencial para hacer papeles principales.

—¿Potencial? —pregunta mamá con desaprobación.

—Sí, sobre todo porque solo tiene seis años, así que está empezando a una edad muy temprana.

—Pero ¿por qué hablamos de potencial? ¿Por qué no puede tener un papel principal ahora?

—Bueno, cuando recitó su monólogo, me di cuenta de que estaba muy nerviosa. Parece bastante tímida.

—Es tímida, pero lo está superando. Lo superará.

Perilla se rasca el brazo donde tiene tatuado un árbol. Respira hondo, como si se preparara para decir algo que le pone nervioso.

—Es importante que Jennette *quiera* actuar para que le vaya bien —dice.

—Oh, es su mayor deseo —dice mamá mientras firma en la línea de puntos de la siguiente página.

Este es el mayor deseo de *mamá,* no el mío. El día ha sido muy estresante y para nada divertido y, si me dieran a elegir, no volvería a hacer nunca nada parecido. Pero, por otra parte, quiero lo que mamá quiere, así que, en cierto modo tiene razón.

Perilla me sonríe de una manera que me gustaría entender. No me gusta cuando los adultos hacen caras o sonidos que no entiendo. Es frustrante. Me hace sentir que me pierdo algo.

—Buena suerte —me dice con cierta gravedad, y se aleja.

4

Son las tres de la mañana del viernes siguiente a la firma con Academy Kids cuando mamá me despierta para mi primer día de trabajo en una serie titulada *Expediente X*. No tengo que presentarme hasta las cinco de la mañana, pero como a mamá le da miedo conducir por la autopista por primera vez, quiere adelantarse y salir con mucha antelación.

—Mírame, voy a superar mi miedo por ti —dice mamá mientras nos apiñamos en nuestro monovolumen Ford Windstar de 1999.

Llegamos a los estudios de la 20th Century Fox con una hora de antelación, así que caminamos un poco en la oscuridad. Cuando pasamos por el gigantesco mural de Luke Skywalker contra Darth Vader en el lateral de uno de los platós, mamá chilla de alegría, saca su cámara desechable y me hace una foto delante de él. Me siento avergonzada, como si no perteneciéramos a este lugar.

A las 04:45 a. m., mamá se da cuenta de que se acerca la hora de mi cita, así que nos registramos en la puerta del plató con un asistente de producción bajito y calvo. Nos dice que hemos llegado temprano, pero que podemos pasar por la zona de catering antes de la hora de ir al plató.

La zona de catering es un lugar genial. Es una carpa al lado del escenario repleta de comida. Cereales, caramelos, jarras de café, zumo de naranja y bandejas plateadas con cosas para desayunar: tortitas, gofres, huevos revueltos y beicon.

—Y es gratis —dice mamá con entusiasmo mientras envuelve varias magdalenas y cruasanes en servilletas y los mete en su enorme bolso de ocasión para dárselos a mis hermanos más tarde.

Hay un montón de huevos enteros en una bandeja. Mamá dice que están duros. Saco uno para probarlo. Mamá me enseña a hacer rodar el huevo sobre una superficie dura para romper la cáscara, y luego separarla de la clara. Lo espolvoreo con sal y pimienta y le doy un gran bocado. Me encanta. También cojo una bolsa de galletas de queso Ritz Bits. Podría acostumbrarme a esto.

Para cuando llego al último bocado del huevo, todos los demás actores de fondo (somos treinta niños en total) han aparecido, y nos llaman a todos a la vez.

Seguimos al director de fotografía calvo mientras nos guía hacia el escenario donde vamos a rodar. En cuanto entramos en el plató, me quedo asombrada. El techo es muy alto y está cubierto de cientos de luces y postes. Hay olor a madera fresca y se escucha el ruido de martillos y taladros. Pasan muchas personas con pantalones cargo por delante de nosotros, algunas con herramientas colgando del cinturón, otras con portapapeles en las manos, otras susurrando con urgencia por los *walkie-talkies*. Hay algo mágico en todo esto. Parece que están pasando muchas cosas.

Llegamos al plató y el director —un hombre pequeño con el pelo castaño claro lo suficientemente largo como para metérselo por detrás de las orejas— nos hace entrar mientras habla rápida y frenéticamente. Nos mira a mí y a los otros veintinueve críos y nos dice con entusiasmo que todos vamos a interpretar a niños que están atrapados en una cámara de gas y se mueren asfixiados. Asiento, intentando recordar todas y cada una de las palabras para poder transmitírselas a mamá en el viaje de vuelta a casa cuando me pregunte. Morir asfixiados, entendido.

El director nos dice a todos dónde ponernos, y yo estoy cerca de la parte de atrás de la manada de niños hasta que nos pide a los más pequeños que pasemos al frente, así que lo hago. Luego nos señala a cada uno rápidamente, uno tras otro, y nos dice que pongamos nuestra mejor cara de «miedo a morir». Yo soy la novena o la décima a quien señala, y después de hacer la cara, le dice al cámara que está a su lado que me haga un primer plano. No tengo ni idea de lo que significa, pero supongo que es algo bueno, porque el director me guiña un ojo después de decirlo.

—¡Otra vez, ahora más asustada! —me grita el director. Abro un poco los ojos, esperando que eso funcione. Creo que sí, ya que me dice—: ¡Listo, sigamos! —y me da una palmadita en la espalda.

El resto del día consiste en actuar en el plató y realizar los deberes escolares, que debemos hacer en el estudio, así que vamos de un lado a otro. Como mi madre me educa en casa, me ha preparado el trabajo escolar del día y ha reunido todas las hojas de tareas en un pequeño paquete. La niña de doce años que está sentada a mi lado en el aula no deja de darme codazos y decirme que no tenemos que hacer ningún trabajo escolar si no queremos porque somos extras, y a los profesores asignados a los extras no les importa cuántos deberes hagamos porque solo quieren enseñar a los actores principales. Hago lo posible por ignorarla y completar mis deberes sobre las capitales de los estados. Después de media hora de trabajo escolar, uno de los asistentes nos saca del aula para volver a representar la escena. La misma escena. Todo el día, la misma escena.

No tengo ni idea de por qué tenemos que seguir haciendo esta misma escena tantas veces, y supongo que es mejor no hacer preguntas, pero me doy cuenta de que, cada vez que vuelvo al plató, la cámara está en una nueva posición, así que tengo la sensación de que tiene algo que ver con eso. Y, bueno, al menos cada vez que me llevan al plató, puedo ver a mamá.

Cada vez que el asistente nos lleva de vuelta al plató, pasamos por la «sala de espera para los padres de los extras», donde todos los padres están metidos en un pequeño bungalow. Saludo a mamá, que me mira todas las veces. No importa lo absorta que esté en su revista *Woman's World*, dobla la esquina de la página, me mira, sonríe y me enseña un pulgar hacia arriba. Estamos muy conectadas.

Al final del día, estoy agotada. Han sido ocho horas y media trabajando en el plató y haciendo los deberes y caminando desde el escenario hasta el aula y recibiendo instrucciones y escuchando simulacros y oliendo humo (había una máquina de niebla en el plató de la cámara de gas para mejorar el ambiente). Ha sido un día muy largo y no lo he disfrutado mucho, pero sí me ha gustado el huevo duro.

—Morir asfixiada —dice mamá con entusiasmo de camino a casa, mientras repite todo lo que le he explicado sobre el día—. Y en PRIMER PLANO. Eso demostrará lo buena que eres. Apuesto a que cuando esto se emita, Academy Kids te rogará que seas una actriz principal. TE LO ROGARÁ.

Mamá niega con la cabeza sin poder creerlo mientras golpea el volante con emoción. Parece tan despreocupada. Intento empaparme de su expresión todo lo que puedo. Ojalá estuviera así más a menudo.

—Vas a ser una estrella, Nettie. Lo sé. Vas a ser una *estrella*.

5

—¡Tenemos que ir a la iglesia en quince minutos! —grita mamá desde la otra habitación antes de que se escuche el claro golpe de una brocha de maquillaje contra el espejo. Se le habrá vuelto a correr el lápiz de ojos.

La iglesia a la que asiste mi familia es la Sexta Congregación de la Iglesia de Jesucristo de los Santos de los Últimos Días de Garden Grove. La abuela fue bautizada como mormona cuando tenía ocho años, y luego mamá fue bautizada como mormona cuando tenía ocho años, al igual que yo voy a ser bautizada como mormona cuando tenga ocho años, porque es cuando Joseph Smith dijo que uno se hace responsable de sus pecados. (Antes de eso, se puede pecar libremente). Aunque tanto mi abuela como mi madre fueron bautizadas, no iban a la iglesia. Creo que querían poder ir al cielo sin tener que esforzarse.

Pero justo después de que a mamá le diagnosticaran cáncer, empezamos a asistir a los eventos de la iglesia.

—Lo único que sabía era que el Señor me ayudaría a mejorar si era una sierva buena y fiel —me explicó mamá.

—Oh. ¿Así que hay que ir a la iglesia cuando queremos algo de Dios? —pregunté.

—No.

Aunque mamá se reía al decirlo, sonaba algo nerviosa, quizá incluso un poco molesta. Y entonces cambió de tema diciendo lo guapo que estaba Tom Cruise en el tráiler de *Misión: Imposible 2.*

Nunca le he vuelto a preguntar cuándo o por qué empezamos a ir a la iglesia. No necesito saber los detalles de por qué vamos a la iglesia para saber que me encanta.

Me encanta el olor de la capilla: limpiador de baldosas con olor a pino y aroma de arpillera. Me encantan las clases de primaria y todas las canciones sobre la fe y Jesús, como «Espero ser llamado a una misión», «Historias del Libro de Mormón» y mi favorita, «Palomitas de maíz», que, ahora que lo pienso, no estoy segura de que tenga algo que ver con la fe o con Jesús. (Se trata de palomitas que estallan en un albaricoquero).

Pero, sobre todo, me encanta evadirme. La iglesia es un hermoso y pacífico descanso semanal de tres horas del lugar que más odio: mi casa. Mi casa, al igual que la iglesia, está en Garden Grove, California, una ciudad a la que sus habitantes se refieren no tan cariñosamente como «Garbage Grove» [Basurero] porque, como dice Dustin antes de que mamá le haga callar, «aquí hay un montón de gentuza».

Pagamos un buen precio de alquiler, ya que los padres de papá son los dueños, pero al parecer no es lo suficientemente bueno, ya que mamá siempre se queja de ello.

—No deberíamos tener que pagar nada. Para eso está la familia —suele decirme mientras lava los platos o se lima las uñas—. Si no le dejan la casa a tu padre en su testamento, te juro que…

Cuando nos retrasamos con el pago del alquiler casi todos los meses… mi madre llora. Cuando no llegamos a pagar el total… también llora. A veces no es suficiente, aunque mamá, papá, el abuelo y la abuela contribuyan. Los abuelos se mudaron con nosotros «temporalmente» mientras mamá luchaba contra el cáncer, pero terminaron quedándose incluso después de que ella entrara en remisión porque era lo mejor para todos.

Mamá lo llama la «maldición del salario mínimo». El abuelo trabaja como taquillero en Disneylandia, la abuela trabaja como recepcionista en una residencia de ancianos, papá hace recortes de cartón para Hollywood Video y trabaja en el departamento de diseño de cocinas en Home Depot, y mamá fue a la escuela de belleza, pero dice que tener bebés interrumpió su carrera —«además, los vapores de la decoloración del cabello son tóxicos»—, así que trabaja algunas horas en un supermercado durante las vacaciones, pero dice que su trabajo principal es asegurarse de que yo llegue a Hollywood.

A pesar de que casi nunca pagamos el alquiler en tiempo y forma, nunca nos han echado. Y tengo la sensación de que si los dueños de la casa no fueran los padres de papá, probablemente ya nos habrían echado. Una parte de mí fantasea con eso.

Si nos echaran, tendríamos que mudarnos a otro sitio. Y si tuviéramos que mudarnos a otro sitio, tendríamos que meter las cosas que quisiéramos llevarnos en cajas de mudanza. Y si tuviéramos que meter esas cosas en cajas de mudanza, tendríamos que ordenar todas las cosas de la casa y deshacernos de algunas de ellas. Y eso suena maravilloso.

Nuestra casa no siempre ha sido así. He visto fotos de antes de que yo naciera en las que parecía bastante normal, una casa humilde con un poco de desorden, nada fuera de lo común.

Mis hermanos dicen que comenzó cuando mamá enfermó; fue entonces cuando empezó a no poder renunciar a las cosas. Por lo tanto, debió suceder cuando yo tenía dos años. Desde ese momento, el problema no ha hecho más que empeorar.

Nuestro garaje está repleto de cosas desde el suelo hasta el techo. Las pilas de contenedores de plástico están llenas de papeles viejos, recibos, ropa de bebé, juguetes, joyas enmarañadas, diarios, adornos de Navidad, viejos envoltorios de chocolatinas, maquillaje caducado, frascos de champú vacíos y trozos de tazas rotas en bolsas con cierre hermético.

El garaje tiene dos entradas: una puerta trasera y una principal. Es casi imposible atravesar el garaje si entras por la puerta trasera porque apenas hay espacio, pero incluso en el caso de que puedas abrirte paso a codazos, no querrás hacerlo. Tenemos un problema con ratas y zarigüeyas, así que lo único que verás en el camino son ratas y zarigüeyas muertas atascadas en las trampas que papá coloca cada pocas semanas. Las ratas y zarigüeyas muertas apestan. Como no se puede atravesar el garaje, nuestra segunda nevera está colocada de forma estratégica en la parte delantera para que podamos acceder a ella fácilmente al abrir la puerta principal.

Pero decir «fácilmente» es una exageración.

La puerta de nuestro garaje es la única manual de la manzana, y es tan pesada que las bisagras cedieron. La puerta solía hacer un fuerte chasquido cuando papá o Marcus —los únicos dos de la casa con la fuerza suficiente para levantarla— la subían un poco. Y cuando se oía ese clic, la puerta del garaje se mantenía levantada por sí misma.

Bueno, ya no. Hace unos años, después de que se escuchara el chasquido, la puerta se vino abajo de nuevo y desde entonces no ha podido mantenerse abierta.

Así que ahora ir al garaje se ha convertido en un trabajo de dos personas. Quien abra la pesada puerta del garaje —normalmente Marcus— tiene que sostenerla con todo su cuerpo para evitar que se le caiga encima, mientras la otra persona —normalmente yo— busca lo que sea que haya que buscar.

Cuando nos piden a Marcus y a mí que recuperemos algo del garaje nos da miedo. Cuando Marcus levanta la puerta y su cara se contrae bajo el peso, y yo me apresuro a abrir la nevera abarrotada lo más rápido posible para localizar el alimento necesario en el mar de comida, me siento como si fuera Indiana Jones y la roca se acercara y tuviera que arrebatar el tesoro escondido antes de que se me viniera encima.

Los dormitorios también están mal. Recuerdo una época en la que Marcus, Dustin y Scott dormían en sus literas y yo en mi habitación infantil, pero ahora nuestros dormitorios están tan llenos de cosas que ni siquiera puedes distinguir dónde están las camas y mucho menos dormir en ellas; ya no dormimos en los dormitorios. Compramos en Costco unas colchonetas para dormir en el salón. Estoy bastante segura de que están pensadas para que los niños hagan gimnasia. No me gusta dormir en la mía.

Esta casa es una vergüenza. Esta casa es lamentable. Odio esta casa. Odio sentirme tensa y ansiosa dentro de ella, y toda la semana espero con ansias mi escapada de tres horas al mundo de los sacramentos y del limpiador de baldosas con olor a pino.

Por eso me molesta tanto que mi familia nunca salga por la puerta a tiempo, por mucho que intente que así sea.

—¡Vamos, movéos, movéos, movéos! —grito mientras me abrocho el zapato izquierdo.

Dustin y Scottie acaban de despertarse. Se frotan la costra de los ojos mientras el abuelo pasa con torpeza por encima de sus «camas» de colchoneta de Costco. Los abuelos duermen en el sofá de lo que solía ser mi habitación, pero que ahora se ha transformado en su dormitorio/almacén para más cosas.

—Tenéis diez minutos para desayunar, cambiaros y cepillaros los dientes —les digo a Dustin y Scott mientras se dirigen a la cocina para servirse los cereales de forma descuidada.

Me doy cuenta, por sus miradas, de que creen que les estoy mandoneando, pero a mí no me parece que sea una mandona. Me parece desesperación. Quiero orden. Quiero paz. Quiero mi respiro de tres horas de este lugar.

—¿Me habéis oído? —pregunto sin obtener respuesta.

El abuelo está de pie en un rincón de la cocina, untando su tostada con mantequilla, y la cantidad de mantequilla que está usando me estresa: una porción de ese tamaño cuesta dinero. Mamá siempre me dice que usa «media barra de mantequilla todos los días y no nos lo podemos permitir, y su diabetes tampoco».

—Abuelo, ¿puedes ponerte un poco menos de mantequilla? Mamá se va a enfadar.

—¿Eh? —responde el abuelo. Juro por Dios que me dice «eh» cada vez que le pregunto algo que no quiere responder.

Exasperada, salgo y abro La Cosa Blanca sobre la alfombra gris del salón. La Cosa Blanca es un mal llamado cuadrado blanco con motivos florales que se despliega en tres segmentos de veinticinco por veinticinco centímetros. Este cuadrado tríptico nos sirve de «mesa». Por lo visto, en casa nos gustan los trípticos.

Así que despliego La Cosa Blanca mientras Dustin y Scottie entran en fila india en el salón. Caminan como si estuvieran en una cuerda floja, con tanta concentración como los equilibristas, porque ambos han llenado demasiado sus tazones de leche y cereales hasta el punto de que la leche salpica los lados y cae sobre la alfombra gris. Mamá les dice todos los días lo mucho que odia que la leche se derrame sobre la alfombra y desprenda un olor agrio, pero no importa cuántas veces lo diga, ellos siguen derramando la leche y los cereales. Aquí nadie escucha.

Mamá aún no se ha puesto los zapatos de la iglesia porque los deja para el último momento, ya que le aprietan los juanetes, así que sé que en el momento en que pise la alfombra mojada por la leche, se arrancará las medias, se pondrá histérica y exigirá que paremos en la farmacia de camino para comprar unas nuevas. Si paramos en la farmacia, no podré disfrutar de mi escapada de tres horas. No podemos parar en la farmacia.

Me apresuro a ir al armario de las toallas. De camino, paso por el baño. Aprieto el oído contra la puerta cerrada y oigo a la abuela hablando por teléfono con una amiga suya y quejándose.

—Jean dejó la etiqueta del precio en el jersey que me regaló. Lo hace siempre que consigue algo en oferta, pero quiere fingir que ha pagado el precio total. Es bastante astuto de su parte. De todos modos, fui a Mervyn's y vi el jersey allí, con un setenta por ciento de descuento. Ni siquiera se gastó quince dólares en mí.

—¡Abuela, sal de ahí! ¡Los chicos tienen que usar el baño! —grito mientras golpeo la puerta.

—¡¿Por qué me odias?! —grita la abuela.

Siempre hace eso cuando está al teléfono con alguien. Trata de hacerse la víctima. Llego al armario de las toallas y cojo el pequeño paño de cocina rojo con dibujos de Navidad, mojo uno de los extremos bajo el grifo de la cocina y lo presiono en la alfombra empapada de leche. Levanto la vista y veo a Dustin y a Scottie comiendo en La Cosa Blanca. Scott mastica en silencio y con una lentitud uniforme y medida, casi como si estuviera en cámara lenta. ¿Dónde está la urgencia? ¿Dónde está la prisa? Dustin mastica con la boca abierta y haciendo ruido. Sin prisa pero sin pausa.

Miro el reloj. 11:12 a. m. Tenemos que salir y entrar en la furgoneta en ocho minutos para poder llegar a la iglesia para el servicio de las once y media.

—¡Deprisa, gandules! —les grito a mis hermanos mientras aprieto con todo el peso de mi cuerpo el paño navideño mojado sobre la alfombra sucia.

—Cállate, cagona —me responde Scottie.

El abuelo pasa por encima de mí mientras caen migas de su tostada envuelta en papel. La abuela cruza desde el otro extremo de la habitación envuelta en una toalla lo suficientemente raída como para que se vea a través de ella... Asqueroso. Lleva el pelo rizado sujeto con un turbante improvisado hecho con papel higiénico y pinzas para el pelo.

—¿Estás contenta, pequeña? Ya he salido del baño —dice mientras se dirige a la cocina.

Ignoro a la abuela y les digo a mis hermanos que el baño está libre, así pueden ir a lavarse los dientes mientras yo pongo sus tazones de cereales en el fregadero. Con la ayuda de Dios puede que lleguemos a la iglesia a tiempo.

Me siento eufórica. Levanto el paño manchado de leche. Me dirijo a la cocina para volver a mojarlo y usarlo una segunda vez cuando mamá cruza y se dirige al salón. La ansiedad me invade el cuerpo. Estoy a punto de avisarle, pero para cuando sale de la cocina, sé que es demasiado tarde.

—¿Qué es esto? —Y lo pregunta en un tono que demuestra que sabe exactamente lo que acaba de pisar.

Le digo que ya he empezado a limpiarlo, por lo que la humedad es sobre todo agua, pero no importa. Su humor ya ha cambiado. Ya se está quitando las medias y llamando a papá para decirle que vamos a tener que parar en la farmacia para comprar un par nuevo.

Me pregunto si podría haber hecho algo diferente para que saliéramos más rápido. Me pregunto si hay algo que pueda hacer en el futuro. Nos metemos todos en la furgoneta y nos dirigimos a la farmacia. Tal vez lleguemos a la iglesia a tiempo para la canción de las palomitas.

6

—¡Papá! —grito en cuanto entra por la puerta. Corro hasta chocar la cabeza contra su vientre, como siempre hago cada vez que llega a casa del trabajo. Huele a franela, madera de pino recién cortada y una pizca de pintura fresca, su olor característico.

—Hola, Net —dice, con más suavidad de la que esperaba. Siempre cruzo los dedos para que se ría, o para que me revuelva el pelo, o para que me abrace, pero nunca lo hace, o al menos no todavía. Sigo esperando.

—¿Cómo ha ido el trabajo?

—Bien.

Estoy desesperada por tener algo más de qué hablar con él. Algún tipo de conexión. Con mamá no me cuesta. ¿Por qué todo parece tan difícil con él?

—¿Te has divertido? —pregunto mientras caminamos desde la entrada hasta la sala de estar.

No responde. Una mirada de preocupación aparece en su rostro después de fijar la vista en algo. Giro la cabeza para ver de qué se trata.

Mamá. Y por su lenguaje corporal y su expresión facial —postura erguida, barbilla levantada, dientes apretados, ojos bien abiertos— me doy cuenta inmediatamente de que no está molesta, no está enfadada, está furiosa. Está a punto de estallar. Ay, no. Tiene que haber algo que pueda hacer.

—Mark —dice, chasqueando los labios para enfatizar el enfado.

Es ahora o nunca, tengo que intervenir.

—¡Te quiero, mamá! —grito. Corro hacia ella. La abrazo.

Yo me encargo, puedo mantenerla calmada. Pero antes de que pueda pensar en qué decir a continuación...

—Mark Eugene McCurdy —dice mamá, levantando la voz.

Ay, no. Cuando dice «Eugene», sé que todo está a punto de estallar.

—He tenido que quedarme hasta tarde porque estaba ayudando a un cliente, no podía irme —intenta explicar papá. Parece asustado.

—Tres horas de retraso, Mark...

Miro a Dustin y Scottie en busca de ayuda. Están jugando a *GoldenEye 007* para Nintendo 64. Si hay un momento en el que son inaccesibles, es cuando están jugando a *GoldenEye 007* para Nintendo 64. Los abuelos están en el trabajo. Estoy sola en esto.

—Mami, ¿por qué no vemos a Jay Leno? ¿Quieres ver a Jay Leno? Lo dan esta noche.

—Silencio, Net.

Me ha dejado fuera. Mi madre ha hablado. Me ha silenciado. Pensé que mencionar a Jay funcionaría. La verdad es que soy más fan de Conan, pero ver a Jay es muy importante en nuestra casa. (Cuando comenté esto en la iglesia, la hermana Huffmire dijo que Jay es un poco atrevido y que no debería irme a la cama a las once y media de la noche, pero mamá me dijo que la hermana Huffmire es una criticona, así que puedo ignorar lo que diga).

Observo a mamá con atención. Tiene el pecho agitado. La intensidad aumenta. Las orejas se le ponen rojas. Se abalanza sobre papá. Papá retrocede unos pasos, lo que hace que mamá se caiga de las rodillas. Empieza a gritar: «¡Abuso! ¡Abuso!». Papá la agarra por las muñecas para intentar calmarla. Mamá le escupe la cara. Alguien gana la partida de *007*. Un puño de celebración se eleva por el aire.

—Deb, llegué un par de horas tarde, ¡no es para tanto! —Papá intenta hacerse oír por encima de los gritos.

—¡No me maltrates! ¡NO ME DESAUTORICES! —Mamá se libera del agarre y comienza a abofetearlo.

—¡Vamos, mamá! ¡Tú puedes! —La animo como siempre hago en cuanto se me pasa el miedo.

—Deb, esto no tiene sentido. Necesitas ayuda —suplica papá. Oh, no. ¿No sabe que esa frase es un detonante para ella? Cada vez que él o el abuelo han discutido con mamá y han dicho «necesitas ayuda», se pone peor.

—¡NO NECESITO AYUDA, TÚ NECESITAS AYUDA! —grita mamá. Se va corriendo a la cocina. Papá empieza a quitarse los zapatos, pensando inocentemente que tal vez se haya acabado, que tal vez el humor de mamá haya cambiado y haya vuelto a la normalidad. ¿Cómo puede no saberlo? ¿Cómo puede no saberlo nunca?

Uno, dos, tres, cuento en mi mente. Faltan menos de diez segundos para que vuelva. Cuatro, cinco, seis, siete. Vuelve con un cuchillo de cocina, el grande que usa el abuelo para cortar las verduras.

—¡Fuera de mi casa! —grita—. ¡FUERA!

—Deb, por favor, no puedes seguir haciendo esto…

La última vez que mamá obligó a papá a dormir en el coche fue hace unos meses. Ha sido un plazo más largo de lo habitual: normalmente le echa una vez a la semana. Y con razón. Mamá dice que no ayuda lo suficiente a la familia, que siempre llega tarde del trabajo, que seguramente la engaña, que no se interesa por sus hijos, que es un padre ausente, etcétera. Haber aguantado tanto tiempo sin que lo eche es un milagro. Debería estar agradecido.

—¡FUERA, MARK!

—Guarda el cuchillo, Deb. No es seguro. Es un peligro para tus hijos.

—NO LO ES. NUNCA HARÍA DAÑO A MIS BEBÉS. NUNCA HARÍA DAÑO A MIS BEBÉS, ¡Y CÓMO TE ATREVES A ACUSARME DE ESO!

Las lágrimas corren por las mejillas de mamá. Tiene los ojos muy abiertos, temblorosos y aterradores.

—¡FUERA!

Vuelve a arremeter contra él. Él retrocede.

—Vale, vale. Me voy. Me voy.

Se vuelve a poner los zapatos y se apresura a salir. Mamá vuelve a entrar en la cocina y guarda el cuchillo en un cajón. Cae de rodillas y empieza a sollozar con un gemido de dolor. Me agacho junto a ella y la abrazo. Alguien gana la siguiente partida de *007*.

7

Llevo de pie sobre este montón de tierra desde que llegué a las seis de la mañana, la hora a la que me habían citado. Ya es mediodía y el sol ha salido, irradiando su máximo calor. Los actores principales que me rodean se refugian bajo sombrillas entre las tomas, se sientan en sillas plegables para descansar los pies y beben de botellas de agua fría recién sacadas de una nevera llena de cubitos de hielo. Pero yo no. No puedo disfrutar de ese lujo, porque solo soy una actriz de fondo.

Los otros actores de fondo y yo estamos de pie sobre nuestros montones de tierra en el caluroso desierto de las afueras de Lancaster, sin sombrillas ni botellas de agua y sudando a través de cada una de las capas de nuestra ropa rasposa y con olor a viejo de la época de la Gran Depresión. Llevamos esta ropa porque estamos interpretando a gente pobre de la Gran Depresión para un cortometraje llamado *Golden Dreams*. La película muestra varias escenas de la historia de California y supuestamente se va a proyectar en un nuevo parque temático asociado a Disneylandia, California Adventure. Mamá me transmitió esta información de forma atolondrada en nuestro viaje de las cuatro y media de la mañana hasta aquí, pero la única parte que me pareció emocionante fue que hay un nuevo parque temático de Disneylandia.

Lo peor de todo esto es lo que tengo en los dientes. Esta mañana, cuando me han peinado y maquillado, me han hecho dos trenzas y me han dicho que abriera bien la boca. He hecho lo que me han dicho y la maquilladora me ha echado una porquería marrón en la boca, explicándome que lo hacía para que mis dientes parecieran podridos. La mugre se ha secado rápidamente y me produjo una sensación asquerosa, lo que imagino que sentiría si no me cepillara los dientes durante un mes. Desde entonces llevo todo el día sintiéndome así, y lo odio. No puedo evitar pasar la lengua por la mugre porque me molesta y me distrae.

—No pareces feliz de estar aquí. ¿Qué tal si cambias la cara? —dice mamá mientras las dos entramos en el baño de la caravana designada para los extras.

Llevaba una hora aguantándome la caca y no podía más, así que al final le pedí a una persona con un *walkie-talkie* si por favor podía ir, aunque mamá me dice que podrían tacharme de difícil por hacerlo.

—Lo siento —digo mientras hago caca y mamá moja una toalla de papel con agua.

Me da vergüenza que siga insistiendo en limpiarme el culo. Hace poco intenté decirle que, ahora que tengo ocho años, puedo hacerlo sola, pero parecía que se iba a poner a llorar y me dijo que lo tiene que seguir haciendo hasta que tenga al menos diez años porque no quiere que queden manchas en mi ropa interior de Pocahontas. Sé que si lo hiciera yo tampoco quedarían manchas, pero son sus lágrimas lo que me preocupa más.

—Deja de fruncir el ceño, ¿vale? —dice mamá, para asegurarse de que he oído su reprimenda—. Tienes las cejas hacia dentro y parece que estás enfadada.

Limpia. Limpia. Limpia.

—Vale.

Vuelvo a mi pila de tierra y trato de que mis sentimientos no controlen la expresión de mi rostro, pero es difícil bajo aquel sol brillante. No puedo evitar entrecerrar los ojos.

—¿Dónde está la niña de aspecto triste, la que señalé antes? Usémosla —le grita el director al asistente.

El asistente señala a varios niños, y el director niega con la cabeza hasta que me señala a mí.

—Sí, ella. —El director asiente.

—Venga, acompáñame —me dice el ayudante, me coge de la mano y me lleva hacia el director.

El director me dice que me siente en un coche antiguo, que mire ligeramente a la derecha y que no haga «nada». Asiento. Después de unas cuantas tomas, me dice que ha conseguido el plano. El director me acompaña hasta donde está mamá, cerca de la mesa de manualidades del fondo. Le dice que he terminado por hoy porque me han puesto en una toma clave y ya no puedo actuar como extra.

—¿Una toma clave? —pregunta mamá, claramente emocionada.

—Sí. De hecho, tengo que darte unos documentos nuevos porque técnicamente es un papel principal.

Mamá casi tiembla de alegría.

—¿Y cómo ha sucedido eso?

—Bueno, la niña que contratamos no aceptaba indicaciones: seguía sonriendo sin importar cuántas veces le dijéramos que pusiera cara triste. Pero su hija no. La cara triste le sale natural. —Se ríe.

—Así es. Le sale estupenda —dice mamá, asintiendo con una sonrisa y pareciendo olvidar que hace media hora esa cara triste era precisamente lo que estaba tratando de eliminar.

—En fin, que hemos usado a su hija para sustituirla, así que ahora es técnicamente una actriz principal.

El ayudante se retira para ir a buscar el papeleo, y mamá se vuelve hacia mí y me coge las manos entre las suyas.

—¡Por fin, Net! Te han usado en una toma clave.

Mamá llega a casa y llama de inmediato a Academy Kids para hablar de mi contrato de actriz principal. Le responden que es una gran noticia y que eso significa que me estoy ganando una buena reputación porque sé cooperar y aceptar directivas, dos de los rasgos más importantes en un niño actor. También le dicen que van a buscarme trabajos de extra de mayor duración, trabajos de «actriz de fondo principal». Es el tipo de trabajos que no puedes conseguir cuando eres nuevo en el mundo de los extras porque el director de casting aún no conoce tu reputación. Mamá parece molesta por la noticia.

—¿De fondo principal? Suena a un extra magnificado. ¿Qué hay de los papeles principales? Acaban de contratarla como actriz principal en *Golden Dreams*, así que ¿no puede empezar a hacer audiciones para papeles principales?

—Bueno, todavía no. Queremos que tenga un poco más de experiencia y entonces podremos reevaluar la situación.

Mamá le dice que está de acuerdo, pero me doy cuenta de que no le gusta esa respuesta.

—Reevalúame el trasero —dice mamá mientras cuelga el teléfono.

Siempre me preocupa que la persona que se encuentra al otro lado de la línea no haya colgado todavía cuando mamá habla mal de ella, pero hasta ahora, por suerte, nunca ha sido un problema.

Mamá está un poco tensa el resto de la noche, pero a la mañana siguiente se pone de buen humor cuando Academy Kids llama para decir que me han conseguido un papel como «actriz de fondo principal» en un próximo piloto. Ocho días de trabajo.

—Puede que por ahora solo seas una extra magnificada, cariño —me dice mamá mientras se cepilla los dientes—. Pero si seguimos así, pronto serás una actriz principal *bona fide.*

Escupe en el fregadero.

—Creo que es así como se usa *bona fide*, no estoy segura.

8

El rodaje del capítulo piloto va bien, y aunque nunca paso de ser una extra magnificada, hay un acontecimiento en el rodaje que me acerca al objetivo que tiene mi madre de convertirme en actriz principal.

Hay una actriz principal de mi edad con una madre que se hace amiga de la mía. Esa madre nos da el número de la agente de su hija, Barbara Cameron.

—¡Barbara Cameron, Net! ¡Barbara Cameron! ¡Ay! ¿Sabes quién es Barbara Cameron?

—No.

—Es la madre de varios niños famosos. Varios. Kirk Cameron de *Los problemas crecen*, Candace Cameron de *Padres forzosos*. Ella es su madre. Y fue su representante. Después empezó a representar a niños que no eran suyos. Y ahora es una de las mejores representantes de jóvenes artistas. Una mujer realmente genial.

Mamá llama de inmediato a Barbara para organizar una audición para mí y para mi hermano mayor, Marcus, al que acaba de convencer para que intente actuar a pesar de su resistencia inicial.

—Vamos, tienes una gran sonrisa y unos dientes enormes —le dijo—. Y muchos lunares. Eres como un joven Matt Damon.

Envidio en secreto a Dustin y a Scottie. No entiendo por qué mamá tiene para ellos expectativas diferentes a las que tiene con Marcus y conmigo. Ojalá supiera la respuesta, pero es una de esas cosas de las que no se habla en familia. Es una de esas cosas que se pactan en silencio.

Barbara trabaja desde casa, donde tiene lugar la audición. Cuando llegamos, a Marcus y a mí nos dan unos monólogos que tenemos media hora para memorizar antes de volver y representarlos. No sé de qué películas son, pero Marcus interpreta a un estudiante de segundo año de instituto cuya novia se ha suicidado, y yo a una niña que intenta convencer a sus padres de que no se divorcien.

Mamá repasa los monólogos con nosotros en el coche, y luego volvemos a entrar de uno en uno para hacer nuestras audiciones.

Marcus va primero. Se pasa media hora dentro. Cuando sale, está de buen humor. Dice que Barbara y la otra mujer de la sala estaban muy habladoras y se reían mucho.

Me dirijo hacia el interior de la casa. Estoy temblando. Hago el monólogo una vez. Barbara y la otra mujer intercambian una mirada, y luego me piden que lo haga de nuevo, pero que «me olvide del guion». Me quedo desconcertada.

—Sé más casual —aclara Barbara.

Lo intento de nuevo. La otra mujer se encoge de hombros. Barbara pone cara de «eh».

—Gracias —dicen al mismo tiempo.

Salgo tan despacio como puedo, esperando poder extender unos minutos más la salida, ya que sé que mamá se sentirá decepcionada cuando vea que he estado muy poco tiempo allí. A pesar de que hago todo lo posible por caminar muy lentamente, solo consigo un minuto más. Llego al coche y mamá parece preocupada.

—¿Y bien?

—Ha ido bien.

—¿Estaban habladoras?

—La verdad es que no…

—¿Se han reído de las cosas que has dicho?

—La verdad es que no…

—Uy.

En el camino de vuelta a casa, me doy cuenta de que mamá está decepcionada. Parece orgullosa y emocionada por Marcus, pero la conozco y me doy cuenta de que lo está forzando. Ese orgullo y esa emoción por Marcus se ven eclipsados por su decepción por mí.

* * *

—Nos gusta mucho Marcus; queremos tenerlo como cliente. Pero a Jennette… le falta carisma.

La persona que nos da la noticia es Laura, la mujer que estaba con Barbara en la audición. Laura es la segunda al mando y la única otra agente que trabaja en la empresa. Es una mujer aguda y rápida, sin pelos en la lengua, con una voz tan fuerte que puedo oírla del otro lado del teléfono mientras mamá habla con ella y revuelve al mismo tiempo el ramen que vamos a cenar.

—Lo de Marcus está muy bien, pero ¿qué tal si solo contratas a Jennette y, si no ha conseguido nada en seis meses, la dejas? —suplica mi madre, y luego me enseña un pulgar hacia arriba, entusiasmada con su propia idea.

—Ya tenemos muchas jóvenes talentosas… —Laura no sabe qué más decir.

—Aprende rápido y acepta bien las indicaciones —dice mamá de forma cantarina, intentando convencer a Laura. Es un tono muy poco apropiado para pedir algo.

Laura dice que lo hablará con Barbara y que nos devolverá la llamada para darnos la respuesta. Mamá se vuelve hacia mí.

—Net, reza una oración rápida para que Barbara te acepte. Y junta las manos por las dos, que yo tengo que revolver esto.

Adopto la postura de oración mormona. Ambas cerramos los ojos.

—Querido Padre Celestial —empiezo—. Gracias por este hermoso día y por todas nuestras bendiciones...

—¡Mierda! —exclama mamá.

Abro los ojos de golpe. Mamá deja caer la cuchara con la que estaba removiendo la sopa y empieza a chuparse el dedo. Abre el grifo para dejar correr el agua fría sobre él.

—Me he quemado el dedo —me dice—. Sigue, cariño, continúa.

Asiento y vuelvo a mi oración.

—Por favor, haz que Barbara Cameron me acepte. Por favor, haz que tengamos un buen descanso esta noche. Por favor, te pido que mi mamá duerma bien, ya que a veces le cuesta. Gracias, Padre Celestial. En el nombre de Jesucristo, amén.

—Amén, cariño. Buen trabajo.

Mamá empieza a verter el ramen en cuencos cuando el teléfono vuelve a sonar. Deja caer la olla en el fregadero. Hace un ruido muy fuerte y un poco de caldo de ramen salpica la encimera, pero no se da cuenta. Está demasiado concentrada.

—Ajá —dice, animada.

Esta vez no oigo a Laura al otro lado del teléfono porque mamá se pasea de un lado a otro para controlar su ansiedad.

—Ajá —dice de nuevo, mirándome.

Me estoy empezando a sentir muy incómoda.

—Genial, no te arrepentirás —dice antes de colgar el teléfono.

Me mira durante mucho tiempo con pura alegría en los ojos.

—¿Qué? —le pregunto.

—Barbara Cameron te ha aceptado. Quiere que asistas a una clase de interpretación a la semana para que te sientas más cómoda contigo misma, o algo así, pero te ha aceptado.

Mamá mueve la cabeza con asombro y orgullo. Respira aliviada y me abraza.

—Ahora eres una actriz principal, cariño. No más trabajos de fondo para mi bebé.

9

Detesto las clases de interpretación. Llevo dos meses en la escuela en la que Barbara Cameron insistió que debía apuntarme si quería que me representara. Voy todos los sábados de once de la mañana a dos y media de la tarde. A pesar de que puedo pasar un rato fuera de casa, no espero ir a esta clase de la misma manera que espero ir a la iglesia, porque la interpretación me resulta aún más incómoda que estar encerrada en casa.

Cada clase comienza con una parte para «soltarse». Somos una docena de aprendices que caminamos imitando a la señorita Lasky. Ese es el apellido de Laura. No solo es la segunda al mando de Barbara, también es nuestra profesora de interpretación. Hace extrañas contorsiones con la cara, abriendo la boca bien grande o abriendo los ojos como platos. No tengo ni idea de cómo nos ayudará a actuar mejor, pero sé que no debo molestar ni hacer preguntas.

—Tienes que estar siempre atenta en clase —me recuerda mamá cada vez que volvemos a casa—. La señorita Lasky te está vigilando. Y los niños molestos, que no aceptan instrucciones, que hacen preguntas, no irán a ninguna audición. Los niños que consiguen audiciones son los que están callados y hacen lo que se les dice.

Después de la gimnasia facial, fingimos ser diferentes animales. Algunos de los otros niños parecen divertirse con ello, pero a mí me hace sentir como una idiota. No sé barritar como un elefante, ronronear como un gatito ni gruñir como un mono y, francamente, no quiero hacerlo. Dejemos los sonidos animales para los animales.

A veces la señorita Lasky nos dice que nos quedemos todos quietos y luego señala a un niño al azar para que haga el sonido de un animal en solitario. Se supone que nos ayuda a superar nuestras inhibiciones o algo así.

—¡Un elefante, Jennette! Barrita como si fueras un elefante de verdad.

No lo hago como si fuera uno de verdad, pero hago lo que puedo. Me siento humillada.

Después de los temidos sonidos de animales, pasamos a la técnica de memorización. Nos dan una escena y tenemos treinta minutos para memorizar el texto de nuestro personaje, y luego vamos uno por uno soltando nuestras líneas «en frío», un término del mundo del espectáculo que significa «rápido y sin emoción». Nos dicen que esta técnica es importante, sobre todo para los niños, para que en las audiciones no parezca que hemos ensayado demasiado los diálogos. Por lo visto, memorizar algo «en frío» para tenerlo claro, y luego añadir las emociones es la mejor manera de recordar una escena.

Memorizar es la parte de la clase que menos me disgusta, quizá porque se me da mejor. Suelo memorizar mi texto en quince minutos y luego me paso los quince siguientes repasándolo para consolidarlo. Tampoco me importa recitar palabras sin emoción. Las emociones son el problema, las palabras no. En primer lugar, forzar las emociones es incómodo, pero además poner esas emociones a la vista de los demás me parece una barbaridad. Me siento débil, vulnerable y desnuda. No quiero que la gente me vea así.

Después de la memorización viene el trabajo de escena, la parte que menos me gusta de la clase porque es en la que tengo que actuar. Cada semana, para preparar el trabajo de escena, se nos asigna un texto que tenemos que memorizar y analizar. El análisis de una escena es un proceso en el que nos preguntamos sobre nuestro personaje y lo que realmente quieren decir las palabras del texto. ¿Qué quiere realmente mi personaje? ¿Qué quiere realmente el personaje con el que estoy interactuando? ¿Cómo se contradicen estas cosas? ¿Cómo se siente mi personaje con respecto al personaje con el que estoy interactuando? Después de analizar la escena, tenemos que ensayarla las veces necesarias para que esté lista para representarla el sábado frente al resto de la clase.

Cada uno de nosotros se levanta de uno en uno, interpreta su escena y luego se lleva a cabo el análisis con la señorita Lasky. Cómo me gustaría no tener que hacerlo. No me gusta sentarme en el pequeño escenario del estudio para representar una escena delante de todos. No me gusta que me observen. Me gusta observar.

La señorita Lasky dijo en la primera clase que no estaba permitida la entrada a los padres durante esta parte, pero mamá insistió.

—Tuve un carcinoma ductal metastásico en fase cuatro, un cáncer de mama, y tengo los huesos débiles por la quimioterapia. Estar sentada en el coche mucho tiempo me hace doler, y no debo caminar bajo el sol.

—Bueno, hay una cafetería justo al final de la calle —dijo la señorita Lasky con una sonrisa tensa.

—No me voy a gastar dos con cincuenta en una taza de café —dijo mamá con una sonrisa más tensa.

Y eso fue todo. Ella ha sido la única madre que ha presenciado la parte de analizar la escena desde el comienzo de la clase. Me alegro de que mi madre consiga lo que quiere, verme actuar. Pero me estresa. Puedo sentir sus críticas y ver sus reacciones de reojo.

Pronuncia mi texto a la vez y exagera sus expresiones faciales cuando quiere que la imite. Es difícil actuar y, al mismo tiempo, obedecer los consejos de mamá.

Cuando termina la clase, siento una enorme ola de alivio porque mamá me da el resto del día libre. No tengo que repasar mi escena para la próxima semana hasta mañana. Por esta noche, soy libre.

10

—No quiero decir esa palabra —le digo a mamá mientras repasamos mi texto para una próxima audición en *Mad TV*. El sketch es una parodia de Kathie Lee Gifford y sus dos hijos.

—Tiene múltiples significados diferentes. A veces solo significa «felicidad». Está en las canciones de Navidad, por el amor de Dios. *Don we now our gay apparel* —canta mamá.

Sé que, en parte, mamá está de acuerdo conmigo, o no me daría tantas explicaciones

—¿Tengo que decirla?

—Sí, Net, es una de tus primeras audiciones con diálogos. Tenemos que ir a todas ellas para que Barbara sepa que no eres una niña difícil. Además, necesitamos que consigas un papel para que siga enviándote a audiciones.

Paso las páginas delante de mí.

—Mira, podemos tomar un helado después si haces un buen trabajo, ¿vale? Tenemos el cupón que la hermana Johnson te dio en la catequesis.

—De acuerdo.

* * *

Al día siguiente, estoy esperando para entrar en la audición. La sala es pequeña. Las paredes son blancas y no hay nada en ellas. Mis compañeras de audición y sus madres están sentadas en sillas plegables o de pie con la espalda apoyada en las paredes. Todas las chicas son rubias. Todas las madres están nerviosas.

Una persona del casting sale a buscarme. Tengo la boca seca como siempre antes de las audiciones, y tengo ganas de orinar, aunque ya lo he hecho cuatro veces. Creo que son los Red Bulls sin azúcar que mamá me hace beber antes de las audiciones de comedia porque dice que, si no, no tendré la energía suficiente.

—Jennette McCurdy —dice la persona del casting.

Trago saliva.

—¡Aquí! —digo emocionada, como me indicó mamá.

—Sígueme —dice la persona del casting con un gesto.

Mamá me da una palmada en el trasero para animarme.

—Tú puedes, Net. Eres mejor que todas esas chicas.

Veo que una de mis competidoras mira hacia abajo, triste. Su madre la consuela. Sigo a la directora hasta la sala de casting, donde hay dos hombres sentados.

—Cuando estés lista —dice uno de ellos.

La directora de casting dice su texto, y después yo digo la primera parte del mío.

—Eres viejo.

Los hombres estallan en carcajadas. Debo haberlo hecho bien. Todavía tengo la boca seca. Me pone nerviosa decir esa palabra. Ahora viene mi siguiente diálogo, la línea en la que está esa palabra.

—Gelman, eres muy gay.

Más risas. Ya he terminado. Salgo y me encuentro con mamá en la sala de espera.

—¿Y qué te han dicho? —pregunta mamá mientras hacemos cola en la tienda de helados.

—Dijeron que era graciosa.

—Así es, mi bebé es divertida. Y también seria, cuando tiene que serlo. Lo tiene todo. ¿Quieres coco con nueces?

—Eh, no, creo que quiero galletas con crema.

Mamá se vuelve hacia mí, alarmada.

—¿No quieres coco con nueces?

Estoy paralizada. No sé qué decir. Mamá parece enfadada porque no he elegido coco con nueces. Hago una pausa, esperando a ver cómo reacciona antes de hacer mi siguiente movimiento. Hay un momento en el que las dos estamos de pie junto al mostrador de los helados, mirándonos la una a la otra en lugar de mirar el helado. De pronto, la postura de mamá se suaviza y sus ojos se llenan de lágrimas.

—El de coco con nueces ha sido tu helado favorito durante ocho meses. Estás cambiando. Creciendo.

Tomo su mano entre las mías.

—No importa. Quiero coco con nueces.

—¿Estás segura?

—Segurísima. —Asiento.

Mamá pide una bola pequeña para compartir y le entrega el cupón a la empleada adolescente, que lleva tanto maquillaje negro alrededor de los ojos que parece un mapache. Nos sentamos en uno de los pequeños reservados para disfrutar juntas del helado. El sabor a coco me da asco en secreto, pero me aseguro de hacer muchos *mmms* para que piense que me encanta. A las pocas cucharadas, el pequeño localizador gris de mamá empieza a zumbar. Se lo compró como regalo de Navidad para saber si Barbara tenía que ponerse en contacto con ella. Como en este momento.

—¡Es Barbara! ¡Tengo un mensaje de Barbara!

Mamá se levanta de un salto y se acerca al mostrador de los helados. Dejo de comer, ahora que mamá no me mira.

—¿Tienes un teléfono en la parte de atrás? —le pregunta mamá a la empleada.

—Sí, pero es para uso exclusivo de los empleados —dice Ojos de Mapache en tono monótono.

—Mi hija es actriz y puede que haya conseguido su primer papel en un programa llamado *Mad TV*. ¿Has oído hablar de *Mad TV*? Se supone que es muy divertido. El *SNL* más *underground*. ¿Hay alguna posibilidad de que pueda usar tu...

—Claro, adelante, úsalo —dice la empleada, aburrida.

Mamá cruza el mostrador y empieza a marcar el número de Barbara, que se sabe de memoria. Me mira con los dedos cruzados. Doy un mordisco al helado.

—¡Ahhh! —grita mamá. La empleada se tapa los oídos—. ¡Net, lo has conseguido! ¡Te han elegido para *Mad TV*!

Mamá cuelga con Barbara y se precipita hacia mí. Me abraza con fuerza. Me encanta el olor de su cálida piel mezclado con su perfume Wings. Me alegro mucho de que esté feliz.

—Es fantástico, Net. Tu primer papel con diálogos. Es una buena noticia. Una muy buena noticia.

Mamá me besa en la frente con entusiasmo y luego hunde su cuchara en el helado hasta terminar lo que queda. Me alegro de no tener que hacerlo yo.

11

—Estás muy guapa —le digo a mamá.

Se pone delante del espejo del baño para maquillarse mientras le cepillo el pelo. Le gusta que lo haga. Dice que es reconfortante. Que la tranquiliza.

—Gracias, cariño. Karen está preciosa. Parece una reina de la belleza.

Mamá le pone el tapón al pintalabios y se frota la boca para extender el color ciruela de forma uniforme. Creo que su color natural es mucho más bonito.

—Tú también pareces una reina de la belleza —digo, en parte porque lo creo, pero sobre todo para tranquilizar a mamá. No tiene muchas amigas de su edad, y apenas ve a las que tiene. Así que haber quedado hoy con una de ellas para comer es algo importante.

Karen es su mejor amiga del instituto y, tras graduarse, fueron juntas a la escuela de belleza. La relación entre ellas parece complicada. En un momento dice que Karen es una persona increíble, maravillosa y dulce, y al siguiente dice que en realidad es bastante Z-O-R-R-A.

—Se supone que eso no se dice.

—Solo lo estoy deletreando, Net, además Dios lo entendería si conociera a Karen. ¿Te he contado alguna vez cómo me robó el nombre que le iba a poner a mi bebé? —pregunta mamá mientras se rocía con perfume.

—Ajá —digo mientras sigo cepillando.

Mamá mira hacia abajo. Me doy cuenta de que he herido sus sentimientos. Ya me ha contado esta historia muchas veces, pero ahora quiere contármela de nuevo. Y está bien. Solo quiere que la escuchen.

—Pero puedo escucharlo otra vez.

—Pues había elegido el nombre —suelta mamá de inmediato—. Jason. Pensé que era un buen nombre. Fuerte. No demasiado común, pero tampoco raro como algunos de esos nombres nuevos para niños. Lagoon o lo que sea. Y se supone que no debes contárselo a nadie porque da mala suerte, ¿sabes? Se supone que no debes decirle a nadie el nombre que has elegido para el bebé.

—Ajá…

—¿Me estás escuchando, Net? Parece que estás en las nubes.

—Te estoy escuchando.

—Se supone que no debes decírselo a nadie, pero yo lo hice. Se lo conté a Karen porque pensé que era mi mejor amiga y que querría saberlo, además de que estábamos embarazadas al mismo tiempo y viviendo las mismas experiencias. Bueno, he aquí que su bebé nace primero, ¿y qué nombre elige? Jason. Me robó el nombre.

—De todos modos, me gusta más el nombre de Marcus —le digo—. Es más original.

—Oh, sé que lo es, pero es una cuestión de principios.

—Oh, lo sé —digo, pues estoy de acuerdo.

Mamá respira hondo y se pinta las pestañas con una tercera capa de rímel.

—De todos modos, no me fío de ella ni un pelo, pero sigue siendo una buena amiga.

Esta lógica me confunde, así que solo digo: «Ajá».

—Pero no es mi mejor amiga —continúa—. Tú eres mi mejor amiga, Net. Eres la mejor amiga de mamá.

Me alegro. Estoy muy feliz de ser su mejor amiga. De ser la persona más cercana a ella en el mundo. Ese es mi propósito. Me siento completa.

—¿Por qué has dejado de peinarme?

Vuelvo a la tarea.

12

—¡Bueno, esta mañana se está yendo al garete! —grita mamá mientras arroja un plato al fregadero.

Me estremece el sonido, pero me dirijo a la cocina. Alguien tiene que ayudar a mamá, y casi todos los demás siguen durmiendo.

—¡Si tan solo alguien más lavara los malditos platos alguna vez! —grita de nuevo, mientras apoya una taza de golpe. El asa se rompe. Mete los trozos en una bolsa con cierre hermético, para conservar el recuerdo.

—Ya lo hago yo, mamá —digo con cuidado, sin querer enfadarla más.

—Oh, no, tú no, cariño —dice mamá, acercándose para acariciarme el pelo con las manos enjabonadas—. No quiero que se te arruguen los dedos. No te hará ningún bien. ¿Quién va a querer darle un papel a una niña con los dedos arrugados?

—De acuerdo.

—¡Mark! ¡¿Puedes llevar a Jennette a danza?! ¡Necesito terminar de lavar los platos para poder llevarla a la clase de interpretación!

Papá se acerca hacia nosotras desde el salón. Pasa por encima de Dustin y Scottie, dormidos en sus colchonetas de Costco.

—¿Eh? —pregunta cuando finalmente entra en la cocina.

—¿Puedes llevar a Jennette a su clase de danza?

—Claro —dice él secamente.

—No seas tan entusiasta —dice mamá.

—Lo siento.

—Bueno, no hace falta que te disculpes por todo. Solo date prisa. Tienes que salir en veinte minutos para llegar a tiempo.

Mamá me apuntó a un riguroso programa de clases de baile después de llevarme a una audición para un especial de baile de Paula Abdul en que lo hice fatal. Todas las demás chicas hacían splits y giros tres o cuatro veces seguidas, pero yo no sabía hacer nada de eso. Nos enseñaron un minuto de coreografía y, aunque se me da bien memorizar frases, está claro que los dos tipos de memorización no tienen nada que ver, porque no pude recordar ni un solo movimiento. Mamá me dijo que no quería que volvieran a humillarme de esa manera, así que me apuntó a catorce clases de baile a la semana (dos de jazz, ballet, lírico, teatro musical y hiphop, más una de stretching y tres de claqué) y me dijo que dos trabajos de extra al mes cubrirían los gastos.

En realidad, me gusta la danza. Mucho. Me gusta mover el cuerpo, me saca de mi cabeza. Y me gusta la mayoría de las chicas con las que bailo; son amables y cariñosas conmigo. En secreto, también me gusta alejarme de mamá, que no me mira cuando bailo de la misma manera que me mira cuando actúo. Tal vez sea porque de pequeña no quería ser bailarina, sino actriz, y tal vez solo le gusta verme cuando soy lo que ella quería ser. No lo sé. En cualquier caso, aunque nunca se lo mencionaría, es agradable no tenerla cerca. Es un alivio. No tengo que preocuparme de que me controle constantemente.

Papá ya me ha llevado a clases de baile unas cuantas veces. Estoy emocionada, porque cuando mamá me lleva, nunca sé si le va a gritar a alguien o si va a quejarse con el dueño del estudio de danza porque mi parte en el ballet no es lo suficientemente importante o lo que sea. Papá no hace esas cosas. Ni siquiera parece estar al tanto de esas cosas. Simplemente… existe.

—¿Quieres ir en bici a la clase de baile? —me pregunta papá.

—¡Sí! —digo, sinceramente emocionada. Pienso en preguntarle a mamá, pero no lo hago porque no quiero darle la oportunidad de decirme que no.

Papá y yo no pasamos mucho tiempo juntos, ya que tiene dos trabajos: en Home Depot y en Hollywood Video. Suele llegar a casa tarde y se va directo a la habitación de atrás para dormir un poco. Aunque la habitación está llena de cosas, hay un trozo de cama con el tamaño suficiente para que duerma una persona, así que ahí es donde se dirige. También va allí porque mamá dice que ella no va a dormir de ninguna manera en la misma cama —o en la misma habitación— que alguien que le da tanto asco. Así que cuando mamá está en el salón, en el sofá o en una colchoneta de Costco con nosotros, es lógico que papá esté en la habitación más alejada posible.

Además, estoy muy ocupada con mi carrera de actriz, con las tareas escolares (aunque mamá nos educa en casa, tenemos que entregar pruebas al estado una vez al mes para demostrar que estamos aprendiendo cosas) y ahora también con las clases de danza.

Los pocos momentos que pasamos juntos destacan porque no ocurren muy a menudo. Como cuando papá pudo venir a la fiesta de mi octavo cumpleaños en la piscina pública, mi primera fiesta de cumpleaños a la que asistía en varios años debido a su horario de trabajo. Me regaló una tarjeta de felicitación, algo que nunca había hecho antes. Escribió mal mi nombre en el sobre. La gente escribe mal mi nombre todo el tiempo, y por lo general no le doy mucha importancia, pero esa vez me entristeció. Abrí la tarjeta para ver lo que había escrito dentro. En realidad, esa es la parte más importante. «Con amor, papá» fue todo lo que escribió debajo del poema de la tarjeta. Me puse aún más triste, pero lo que cuenta es la intención, y el hecho de que hubiera tenido el gesto significaba algo para mí. Hasta que, de camino a casa, oí a mamá decir: «¿Le has comprado una tarjeta de cumpleaños como te dije? Deberías fomentar tu relación con ella, como haría un PADRE». Así que en realidad había sido idea de mamá desde el principio.

Los otros momentos que pasamos juntos son un poco más rutinarios, como cuando papá sale del trabajo un poco antes y ve una repetición de *MacGyver* o *La isla de Gilligan* con nosotros, o cuando prepara un guiso el domingo después de la misa. Cada vez que cocina, parece ser un guiso diferente (carne, sopa de maíz, chile, guisantes partidos), pero juro que todos saben a lentejas. Estos momentos con papá son decentes, pero nunca especiales. Ojalá me sintiera conectada a papá como me siento conectada a mamá. Estar cerca de mamá puede ser agotador, claro, pero al menos sé qué hacer para hacerla feliz. Con papá, nunca lo sé. Es menos trabajo, pero también es menos gratificante.

Pero hoy estoy emocionada porque me ha propuesto la idea de montar en bicicleta. Sé que le encanta montar en su bicicleta, la que heredó de su padre cuando murió.

—Una bicicleta no es una casa —se quejó mamá—. Supongo que tendremos que esperar a que la abuela Faye muera también, aunque no parece que vaya a ser pronto. Tiene ochenta y dos años y su salud está mejor que nunca. —Y chasqueó la lengua como suele hacer cuando está molesta.

A mí también me gusta montar en mi bicicleta, que me regaló mi tía Linda por mi séptimo cumpleaños, pero en la que todavía quepo si me encorvo un poco. Tal vez hoy papá y yo podamos crear un buen recuerdo juntos. Quizá hoy podamos pasar un rato divertido.

Así que nos montamos en las bicicletas y nos dirigimos a la Dance Factory de Los Alamitos, la ciudad junto a la nuestra. Paramos en el parque de Orangewood y hacemos una ronda rápida en los columpios. Papá sonríe como si se lo estuviera pasando bien. Y yo sé que lo estoy pasando bien. Esto está bien.

Llegamos a la Dance Factory con diez minutos de retraso. No te permiten entrar pasados los quince, pero a mí me dejan entrar solo con una mirada de soslayo de la profesora. Lo acepto.

La clase pasa rápidamente y nos dejan ir a la sala de espera para reencontrarnos con nuestros padres. Veo a papá sentado en el banco con las piernas cruzadas como no le gusta a mamá, comiéndose una barrita energética.

—¿De dónde la has sacado? —pregunto, temiendo saber ya la respuesta.

—De la mesa de aperitivos de la parte delantera del estudio.

—Mamá dice que no podemos comer esas cosas porque son demasiado caras.

—Costó un dólar.

—Exacto.

—Ayer fue el día de pago —dice papá con un gesto de despreocupación, y luego salimos a por nuestras bicicletas.

Nos subimos y volvemos a casa, pasando por el instituto de Los Alamitos vacío y por el restaurante Polly's Pies. Papá gira a la derecha en un centro comercial al aire libre y pedalea hasta una tienda de batidos.

—¿A dónde vamos?

—Vamos a por batidos.

—Los batidos son car…

—Día de pago —me recuerda papá.

En algún momento, mientras la máquina mezcla el batido de fresa y plátano que vamos a compartir, se me hace un nudo en el estómago de golpe. Con toda la emoción y la los momentos compartidos con papá, lo he olvidado. He olvidado que tenía clase de interpretación. He olvidado que no vamos a llegar a tiempo yendo en bicicleta.

Pero ahora acabo de recordarlo. Mientras una batidora terriblemente ruidosa mezcla varias frutas, lo recuerdo. Miro a papá.

—Un poco más de zumo de limón, si es posible —dice por encima del mostrador mientras observa el limón en la mano de la empleada.

Me pregunto si papá lo sabe. Si ha hecho que cojamos las bicicletas a propósito y que paremos a comprar batidos porque sabe que odio la clase de interpretación. Tal vez quiere ayudarme. Tal vez quiere salvarme.

—Más limón —reitera.

Decido que estoy loca por pensar así. Está claro que papá está más preocupado por la cantidad de limón de su batido que por mi bienestar.

Me debato por si debería recordarle que tengo clase de interpretación, que tenemos que darnos prisa y que aun así llegaré tarde. Pero decido no hacerlo. ¿Por qué debería recordárselo? Estoy disfrutando de mi tiempo con papá a pesar de nuestra falta de conexión. Estoy disfrutando de la tranquilidad, así que no digo nada.

Terminamos el batido y volvemos a pedalear despacio. Paramos otra vez en el parque y nos montamos en los columpios. Cuando llegamos a casa, son las 11:05. Mamá está paseándose por el jardín delantero, mientras sacude las llaves a modo de amenaza.

—¡¿Dónde habéis estado?! —grita.

Bud, nuestro entrometido vecino, asoma la cabeza por la valla. Me pregunto si volverá a amenazar con llamar a los servicios sociales, como hizo la última vez que mamá gritó en el jardín delantero. Rezo para que mamá baje la voz y eso no suceda.

—Nos hemos parado a tomar un batido —dice papá encogiéndose de hombros, sin saber cómo reaccionar.

—¿¿PARÁSTEIS POR UN BATIDO?? —Mamá está furiosa.

Saludo a Bud para que sepa que al menos uno de nosotros lo está mirando. Se agacha bajo la valla.

—Sí —dice papá, tratando de entender por qué mamá está molesta.

Mamá entra en casa y cierra la puerta de un portazo. Papá la sigue, y yo le sigo a él.

—Deb, vamos…

Mamá ya está en la cocina, abriendo y cerrando las puertas de los electrodomésticos: primero la nevera, luego el horno y después el microondas. No sé por qué lo hace, qué busca, pero sus gestos son tan salvajes que me asustan.

—Te dije que Jennette tenía clase de interpretación. Pero ahora SE LA HA PERDIDO. Esta semana iban a ensayar una escena de *Yo soy Sam*. *YO SOY SAM*, Mark. Jennette lo habría bordado.

Mamá da una patada a la puerta de un armario. Se le atasca el pie en la madera y lo saca de un tirón. La madera está rota y astillada.

—Lo siento —dice papá.

—Supongo que no hace falta que haga ese papel, porque así es su VIDA REAL. Una NIÑA SABIA con un PAPÁ RETRASADO.

13

Se habla mucho de las grandes oportunidades en Hollywood, pero hasta ahora yo no las he experimentado. En lugar de eso, he tenido un montón de pequeñas oportunidades que llegan a cuentagotas justo cuando estoy casi segura de que no volveré a tener ninguna. Mamá dice que Hollywood es como un mal novio.

—Te dan largas sin comprometerse nunca de forma oficial.

No estoy muy segura de lo que significa, pero suena bien. Hasta ahora, mis pequeñas aventuras desde *Mad TV* han sido estas:

- Un anuncio de Dental Land. La consulta del dentista en la que rodamos el anuncio estaba en un centro comercial Westfield, así que pudimos pasar la hora del almuerzo paseando por allí, y mamá me regaló una bolsa de sorpresas de Sanrio por ser «con diferencia la mejor actriz del grupo». Para rodar el anuncio estábamos todas sentadas, así que no sé qué le hizo pensar a mamá que yo era mejor actriz que las demás, pero aceptaba el cumplido si me daba una bolsa de sorpresas de Sanrio.
- Una película independiente de bajo presupuesto titulada *Shadow Fury*. Mamá se quejó porque ni siquiera me pagaban el sueldo de actriz principal. «Mi niña se merece un

sueldo adecuado cuando se pasa Halloween en cuclillas con un falso moribundo y con los brazos cubiertos de sangre de mentira». En la escena, a mi falso padre le disparan y yo lo oigo desde el piso de arriba, así que bajo las escaleras y acuno su cabeza mientras muere en mis brazos. La sangre de mentira no era lo peor, a pesar de lo pegajosa y desagradable que era. Lo peor, con diferencia, fue el micrófono. El presupuesto era tan bajo que no tenían una pretina adecuada para el micrófono, por lo que simplemente me lo pegaron al cuerpo con cinta adhesiva. Al terminar, lloré mientras me quitaban la cinta adhesiva, pero llegamos a casa a tiempo para ver la repetición de Conan O'Brien a las dos y media de la mañana, y mamá me untó gel de aloe vera en el cuerpo mientras lo veíamos, así que no fue tan malo.

- Un papel en un episodio de *Malcolm el de en medio*. Este fue especialmente emocionante, porque fue mi primer papel de estrella invitada en lugar de co-estrella. Los papeles de coprotagonista suelen tener quince líneas o menos y se acreditan al final del episodio; los papeles de estrella invitada suelen ser más importantes y se acreditan al principio. El episodio trataba del personaje de la madre que soñaba con tener niñas en lugar de niños. Yo interpretaba a la versión femenina de Dewey, también conocida como Daisy. Me pusieron cera dura detrás de las orejas para que sobresalieran más, porque decían que la marca de Dewey es que tiene las orejas grandes que sobresalen y que yo las tengo pequeñas. La cera abultaba y me hacía mucho daño en la parte trasera de las orejas, pero me gustó el estudio donde rodamos el episodio y el productor fue muy amable conmigo. Me pareció que Frankie Muniz era agradable a la vista y me gustó cuando me saludó en los pasillos. Me parecía que estaba siendo bastante discreta con mis sentimientos hasta que mamá me espetó: «Que no se te pase por la cabeza. Es demasiado mayor para ti. Y lo más importante, no es mormón».

- Un anuncio de la compañía de telefonía móvil Sprint PCS, mi primer anuncio nacional, lo que significa... ¡dinero sobrante! Me sobraba el dinero suficiente para pagar la litera de roble que me compré. Mamá hizo lo que había prometido y despejó la habitación de los abuelos para que pudiera montar mi cama. Sin embargo, acabó llenando la cama superior con montones de papeles, juguetes viejos, libros y otras cosas, lo cual fue un poco frustrante, ya que al principio quería dormir allí. De todos modos, mamá dijo que era demasiado peligroso y que nunca me habría dejado. «¡No podemos arriesgarnos a que te caigas y te abras la cabeza, como cuando Dustin se cayó del cochecito en el parque de atracciones! Nunca me lo he perdonado y nunca me perdonaría esto. Aunque nos dieron ponche de moras gratis, lo cual estuvo bien».

Aparte de estos pequeños trabajos, ha habido muchos subtrabajos o posibilidades de pequeños trabajos. Me llaman para alrededor del setenta y cinco por ciento de los papeles a los que me presento, lo cual, según Barbara, es una buena señal, aunque no tenga contrato.

—Está claro que algo está haciendo bien —le dice Barbara a mamá por teléfono. (Barbara ha empezado a coger las llamadas de mamá en lugar de Laura. ¡Avanzamos!).

—Solo que no lo suficientemente bien —añade mamá siempre.

—Ya llegará el momento. Te aseguro que lo conseguirá —dice Barbara—. Solo tienes que tener un poco de paciencia.

Mamá cuelga, exasperada.

—Padre Celestial, por favor, concédeme paciencia. Y hazlo rápido.

14

—Vale, Jennette, vamos a hablar un momento con el director y luego vendremos a buscarte —me dice el director de casting.

Asiento. Empiezo a mover la pierna con nerviosismo. No consigo dejar de hacerlo.

Estoy sentada en una sala esperando a que me llamen por cuarta vez para *Princess Paradise Park*, la película familiar de moda para la que hay que hacer una audición si eres una actriz de entre siete y diez años. Al parecer, miles de niñas se presentaron a la prueba, pero al final quedamos otra niña y yo. Es lo más cerca que he estado de un proyecto tan grande.

Gracias a la ayuda de mi madre, ya me sé las diecisiete páginas del guion. A veces, cuando vamos a hacer recados juntas, me dice: «¡Vamos!». Y yo sé lo que significa porque, a pesar de que he tenido otras audiciones durante este proceso de casting de un mes, esta es la audición más exigente y el papel que estoy más cerca de conseguir. Y el que más le importa a mamá.

—Barbara dice que, como es una película de estudio, el papel te convertiría en una estrella —me dice mamá cada vez que me llaman—. A partir de ese momento solo recibirías ofertas. Se acabarían las audiciones.

Que se acaben las audiciones suena bien. Mientras estoy sentada aquí esperando para entrar, empiezo a fantasear sobre lo bueno que sería no tener que hacer eso que me paraliza de nervios. No tener la presión constante de ser elegida, ni la tristeza que conlleva no serlo. Estoy en medio de mi fantasía cuando lo escucho a Él, fuerte y claro en mi mente.

—Jennette, yo, el Espíritu Santo, te ordeno que taches tu nombre de la hoja de registro, vayas al baño, te toques la banda de la ropa interior cinco veces seguidas, gires sobre un pie, abras y vuelvas a cerrar la puerta del baño cinco veces, regreses y vuelvas a firmar en la hoja de registro.

Estoy eufórica. Él me ha hablado. El Espíritu Santo, también conocido como mi Voz Suave y Apacible, finalmente me ha hablado. He estado esperando que Él me hablara desde mi octavo cumpleaños, cuando me bautizaron.

El don del Espíritu Santo fue, sin duda, el regalo que más ilusión me hizo. Sin embargo, un amigo de la iglesia me regaló un poco de *slime*, lo que estuvo cerca de ser el segundo.

El Espíritu Santo es un gran tipo en el cielo que ayuda al Padre Celestial y a Jesús. Es como ellos, en espíritu y actitud, pero también es diferente, porque vive en todos y cada uno de nosotros, los mormones. Y todos los días podemos hablar con Él cuando queramos, y Él puede hablar con nosotros y guiarnos para hacer lo que es correcto, que es lo que nos dice que hagamos. Somos muy afortunados.

Mis primeras semanas con el don del Espíritu Santo fueron decepcionantes. Tal vez incluso desilusionantes, pero nunca se lo dije a nadie de la iglesia. Siempre que alguien me preguntaba si me había estado comunicando con mi Voz Suave y Apacible, el Espíritu Santo en mí, yo decía que sí, que habíamos tenido todo tipo de conversaciones importantes. Y luego me preguntaban de qué habíamos hablado, qué había aprendido, y yo decía que no podía contarles porque las conversaciones eran privadas.

Pero no era verdad. La verdad era que me habría encantado contarles a todos y cada uno cómo habían sido mis conversaciones con el Espíritu Santo si las hubiera tenido. Pero no había tenido ninguna. Y no sabía por qué. Había rezado en privado cada mañana, tarde y noche, incluso de rodillas, para escuchar al Espíritu Santo. Los mormones no tenemos que rendir cuentas de nuestros pecados hasta los ocho años, y yo sabía que no había tenido mucho tiempo para meter la pata, pero aun así me preguntaba si lo había hecho de alguna manera.

¿Por qué no he escuchado al Espíritu Santo?, preguntaba en mis oraciones. *¿Hay algo que he hecho mal para no merecerlo? ¿Acaso son mis pensamientos impuros sobre Frankie Muniz? Por favor, perdóname y envíame el don del Espíritu Santo, cuando puedas ponerte a ello. Sé que estás ocupado, pero estoy desesperada. Quiero escuchar cómo suena y qué me dice que haga. Gracias.*

Mis oraciones no funcionaron durante mucho tiempo. Meses. Pero ahora, hoy, en mi última convocatoria para *Princess Paradise Park*, aquí está Él.

Bien, Espíritu Santo, ¿y por qué quieres que haga estas cosas?, pregunto en mi mente.

—Para asegurar que te vaya bien en la audición de *Princess Paradise Park*. Si haces lo que te digo, al final conseguirás el papel. Cuando esto ocurra, tu madre estará feliz y todos los problemas de tu familia se resolverán.

Vaya. Me encanta lo directo que es. Me levanto de mi asiento para cumplir con la lista de tareas que me ha ordenado.

—¿A dónde vas? —me pregunta mamá.

—Tengo que hacer pipí —le digo mientras tacho mi nombre de la hoja de registro. Me sigue hasta el baño y luego hasta la cabina. Me toco la banda de la ropa interior cinco veces.

—¿Qué estás haciendo, Net? —me pregunta mamá, con cara de preocupación.

—¡El Espíritu Santo me ha hablado! —le digo emocionada, segura de que esto calmará sus preocupaciones. Giro sobre mi pie izquierdo.

—Ajá—dice mamá.

—¡Ha hablado conmigo! —le digo de nuevo.

No debe haberme oído o estaría tan entusiasmada como yo. Abro y vuelvo a cerrar la puerta del baño cinco veces mientras me mira.

—¿Por qué me miras así? —le pregunto.

Hace una pausa y parece un poco triste.

—Por nada.

Volvemos a la sala de espera y vuelvo a registrarme.

Gracias, Espíritu Santo. Gracias.

15

—Tus pestañas son invisibles, ¿vale? ¿Crees que Dakota Fanning no se tiñe las suyas?

Mamá me tiñe las pestañas con el tinte de ojos marrón de venta libre que compra en la droguería Rite Aid más o menos una vez al mes, donde también compra unas mechas rubias de L'Oréal, un tubo de tres dólares de máscara de pestañas transparente y una versión de marca blanca de blanqueador dental Crest. Es un «viaje de mantenimiento», como lo llama ella, un viaje dedicado exclusivamente a mejorar mi «belleza natural».

Mamá dice que tengo «belleza natural». Dice que mis pestañas son largas, pero tan ligeras que parece que no tengo ninguna. Dice que mi pelo tiene reflejos dorados, pero solo en la parte inferior, y que es importante que tenga también algunos reflejos dorados alrededor de la cara, para enmarcarla. Dice que tengo el pelo muy grueso, lo cual es bueno, pero que tiene voluntad propia, lo cual es malo, y que necesita ser domado. Dice que tengo una buena sonrisa, pero que mis dientes no son lo suficientemente blancos. Cada cosa «buena» que dice mamá sobre mi «belleza natural» va seguida de su lado negativo, que sirve de justificación para mejorarla con un poco de belleza comprada en la tienda. Y como parece que cada cosa «naturalmente bella» en mí viene acompañada de un inconveniente que necesita ser realzado por la belleza comprada en la tienda, empiezo a preguntarme si realmente soy bella por naturaleza, o si el uso que hace mamá del término «belleza natural» va en el mismo lugar en el que otros usarían el término «fea».

—¡Ay!

—¿*Ay* qué? —pregunta mamá, porque están sucediendo una variedad de cosas que están *sucediendo* en este momento.

Tengo pequeños parches de papel debajo de los ojos, justo en la línea de las pestañas, hasta el punto de que podrían estar pinchándome los globos oculares. *Ay.* (Mamá las mete bien y las mantiene en su sitio con vaselina porque no quiere que el tinte de pestañas marrón gotee sobre mi piel y la tiña).

Dobladas sobre todas las capas de mi cabello tengo lo que parecen mil hojas de papel de aluminio. Hay tantas capas y tantas láminas que mi pelo se extiende a mi alrededor casi horizontalmente. Hay dos posibilidades: que las láminas me tiren de las raíces y me causen dolor, o que los vapores de la decoloración me quemen los ojos.

Tengo el blanqueador dental pegado a los dientes y, aunque se supone que solo debe permanecer quince minutos, mamá lo mantiene durante cuarenta y cinco, por si acaso.

Aunque intento escupir el asqueroso jugo blanqueador, a veces pasa de los dientes a las encías, y no solo las vuelve blancas, sino que escuece mucho, lo que también podría provocarme un *ay*.

—Dengo dinde ed e ojo… —digo lo mejor que puedo con los dientes pegados.

—Escupe y repítelo —me insta mamá.

Hago lo que me dice.

—¡Tengo tinte en el ojo!

—Mierda. Mierda, mierda, mierda. ¿Por qué no me lo has dicho? Podrías terminar ciega. ¡Inclínate!

Echo la cabeza hacia atrás. Me golpeo con el respaldo del asiento del inodoro. Vuelvo a decir *ay*. Mamá empieza a echarme gotas en el ojo. Un cóctel de lágrimas y colirio resbala por mis mejillas. Intento incorporarme de nuevo, pero el pelo se me engancha en la cisterna. Mamá empieza a desengancharlo. Me siento atrapada.

Mi apariencia siempre ha sido de gran importancia para mamá. Incluso antes de que empezara a actuar.

Algunos de mis primeros recuerdos son de cuando llevaba vestidos de encaje. La tela me arañaba y me irritaba la piel, y su aspecto me parecía absurdo y exagerado. Mamá siempre me decía que estaba muy bonita, aunque cada vez que me lo decía, yo gritaba lo más fuerte que podía que no era bonita, que era «buapo». Era demasiado pequeña para decir «guapo» correctamente, pero lo suficientemente mayor para saber que quería que me llamaran como a mis hermanos, no con un término estúpido y de menor importancia designado para las chicas.

La interpretación no hizo más que empeorar la obsesión de mamá por mi aspecto, sobre todo después de que no consiguiera una audición para el papel principal de la película *Mi mejor amigo*.

—¡Consígame a Meredith Fine! Póngame con Meredith Fine —le gritó mamá por teléfono a la asustada joven recepcionista de Coast to Coast Talent Group.

Cambiamos a Meredith hace unos meses, después de que mamá dijera que Barbara Cameron ya era vieja y que esta nueva agencia, Coast to Coast, representaba a la flor y nata de los jóvenes talentos. Meredith es la jefa de talento en la agencia.

—Sí, Meredith, soy Debra McCurdy. ¡¿Cómo no has podido presentar a Jennette para *Mi mejor amigo*?! ¡¿Cómo?! Es perfecta para ese papel. Simplemente no te preocupas por ella lo suficiente o no le das prioridad, eso es lo que pasa —gritó mamá.

—Debra. Deb…

—¡Apuesto a que presentaste a Taylor Dooley!

—Debra, tienes que calmarte y dejar de hacer esas acusaciones salvajes. Presenté a Jennette para el papel, pero no quisieron verla porque buscan una belleza etérea, y Jennette es menos agraciada.

Mamá parecía aturdida y luego colgó el teléfono y empezó a lamentarse como si alguien hubiera muerto. Fue la primera vez que deseé ser más bonita y que no me importara ser «buapo».

16

—¿Estás segura de que debo llevar esto?

Miro el atuendo que me ha tendido sobre el sofá roto, el mismo que me he puesto en todas las audiciones desde la de *Mi mejor amigo*: una camisa rosa peluda con un corazón de pedrería en el centro, unos pantalones cortos negros de imitación de cuero y unas botas negras de gogó.

—Sí, estoy segura.

—Pero me siento como una mujer de la calle con eso —le digo a mamá mientras escucho traquetear los rulos calientes. Estos rulos también son una adquisición posterior a *Mi mejor amigo.*

Mamá suelta una gran carcajada.

—¿Cómo sabes qué es eso?

—Lo aprendí cuando me hiciste ver *Taxi Driver.*

—Oh, es cierto —recuerda mamá—. Jodie Foster es una…

—Una intérprete infantil sin parangón —termino por ella, ya que dice lo mismo cada vez que sale el nombre de Jodie Foster.

—Así es, nena. Sin igual. Sin igual, excepto tú.

Asiento y vuelvo a mirar el atuendo. Me da miedo ponérmelo. Me da vergüenza y no me hace sentir como yo misma.

—¿Seguro que esto es lo que debo llevar?

—Sí, estás muy bonita con ese atuendo. No como una prostituta, pero sí muy guapa.

—¿Pero el objetivo es...?

—BRAZOS —ordena mamá, interrumpiéndome. Levanto los brazos. Me quita la camiseta y empieza a ponerme el atuendo.

Iba a preguntar si el objetivo era estar bonita. Voy a hacer una prueba para un papel de hermafrodita en *Anatomía de Grey*. No sabía lo que era eso hasta que le pregunté a mamá y me dijo que es cuando una persona es a la vez chica y chico. Si se supone que soy en parte chico, no sé si una camisa de pedrería es la mejor prenda para representarlo.

A pesar del atuendo, me llaman el mismo día. Después, la directora de casting sale y pide hablar con mamá.

—Nos gustaría convocar a Jennette para una última audición. Solo ella y otra chica.

Mamá asiente, sumamente emocionada.

—Pero, ¿podrías ponerle otro atuendo? ¿Algo más andrógino?

—Bueno, vivimos muy lejos, en Garden Grove. ¿Sabes dónde está? Nadie sabe dónde está. Está muy lejos. Tendríamos que tomar la 101, la 110 y la 405. Podríamos tomar la 5, pero el tráfico siempre está a tope en esa autopista. No hay suficientes carriles...

—¿Greg? —le dice la directora de casting a su asistente, interrumpiendo a mamá. Greg acerca a toda prisa—. ¿Te importaría prestarle tu camisa de franela a Jennette para su audición?

Greg se quita la camisa de franela. La lleva puesta sobre una camiseta lisa. La directora de casting la coge y se la entrega a mamá.

—Ya está. Problema resuelto.

—Oh, muchas gracias. Estoy muy contenta de que no tengamos que coger la 5.

Mamá me toma de la mano y entramos juntas al baño. Me pone la camisa de franela. Es una combinación extraña, porque todavía tengo puestos los pantalones cortos y las botas de gogó en la parte inferior. Supongo que, en cierto modo, es parte de chica y parte de chico. ¿Tal vez hayamos dado en el clavo?

La última audición va bien (no creo que pudiera haber dicho mi texto mejor) pero estamos en la furgoneta de camino a casa cuando Meredith llama y le dice a mamá que no he conseguido el papel.

—¡¿Qué?! ¡¿Por qué no?! —Mamá se desvía de forma agresiva.

—Dicen que es demasiado bonita.

Mamá cuelga el teléfono. No hay insultos, ni gritos, ni llantos. Hay casi alegría en ella. Estoy sorprendida. Nunca he visto a mamá alegrarse de que no haya conseguido un papel, nunca, pero tampoco he sido nunca demasiado guapa para un papel. Y ahora lo soy. Soy demasiado bonita para interpretar a un hermafrodita andrógino de diez años.

17

—Deb, creo que Jennette tiene un trastorno obsesivo-compulsivo —dice el abuelo con gravedad.

No sabe que puedo oírlo; cree que estoy dormida en mi colchoneta de Costco mientras él y mamá ven a Jay Leno. Pero no estoy dormida. Simplemente no me gusta mucho Jay Leno, así que descanso los ojos mientras espero a que salga Conan.

—Oh, por favor.

Por el tono de mamá me doy cuenta de que agita la mano disimuladamente mientras lo dice.

—Deberías llevarla a un terapeuta —dice el abuelo.

—Vamos. Jennette no tiene problemas de tics.

—No sé, la veo hacer todos esos pequeños rituales todo el tiempo. Y se pone frenética cuando los hace. Me hace sentir mal.

—Papá, por favor, ella está bien. Te preocupas demasiado. Ahora mira: Kevin Eubanks es encantador. Mira esa sonrisa.

El abuelo se detiene a mirar. Oigo que el público se ríe dos veces.

Luego vuelve a hablar.

—Tal vez deberíamos llevarla a un médico, solo para comprobarlo. Podría necesitar ayuda profesional.

—No la necesita —dice mamá con severidad—. Jennette está perfectamente bien, ¿de acuerdo? No necesita ayuda.

Vuelven a mirar a Jay. Mantengo los ojos cerrados y pienso en lo que ha dicho mamá. Que estoy perfectamente bien. Sé que es importante que ella lo crea, aunque no sé por qué. No se me permite tener ningún problema.

Entonces pienso en lo que ha dicho el abuelo. Que cree que tengo un TOC por mis rituales. Francamente, me gustaría que el abuelo me hubiera preguntado por mis rituales, porque entonces podría haberle explicado que no es un TOC, sino el Espíritu Santo. Me pregunto si me habría creído. Y luego me pregunto si me creo a mí misma.

¿Mis rituales vienen del Espíritu Santo? Si vinieran del Espíritu Santo, ¿no habría conseguido el papel para *Princess Paradise Park* como me dijo hace dos años cuando lo escuché por primera vez? Sin embargo, la película perdió la financiación. ¿Habría dejado el Espíritu Santo que la película perdiera la financiación? ¿Es posible que esa voz en mi cabeza no sea el Espíritu Santo, y que en cambio sea un TOC? ¿Acaso mi madre podría soportar eso? ¿Estaría bien si yo no fuera una niña perfecta?

Empieza la pausa publicitaria. El abuelo se levanta a por un bol de helado y mamá se levanta a orinar.

¿El Espíritu Santo?, me pregunto internamente. *¿Eres el Espíritu Santo o eres un TOC?*

—Por supuesto que soy el Espíritu Santo —me responde la Voz Suave y Apacible en mi mente.

Problema resuelto. Le he preguntado directamente y me ha contestado enseguida. Esa voz de mi mente es el Espíritu Santo después de todo.

—Ahora abre y cierra los ojos rápido cinco veces, dobla la lengua y luego aprieta las nalgas durante cincuenta y cinco segundos —me dice mi Voz Suave y Apacible. Así que lo hago.

Sé que sus intenciones son buenas, pero a veces mi Voz Suave y Apacible puede ser un poco pesada. Y a veces, por mucho que odie decirlo, desearía que mi Voz Suave y Apacible se callara.

18

Estoy gritando a todo pulmón. Histérica. Grito que mis peluches me van a matar, sé que me van a matar. Me revuelvo por el suelo, me magullo los costados mientras me agito y me choco con las patas del sofá y los bordes de las cómodas. Grito, grito, grito hasta que…

—¡Corte! —dice mamá intensamente, al igual que lo hace cada vez que terminamos de practicar mis separatas (escenas seleccionadas por un director de casting) para una audición—. Vaya, Net —dice mamá mientras me mira con una intensidad que casi me asusta—. ¿Dónde has aprendido a actuar así?

—No lo sé —digo, aunque lo sé. Sé exactamente dónde aprendí a actuar así.

Pero sé que no debo decirle a mamá que me he inspirado en su comportamiento errático y violento. Eso solo provocaría un comportamiento más errático y violento. La quiero tranquila. La quiero estable. La quiero feliz.

—Bueno, sea de donde sea que lo hayas aprendido, sea el programa de televisión o la película que sea, está funcionando. Ha sido la actuación de tu vida —dice mamá, negando con la cabeza con incredulidad—. No quiero que te quemes, quiero que guardes esa magia, que la mantengas embotellada, así que no vamos a repetir esta separata.

Asiento. Guardaré esa magia.

Mi audición para hacer de niña con trastorno bipolar en un episodio de *Doctoras de Filadelfia* llega al día siguiente.

Mamá se dirige a la unidad este, aunque le digo tres veces que, según las indicaciones adjuntas a las separatas, estoy bastante segura de que debemos ir a la oeste.

—Vamos, seremos muy rápidas —le dice mamá al guardia de seguridad de la unidad este con cara de pocos amigos—. Tiene una audición a las dos y diez y no queremos llegar tarde. Daría una mala impresión.

—La unidad este es solo para los habituales de la serie y los productores, gente que viene aquí todos los días.

—¿Hay alguna manera de hacer una excepción? Soy superviviente de cáncer, fase cuatro, y a veces mis huesos…

—Está bien —la interrumpe el guardia. Es vergonzoso que mamá le cuente su historia del cáncer a gente que no conocemos y a la que no parece importarle, pero tengo que decir que a veces es bastante eficaz.

Aparcamos y corremos hasta el bungalow correspondiente, y mamá me hace entrar mientras recorro el pasillo con nerviosismo.

—No te pongas nerviosa, Net —dice mamá mientras se acerca a mí—. Vas a conseguirlo.

Le creo. Siempre le creo. Mi lenguaje corporal cambia al instante. Mamá siempre logra eso. De la misma manera que logra ponerme en tensión y paralizarme por miedo o ansiedad, también es capaz de calmarme. Tiene esa clase de poder. Ojalá lo usara así más a menudo.

La audición va bien y me llaman para que vuelva a actuar ese mismo día. Mamá y yo vamos al centro comercial local para pasear y matar el tiempo, y luego volvemos a la convocatoria sobre las seis de la tarde. Todos los demás son adultos y están haciendo pruebas para otros papeles de actores invitados y coprotagonistas del episodio.

Me llaman rápidamente por mi nombre, así que entro en la habitación y represento mi papel. Grito, pataleo y me revuelvo intensamente. Me dejo llevar. Hay una parte de mí que casi se siente bien haciendo todo esto. Como si hubiera estado esperando a salir durante mucho tiempo. Como si lo hubiera estado reprimiendo, empujándolo hacia adentro, y finalmente aquí está. Esto es lo que realmente siento. Ganas de gritar.

El director me mira fijamente y dice que está impresionado y que no sabe qué decir. Estoy orgullosa. He hecho un buen trabajo a base de patadas y gritos.

Salgo de la oficina de casting. Los adultos que esperan sentados a ambos lados del pasillo empiezan a aplaudir. Me pregunto qué está pasando, y entonces me doy cuenta de que deben haberme oído a través de las paredes. Me aplauden a mí. Mamá está sentada al final del pasillo. Se le llenan los ojos de lágrimas. Está muy contenta. Y en este momento, yo también lo estoy. Sí, es bueno hacer sentir bien a mamá, pero también es bueno sentir que he hecho algo bien. Aunque a veces ese algo te haga sentir muy incómoda. Aunque ese algo te ponga mucha presión. Aunque ese algo sea muy estresante. A veces es bueno sentir que has hecho algo bien.

19

—Usa esa toma, esa de ahí, en la que tiene los ojos chispeantes —dice mamá, señalando el gran monitor delante del editor. Estamos en una pequeña sala oscura con paredes acolchadas e insonorizadas.

Solo estamos mamá, el editor y yo, que necesita un buen afeitado y que está editando mi *demo reel.* Un *demo reel* es algo que los actores hacen para mostrar su trabajo ante la cámara. Normalmente el objetivo es mostrar algo de variedad, buenos momentos de actuación y cualquier situación en la que hayas compartido la pantalla con un gran actor. El *demo reel* se utiliza por múltiples razones: se puede enviar a los directores de casting para intentar conseguir buenas audiciones, se puede enviar a los productores o directores para intentar conseguir ofertas de trabajo en lugar de tener que hacer una audición o, en mi caso, se puede enviar a los mánagers para intentar que te representen.

Mamá quiere que consiga un mánager porque cree que llevará mi carrera a otro nivel.

—Estamos tan cerca de conseguir una gran oportunidad que solo necesitamos un poco de ayuda extra —dice mamá día sí día también—. Necesitamos un *demo reel* que impresione a Susan Curtis.

Susan Curtis es la representante de talentos con la que está decidida a que firme. Ha oído que es la mejor de la ciudad. Así que aquí estamos hoy, en un edificio que pertenece a una empresa que hace *demo reels*, clasificando tomas de mis actuaciones, incluso *Doctoras de Filadelfia*. (Conseguí el papel. Mamá dijo que no lo hice tan bien en el plató como en la audición). El demo reel estará listo en unos días para enviárselo a Susan.

Un par de días más tarde nos llaman para decirnos que quiere representarme.

—¡Sí, bebé, sí! —grita mamá, muy emocionada—. Aunque tu actuación fue peor de lo esperado, la has impresionado. ¡Imagina lo impresionada que estaría si hubiera visto tu audición!

Así que lo hago. Me lo imagino. Y me siento mal. Estuve mejor en la audición que el día del rodaje. He fracasado. Me gustaría que mamá dejara de sacar el tema, pero sé que solo intenta que lo haga mejor. Sé que tiene buenas intenciones. Solo quiere que deje de meter la pata y de no hacer las cosas tan bien como podría. Solo quiere que dé lo mejor de mí. Solo está siendo una buena madre.

20

—¡Traga el Gatorade, traga! —Mamá me grita como lo haría un entrenador de boxeo a su luchador.

Trago. El Gatorade rojo me resbala por las comisuras de la boca.

—¡Pero no te manches la camiseta!

Me inclino hacia adelante para evitar mancharme la camisa.

—¡Sigue tragando!

Lo hago.

—Bien, eso debería bastar, nena.

Dejo la bebida en el portavasos y respiro hondo.

Tragar Gatorade es agotador.

—Esto debería bajarte la fiebre. Bien hecho, Net. Bien hecho.

Ha pasado una semana desde que firmé con Susan. Tengo treinta y nueve grados de fiebre y un resfriado tan fuerte que parece que me estoy tapando la nariz cuando hablo, pero mamá dice que creerán que somos poco comprometidas si cancelamos la primera audición que tengo desde que firmé, así que aquí estamos.

Al menos la audición es en los Estudios Universal, mi estudio favorito. Hay algo muy romántico en caminar hasta el bungalow donde se hace la audición y pasar por delante del de Steven Spielberg o ver circular el tranvía. Siento como si estuviera frente a una gran oportunidad. Voy a una audición para una serie policíaca de la cadena, titulada *Karen Sisco*, para el papel de una niña sin hogar de once años llamada Josie Boyle. Mamá pensó en untarme suciedad en las mejillas para la audición, pero al final decidió no hacerlo porque «sería demasiado exagerado». Me siento aliviada con su decisión.

La sala de espera del bungalow está tan abarrotada de chicas que esperan para las audiciones que la puerta no se puede cerrar, y hay niñas sentadas en las escaleras repasando sus textos. Parece que el director de casting de *Karen Sisco* quiere elegir a la niña sin hogar perfecta.

Durante la hora que espero a que me llamen, mamá me da continuamente pastillas de Ricola para la tos y me lleva al baño para que repase el texto o beba un poco de Gatorade con paracetamol. A estas alturas, los ojos me arden por la fiebre y me duele todo el cuerpo. Solo quiero hacerme un ovillo. Pero ahora no puedo. Hay trabajo que hacer.

Finalmente, me llaman y entro en la abarrotada oficina de casting para hacer la audición. Hay una parte en las separatas en la que mi personaje tiene que resoplar, y tengo tantos mocos acumulados en la nariz que se me pegan y hacen ese largo y asqueroso ruido de resoplido infectado por la sinusitis. La directora de casting no parece darse cuenta. Dice que he hecho un gran trabajo.

Al día siguiente vuelvo a presentarme, todavía enferma. Esta vez, en lugar de hacer la prueba en el bungalow, la hago en una sala más espaciosa de uno de los edificios más bonitos, cerca de los escenarios. La directora de casting vuelve a estar sola y no me graba en vídeo, lo que significa que tendrá que haber otra audición. Los directores de casting rara vez eligen al actor para un papel a menos que sea muy poco importante. Suelen hacer el proceso de selección, y luego los productores y el director eligen a la persona ideal.

Me llaman para una segunda convocatoria un par de días después, el viernes. Por suerte, mi fiebre ya casi ha desaparecido. Solo tengo treinta y siete y medio, podré con ello. El director, un británico con gorra de béisbol y camisa de cuello abotonado, me observa. El resoplido sale sin demasiados mocos y hago bien el resto del texto. Me dice que he hecho un buen trabajo, me da algunas indicaciones sobre varias frases y me hace repetirlas. Me dice que acepto bien las indicaciones. Me voy y se lo explico todo a mamá.

Mi tercera convocatoria y cuarta audición llegan el martes siguiente. Nunca he tenido tantas audiciones para un papel de un solo episodio para una serie de televisión, pero al parecer este casting ha sido muy difícil y quieren asegurarse de elegir a la chica adecuada, ya que se trata de un papel importante de invitada principal (que está por encima del de estrella invitada) junto a Carla Gugino y Robert Forster. Mamá se enteró de esta información gracias a Susan, por lo que no paraba de repetir lo buena que fue la decisión de firmar con ella.

—Sabe cosas. Sabe muchas cosas.

Estoy nerviosa en esta cuarta audición. Incluso desearía seguir enferma, porque con la fiebre había menos espacio para los nervios. Estar enferma me quita los nervios. Me toca a mí y a otras dos chicas. Las dos tienen más créditos que yo, y mamá me susurra ansiosa cada treinta segundos, como si pudiera hacer algo al respecto.

—Andrea Bowen está en *Mujeres desesperadas*. Esa serie va muy bien. Aunque no estoy segura de por qué. Bastante tonta, si te digo la verdad.

Soy la última chica a la que llaman. Vuelvo a ver al director, y esta vez hay una cámara en la sala. Dice que van a grabar la audición para los productores. Asiento.

—Estás tranquila, ¿eh? —pregunta.

No me atrevo a responder. Estoy petrificada.

—Supongo que sí —dice con una carcajada afable—. No te preocupes por nada. Solo diviértete.

Estoy un poco confundida por la dirección, ya que las escenas de las separatas son: 1) mi personaje presenciando cómo le disparan al vagabundo que la cuida; 2) mi personaje sentado con el personaje de Robert Forster, diciéndole que no quiere saber nada del padre que la abandonó cuando era una bebé; y 3) mi personaje sentado con su padre, diciéndole que no quiere saber nada de él desde que la abandonó cuando era una bebé.

¿Dónde está la diversión? No veo nada de diversión aquí.

Los seis minutos de la audición se pasan en un suspiro. El director me dice que soy buena y que cree que voy a triunfar en este oficio. Le doy las gracias y salgo de la audición. Esa noche, nos llaman para decirnos que he conseguido el papel. Mamá da un salto de alegría. Yo también.

—¡Mi bebé es la niña sin hogar! ¡Mi bebé es la mejor! ¡Mi bebé es la niña sin hogar!

21

—Ponlo en negrita —dice mamá por encima de mi hombro mientras seca un plato con un trapo de cocina y observa cómo escribo.

Arrastro el ratón sobre las tres palabras y hago clic en la herramienta B de la parte superior de la página para ponerlas en negrita, y luego giro la cabeza para ver la reacción de mamá.

—Sí, está bien. —Mamá asiente satisfecha de sí misma—. Voy a calentarle una lata de espaguetis a Scottie. Cuando termines, imprímelo para que pueda echarle un vistazo.

Mamá se dirige a la cocina y yo vuelvo a centrar mi atención en el documento de Microsoft Word que tengo en la pantalla del ordenador. Ambas cosas (la pantalla del ordenador y Microsoft Word) son bastante nuevas en casa de los McCurdy. Marcus montó el ordenador en su clase de montaje de ordenadores en el instituto y yo compré todos los complementos con lo que me pagaron por mi aparición como coprotagonista en *CSI*, donde interpreté a la hermana de un asesino. El papel fue agotador a nivel emocional, pero cuando mamá me dijo que podía comprar el Microsoft Word y *Los Sims* con la parte de mi sueldo que no usaba para pagar las facturas, valió la pena.

Estoy escribiendo mi propio currículum. Me hace sentir orgullosa. Capaz. Competente. ¿Cuántos otros niños de once años escriben sus propios currículums? Me siento adelantada.

Sin embargo, esas tres palabras que mamá acaba de sugerir que ponga en negrita me provocan una profunda punzada de temor en las entrañas. Me quedo mirando las palabras durante un largo rato. Ocupan el primer lugar en la sección de habilidades especiales de mi currículum. Están por delante de saltar con pogo saltarín, con hula-hop, saltar a la cuerda (incluyendo el doble holandés), el piano, la danza (jazz, claqué, clásica, hip-hop), la flexibilidad y la capacidad de lectura de duodécimo grado, todas habilidades especiales que mamá cree que me darán ventaja o, en caso de carecer de ellas, perder una oportunidad, como la vez que perdí un anuncio de latas de pasta Chef Boyardee por no saber saltar con un pogo saltarín. Mamá no tardó en ir a comprarme uno en un Pic 'N' Save y me hizo practicar una hora al día durante dos semanas hasta que pude llegar a los mil saltos sin caerme. Sí, soy muy buena saltando con el pogo saltarín.

Pero ninguna de esas habilidades especiales es tan importante como esta de tres palabras. La que mamá designó como la más importante, la que quería en negrita...

Llorar cuando toca.

Llorar cuando toca es la habilidad más importante que se busca en un actor infantil. Todo lo demás, en comparación, es irrelevante. Si puedes derramar lágrimas cuando quieres, eres un verdadero crac. Un auténtico competidor. Y cuando tengo un buen día, puedo llorar a voluntad.

—Eres como una Haley Joel Osment femenina —me dice mamá día sí día también—. Es la única otra chica de hoy en día capaz de echar lágrimas. Bueno, supongo que Dakota Fanning también, pero ella es más como un pozo. En realidad las lágrimas no tienen que caer, sino resbalar por las mejillas ante la cámara.

La primera vez que lloré a escondidas fue en clase de interpretación. La señorita Lasky nos dijo que cogiéramos un objeto de casa y pensáramos en una historia triste relacionada con ese objeto, y que a la semana siguiente fuéramos a clase con él y contáramos la historia en el escenario.

He traído una grapadora. Dustin y Scottie dibujan mucho, y hacen pequeños paquetes grapados para clasificarlos. Así que me inventé una historia en la que nuestra casa se quemaba y mis hermanos morían en el incendio y lo único que quedaba era su grapadora. Si de verdad hubiera querido provocarme el llanto, habría pensado en la muerte de mamá, pero pensar en la muerte de mamá está prohibido. Aunque lleva años en remisión, su salud sigue siendo demasiado frágil como para no querer gafar nada, ya que su vida está en manos de mi deseo anual de cumpleaños. Es una responsabilidad que no me tomo a la ligera y que nunca querría socavar en aras de un monólogo lacrimógeno. En cambio, puedo aprovechar perfectamente la vida de mis hermanos con el objetivo de inspirarme.

Mientras estaba en el pequeño escenario de la clase de interpretación contando la historia, mis ojos se llenaron de lágrimas hasta el punto de que se me nubló la vista. Pero las lágrimas no caían. En cierto modo, sentía la tristeza del monólogo, pero también la frustración de que las lágrimas no cayeran. La señorita Lasky entró en el escenario con pasos estruendosos y se inclinó a cinco centímetros de mi cara, de modo que nuestras narices casi se tocaban. Estaba asustada. No sabía lo que iba a ocurrir a continuación. Luego levantó la mano y chasqueó los dedos justo delante de mis ojos. La brusquedad del gesto hizo que mi cuerpo se sobresaltara y, con la sacudida, cayeron las lágrimas. La señorita Lasky sonrió. Yo también. Por debajo de las lágrimas, sonreí.

A partir de ese momento, si había que llorar en una audición, estaba casi segura de que conseguiría el trabajo. La noticia corrió de boca en boca. Llegó un punto en el que Susan llamaba a mi madre y le anunciaba con orgullo: «He recibido otra llamada de un director de casting diciendo: "Háblame de la niña que llora"». Lo cierto es que llorar a destiempo no era divertido para mí. Era una de las experiencias más miserables de mi vida, sentada en una fría oficina de casting e imaginando sucesos trágicos que le ocurrían a mi querida familia. Cualquier suceso podía durar entre cuatro y seis audiciones de lágrimas, pero al final me volvía inmune (Mamá decía que ya estaba «llorado del todo») así que teníamos que cambiar a uno nuevo. De la historia de la grapadora pasamos a la de Dustin muriendo de meningitis; en realidad había tenido un caso grave hacía unos años, así que mamá me decía: «¡Imagínate que la punción lumbar hubiera salido mal!». Dustin muriendo de meningitis pasó a Marcus muriendo de apendicitis y luego a Scott muriendo de neumonía y luego el abuelo muriendo de viejo. («Imagina que está en la cama del hospital agarrando el muñeco de calcetín que le hiciste cuando tenías seis años»).

La vez que más lágrimas derramé fue en una audición para un pequeño papel en la comedia *Hollywood: Departamento de homicidios*, un largometraje protagonizado por Harrison Ford y Josh Hartnett. El papel era el de una niña que iba sentada en la parte de atrás de una furgoneta con su familia, haciendo turismo por Hollywood Boulevard, cuando Josh Hartnett secuestra el coche y empieza a conducirlo, haciendo que todos se pongan histéricos.

No sé qué pasaba aquel día en particular, pero tenía los conductos lagrimales especialmente llenos. Lo único que tuve que hacer fue tirarme al suelo en la oficina de casting y pensar en el abuelo aferrado a su muñeco de calcetín y *¡BAM!*, las lágrimas se derramaron. Una cantidad ingente. Aquello no era llorar, era berrear. Mi cuerpo se convulsionaba. Estaba histérica.

—Vaya —dijo la directora de casting cuando terminé. Tenía el pelo rizado y castaño rojizo y una voz melosa. Era muy simpática.

—A ver, el papel es tuyo, pero quiero verte hacerlo otra vez, solo para verlo de nuevo —dijo un tipo con el pelo gris y una chaqueta de cuero marrón que estaba sentado al lado de la directora de casting.

Y así, volví a hacerlo. Me había convertido en la artista del Cirque du Soleil que lloraba en el momento justo. La gente quería verme hacerlo una y otra vez, como si trepara por seda o me contorsionara en aros aéreos. Llorar cuando toca era mi habilidad especial.

22

El padre de Emily ha sido asesinado y su madre es la sospechosa. Acabo de empezar otra audición «de llorar» para la serie policíaca *Sin rastro*. Se trata de una escena en la que llaman a Emily para interrogarla y empieza a agobiarse y a llorar a moco tendido.

Estoy sentada en la sala de espera haciendo acopio de toda mi tristeza cuando algo cambia en mí. Me siento extraña. No sé cómo describirlo, pero sé, mi instinto lo sabe, que las lágrimas no van a salir. Me siento distante, desconectada y, además, irritada.

Tiro del brazo de mamá, quien dobla la esquina de la página de la sección de dietas de su revista *Woman's World*. La sección de dietas es su favorita, aunque no sé por qué. Mamá es muy menuda, mide metro cincuenta «y pesa la friolera de cuarenta y dos kilos», como suele anunciar con orgullosa ironía, sabiendo que su número de kilos dista mucho de ser una friolera. Deja la revista en su regazo y se inclina hacia mí para que pueda susurrarle al oído.

—Mami, creo que no voy a poder llorar.

Mamá me mira, desconcertada al principio, y luego su confusión se convierte en intensidad. Me doy cuenta enseguida de que ha pasado a la modalidad «charla motivacional», un papel que adopta con más frecuencia de la necesaria porque la hace sentir necesaria.

Frunce las cejas y aprieta los labios. Esa expresión le da un aspecto infantil, como si fuera una niña que finge ser adulta.

—Por supuesto que lo harás. Eres Emily. *Eres* Emily.

Mamá suele decir esto cuando me «mete en el personaje». Dice: «Eres Emily». O Kelli. O Sadie. O quienquiera que se suponga que soy ese día.

Pero hoy, ahora mismo, no tengo ganas de ser Emily. No quiero ser Emily. Nunca me había pasado, pero está sucediendo ahora y me estoy asustando. Una parte de mí se resiste a que mi mente fuerce este trauma emocional. Una parte de mí dice: «No. Es demasiado doloroso. No lo voy a hacer».

Esa parte de mí es tonta. Esa parte de mí no se da cuenta de que llorar es mi habilidad especial, que es buena para mí, para mi familia, para mamá. Cuanto más llore en el momento oportuno, más trabajos conseguiré; cuanto más trabajos consiga, más feliz será mamá. Respiro hondo y le sonrío.

—Tienes razón. Soy Emily —digo medio para convencer a mamá, medio para convencerme a mí misma.

La parte de mí que no quiere llorar cuando toque no las tiene todas consigo. Esa parte de mí grita que no soy Emily, que soy Jennette, y que yo, Jennette, merezco ser escuchada. Lo que quiero y lo que necesito merece ser escuchado.

Mamá encuentra la página doblada de su revista, pero justo antes de reabrirla, se inclina una vez más.

—Vas a conseguir este papel, Emily.

Pero no lo consigo. La audición no va bien. No pongo el corazón en ello. No «siento mis palabras». Y lo peor de todo es que no lloro cuando toca. Fracaso.

Estamos de camino a casa, atascadas en la 101 Sur. Estoy sentada en mi asiento elevador, ya que todavía soy demasiado pequeña y es obligatorio. Intento hacer los deberes de Historia, pero no puedo concentrarme porque estoy demasiado enfadada conmigo misma por el resultado de la audición.

No paro de darle vueltas en la cabeza, porque esa parte de mí que tiene miedo ha decidido hablar. Esa parte de mí que no quiere estar haciendo esto.

—No quiero actuar más —digo antes de darme cuenta de que lo he dicho.

Mamá me mira por el espejo retrovisor. Noto una mezcla de asombro y decepción en sus ojos. Me arrepiento al instante de haber hablado.

—No seas tonta, te encanta actuar. Es lo que más te gusta en el mundo.

Mamá lo dice de una manera que hace que suene como una amenaza.

Miro por la ventana. La parte de mí que quiere complacerla piensa que tal vez tenga razón, que tal vez sea lo que más me gusta y simplemente no lo sé, o no me doy cuenta. Pero la parte de mí que no quiere llorar cuando toca, que no quiere actuar, a la que no le importa complacer a mamá y solamente quiere complacerme a mí, me está pidiendo a gritos que hable. Se me calienta la cara, lo que me obliga a decir algo.

—No, de verdad no quiero. No me gusta. Me hace sentir incómoda.

Mamá hace un gesto como si se acabara de comer un limón. Se contorsiona de una manera que me aterra. Sé lo que viene a continuación.

—¡No puedes renunciar! —solloza—. ¡Era nuestra oportunidad! ¡Era nueeeeeestra oportunidaaaaaaad!

Aporrea el volante y golpea sin querer el claxon. La máscara de pestañas resbala por sus mejillas. Está histérica, como yo en la audición de *Hollywood: Departamento de homicidios*. Su histeria me asusta y tengo que tener cuidado.

—No importa —digo en voz alta para que mamá pueda oírlo a través de sus sollozos.

Su llanto se detiene inmediatamente, excepto por un resoplido, pero tan pronto como ese resoplido termina, se hace un silencio total. No soy la única que sabe llorar cuando toca.

—No importa —repito—. Olvidemos lo que he dicho. Lo siento.

Le propongo que escuchemos su álbum favorito, *But Seriously* de Phil Collins. Sonríe ante la sugerencia y lo pone en el reproductor de CD. Pone «Another Day in Paradise» y la canción empieza a sonar por los altavoces. Mamá canta. Me mira por el espejo retrovisor.

—¡Vamos! ¿Por qué no cantas tú también, Net? —me pregunta con entusiasmo, ya que su humor ha cambiado.

Así que me pongo a cantar. Y pongo mi mejor sonrisa falsa para acompañarla. Tal vez no pude llorar para *Sin rastro*, pero sí he podido sacarle una sonrisa a mamá en nuestro viaje a casa. En cualquier caso, estoy actuando.

23

—Una niña no debería tener que preocuparse por toda su familia —me dice el abuelo una tarde.

Se da cuenta de que estoy estresada. Llevo media hora caminando de un lado a otro por el jardín delantero de nuestra casa mientras intento memorizar el texto de una próxima audición para una película de bajo presupuesto titulada *My Daughter's Tears* (*Las lágrimas de mi hija*). ¿Podría haber un título de película más adecuado para mi habilidad especial? Mamá no me deja leer el guion porque dice que tiene demasiado «contenido para adultos», lo cual es un alivio, porque ya me cuesta bastante memorizar las catorce páginas para la audición de mañana, y además con acento ruso. El personaje que estoy ensayando, la hija en cuyas lágrimas se basa el título, es rusa. Mamá me ha reservado una cita con un profesor de acento, pero todavía no pronuncio del todo bien las erres.

No se me permite salir sola. Mamá dice que podrían secuestrarme, abusar de mí y asesinarme como a Samantha Runnion (la niña que fue secuestrada tres semanas antes de su sexto cumpleaños y que vivía a cinco minutos de nosotros), así que siempre que salgo, alguien tiene que acompañarme. Hoy es el abuelo. Ha estado regando el césped mientras yo estudiaba.

—¿Qué? —pregunto, no porque no haya oído lo que ha dicho, sino porque estoy confundida. Por supuesto que una niña pequeña debe preocuparse por toda su familia. Eso es lo que hacen las niñas.

—Es que… —Se acerca a mí—. Solo creo que… te mereces ser una niña.

Se me llenan los ojos de lágrimas, y no porque lo haya forzado. Brotan de forma natural. No recuerdo la última vez que lloré de forma natural. Me ha pillado desprevenida. Me muevo de un lado a otro arrastrando los pies.

—Ven aquí, dale un abrazo al abuelo.

Doy un paso adelante y rodeo con mis brazos su gran barriga. Me acaricia la espalda con la mano libre.

—Te quiero, abuelo —le digo.

—Yo también te quiero, cariño.

El abuelo va a pasarme el otro brazo por la espalda para estrecharme bien, pero se olvida de que lleva una manguera y el agua me salpica.

—¡Ups!

Pone la manguera en el césped y deja que el agua corra por la hierba, luego me envuelve en su gran abrazo de abuelo. Es agradable y acogedor, aunque huele a cecina.

—Sabes, iba a darte un pequeño regalo cuando terminaras de estudiar tu texto, pero tal vez debería adelantarme y dártelo ahora.

—¡Genial! —Estoy emocionada. ¿A quién no le gustan los regalos?

El abuelo se mete la mano en el bolsillo trasero y rebusca. Recibos arrugados se desparraman por la hierba. Finalmente, saca un tope para una antena de coche. Es Mike Wazowski, el personaje principal de *Monstruos, S.A.* Recibir este tipo de artículos de promoción gratuitos de las películas es una de las ventajas que tiene como empleado de Disneylandia.

Pongo a Mike sobre la palma de mi mano. Es blando y está hecho de espuma de poliestireno.

—Me encanta lo gracioso que es —dice el abuelo—. ¿No es gracioso?

—Sí.

—Me hace reír. Esperaba que te hiciera reír a ti también.

—Gracias, abuelo.

—Por supuesto —dice con un movimiento de cabeza—. Espero que recuerdes divertirte. La vida tiene que ser divertida para una niña.

El abuelo se agacha, coge la manguera y empieza a regar el césped de nuevo. Miro a Mike, pasando el pulgar por su piel gomosa mientras pienso en lo que ha dicho el abuelo.

La diversión no es algo con lo que esté especialmente familiarizada. La vida es algo serio. Hay mucho que hacer. Prepararse, trabajar duro y hacerlo bien es mucho más importante que la diversión.

Me meto a Mike Wazowski en el bolsillo y vuelvo a practicar mi acento ruso.

24

Miro los papeles que tengo delante. Una pila de ciento diez hojas recién impresas con letra Courier New de cuerpo doce. Se trata de *Henry Road*, mi primer guion.

Lo he impreso porque estoy deseando enseñárselo a mamá. Sé que le vendría bien un estímulo, ya que está en el hospital. No debe ser fácil para ella ir tan a menudo al hospital, normalmente varias veces al año. Aunque en ocasiones la razón por la que va no está relacionada con el cáncer (como esta vez, que está allí por una diverticulitis o diverticulosis, nunca estoy segura de cómo se dice), el miedo siempre está ahí. El miedo a que, cuando le hagan un examen o una prueba o una operación, el médico encuentre una señal de que el cáncer ha regresado.

El abuelo me lleva al hospital en su destartalado Buick azul oscuro con la pegatina de Bush/Cheney en el parachoques. Me siento en el asiento trasero y hojeo las páginas.

—Ten cuidado de no cortarte con el papel, cariño —me dice el abuelo mientras cruza un semáforo que está a punto de ponerse en rojo.

Llegamos al hospital. He estado en muchos por las diversas enfermedades de mamá, pero nunca había estado en este. Es pequeño, con aspecto de boutique. Es menos intimidante de lo que suelen ser, y menos laberíntico, así que encontramos rápidamente el camino a la habitación de mamá.

Está descansando, pero cuando oye mis pasos, abre los ojos de golpe y sonríe.

—¡Hola, Net!

Su sonrisa me hace sonreír a mí.

—¡Hola, supermami!

Me siento en la silla junto a su cama y tomo su mano entre las mías. Me doy cuenta de que nuestras muñecas son del mismo tamaño.

—¿Qué has traído? —pregunta mamá, señalando la pila de papeles que llevo bajo el otro brazo.

Apenas puedo contener la emoción. Hay una mesa de comida con ruedas que se puede mover hasta la cama, mucho más lujosa que el tríptico plegable en el que comemos en casa. La bandeja de comida que hay encima (el pavo, las judías verdes, el puré de patatas, la guarnición de sopa de pollo con fideos y las galletas) está intacta. Muevo un poco la comida para hacer sitio y dejo caer los papeles encima de la mesa con orgullo.

—Es mi guion. *Henry Road.*

—¿Has escrito un guion? —pregunta mamá.

Estoy segura de que está impresionada. Pero entonces se le cruza una mirada de preocupación.

—¿Has salido a la calle todos los días durante veinte minutos para aumentar la vitamina D?

—Por supuesto —le digo, tranquilizándola.

—¿Y has estado yendo a tus clases de baile?

—Sí.

Toca la portada, pero no con el orgullo que muestro yo cuando la toco. Sus dedos están tristes.

—¿Qué? —pregunto.

—Es que… —Mamá mira hacia abajo y sonríe con nostalgia. En mi opinión, es una de sus expresiones más ensayadas. Nunca la he visto mostrar esta expresión de forma genuina. Siempre parece forzada.

—¿Es que qué? —pregunto.

—Es que espero que no te guste más escribir que actuar. Eres una muy buena actriz. Muy, muy buena…

De repente me avergüenzo de haberle dado el guion. Estoy abochornada. ¿Cómo he podido ser tan estúpida? Ella nunca me apoyará en esto.

—Por supuesto que no me gusta más escribir que actuar. Es imposible.

Al oír las palabras que salen de mi boca, creo que sueno falsa, con la inocencia fingida de los personajes de las repeticiones de *Las desventuras de Beaver* que la abuela insiste en ver a pesar de que las detesto.

Mamá no se da cuenta de que estoy mintiendo, aunque sea sumamente obvio. Por supuesto que prefiero escribir a actuar. Con la escritura, me he sentido empoderada por primera vez en la vida. No tengo que recitar las palabras de otra persona. Puedo escribir las mías. Puedo ser yo misma por una vez. Me gusta la privacidad. Nadie me mira. Nadie me juzga. Nadie opina. No hay jefes de casting ni agentes ni productores ni directores ni mamá. Solo yo y la página. Para mí, escribir es lo contrario de actuar. Actuar me produce una inherente sensación de falsedad. Escribir es inherentemente real.

—Pues bien —dice mamá mirándome, como si estuviera tratando de determinar si puede confiar o no en mi respuesta—. Los escritores van desaliñados y engordan, ¿sabes? No me gustaría que tu culito de actriz se convirtiera en un enorme y gigantesco culo de escritora.

Tomo nota. Si escribo, la haré infeliz. Si actúo, la haré feliz. Recojo las páginas de la mesa de la comida y vuelvo a metérmelas debajo del brazo.

A posteriori, mamá me pregunta de qué trata el guion.

—Es la historia de un niño de diez años y su mejor amigo que intentan emparejar a sus padres solteros.

—Mmm —dice mamá mirando a través de la ventana—. Eso ya lo hicieron en *Tú a Londres y yo a California*.

25

Me despierto a las ocho de la mañana en mi colchoneta de Costco. Mi litera está llena de cosas, así que vuelvo a dormir en la colchoneta. Llevo puesta una camiseta de la carrera para mujeres organizada por Revlon de 2002. Me gusta el diseño. Tiene mucho color morado, que es lo que me gusta ahora.

No puedo decirle a mamá que me gusta el morado, ya que prefiere el rosa. Se le rompería el corazón si de repente le dijera que he cambiado de color favorito por uno que no es igual que el suyo. Es un honor que mamá se preocupe por mí hasta el punto de que la destrozaría saber que tengo mi propio color favorito. Amor verdadero.

La camiseta de la carrera de Revlon del año pasado era plateada en su mayoría, y el año anterior azul. Conozco todos los colores de las camisetas de los últimos siete años porque ese es el tiempo que mi familia ha asistido a la carrera anual. Empezamos a asistir cuando mamá entró en remisión de su carcinoma ductal metastásico en fase cuatro, término que conozco bien porque, además de ver el vídeo VHS todas las semanas, mamá me hace decírselo a menudo a los directores de casting.

—A todo el mundo le gusta la historia de alguien que supera la adversidad. Si mencionas mi carcinoma ductal, conseguirás un voto de simpatía.

El cáncer de mamá rara vez puede salir a relucir de forma natural en audiciones como las de *Hotel, dulce hotel: Las aventuras de Zack y Cody* y *El rey de Queens*, pero en series como *Urgencias* puedo introducirlo con un poco más de naturalidad, sobre todo si en el episodio sale un personaje que tiene cáncer.

—Mi madre tuvo un carcinoma ductal en fase cuatro, así que me identifico mucho con el argumento.

Mamá siempre dice que vamos a la carrera de Revlon para apoyar a las mujeres con cáncer de mama, lo cual es muy noble por su parte. Dustin dijo una vez en voz baja que creía que mamá iba más por el merchandising gratuito que por la propia causa, pero Dustin es un «gamberro» y también su hijo menos favorito, algo que ella ha llegado a decirle de forma directa, así que obviamente Dustin no sabe nada de mamá ni de sus intenciones. Me he puesto mi camiseta súper grande contra el cáncer y estoy pensando en qué poema escribiré para mamá este fin de semana. Como a mamá no le gusta que escriba guiones, me he tomado un descanso indefinido, pero le gusta que escriba pequeños poemas sobre lo mucho que la quiero, así que sigo escribiendo, pero ahora lo hago de esta manera.

Estoy intentando averiguar qué rima con la palabra «mami» cuando me doy cuenta de que me duele un poco el pecho. Más concretamente, la zona del pezón del pecho derecho. Alzo la mano derecha para tocar la zona dolorida y ahí lo noto... UN BULTO. El terror me invade el cuerpo inmediatamente. Esto no puede estar pasando. ¿Primero mamá y ahora yo? La habitación me empieza a dar vueltas. Sopeso mis opciones: puedo ir a despertar a mamá para decírselo ahora, pero puede ser agobiante. O puedo dejarla dormir hasta las once de la mañana, cuando suelo despertarla con su taza de té matutina. «Me levantaría antes si no estuviera despierta hasta tan tarde preocupada por el dinero», dice siempre mamá. «Tal vez si tu padre consiguiera de una vez un trabajo que PAGARA LAS FACTURAS para no tener que depender de una NIÑA...».

No sé qué elegir, así que hago lo que haría cualquier preadolescente sensata y enferma de cáncer que tiene que decidir cuándo decírselo a su madre: la despierto.

—Oh, cariño. —Mamá se ríe a medias mientras pasa sus dedos de un lado a otro a lo largo de mi pezón hinchado y abultado de la derecha, y luego sobre mi pezón liso y plano de la izquierda para comparar—. Esto no es cáncer.

—¿Entonces qué es?

—Solo te están saliendo tetas.

Oh. No. Lo único peor que un diagnóstico de cáncer es un diagnóstico de crecimiento. Me horroriza crecer. En primer lugar, soy pequeña para mi edad, lo cual es una ventaja en el mundo del espectáculo, porque puedo conseguir papeles de personajes más jóvenes que yo. Puedo trabajar más horas en el plató y tengo que hacer menos descansos por ley. Aparte de la logística, soy más cooperativa y puedo aceptar las directivas mejor que esos cabrones de siete años.

Mamá me recuerda todo el tiempo lo bueno que es parecer tan joven para mi edad.

—Conseguirás más papeles, cariño. Muchos más.

Si empiezo a crecer, mamá no me querrá tanto. A menudo llora y me abraza muy fuerte y me dice que quiere que siga siendo pequeña. Cuando lo hace, se me rompe el corazón. Me gustaría poder detener el tiempo. Ojalá pudiera seguir siendo una niña. Me siento culpable de no poder hacerlo. Me siento culpable cada vez que crezco un centímetro. Me siento culpable cada vez que oímos a una de mis tías o tíos comentar lo mucho que estoy «creciendo». Puedo ver cómo se le tuercen las cejas a mamá cada vez que dicen eso. Puedo ver lo mucho que le duele. Estoy decidida a no crecer. Haré lo que sea para evitarlo.

—Bueno, ¿hay algo que pueda hacer para evitar que me salgan tetas? —le pregunto nerviosa a mamá.

Mamá suelta una carcajada, de esas que hacen que se le cierren los ojos. Conozco bien esta expresión, como conozco bien todas las expresiones de mamá. Las he estudiado por dentro y por fuera para poder comportarme en consecuencia en todo momento.

Nadie más en la familia parece entender las emociones de mamá. Todos los demás andan despistados, sin saber cómo se va a comportar. Pero yo siempre lo sé. Me he pasado toda la vida estudiándola para saberlo siempre, porque siempre quiero hacer todo lo posible para hacer feliz a mamá. Sé diferenciar entre cuando está irritada o indignada. Sé diferenciar cuando está enfadada con papá o cuando está enfadada con la abuela (la mandíbula apretada significa papá, las cejas fruncidas significa la abuela). Sé diferenciar cuando está un poco feliz (me besa en la frente) o cuando está muy feliz (canta Phil Collins). Y ahora mismo, en este momento, riéndose a carcajadas con los ojos cerrados, sé que no solo está muy feliz, sino que es un tipo de felicidad especial.

Mamá está agradecida y feliz.

Esta es mi forma favorita de verla, porque soy la fuente de su alegría. He visto a mamá estar agradecida y feliz cuando consigo papeles y cuando me pongo de su lado en medio de una discusión con cualquier otra persona de la familia. Agradecida y feliz cuando se siente reconocida, valorada y cuidada.

—¿Qué puedo hacer para que no me salgan tetas? —repito, poniendo más énfasis en mi pregunta ahora que sé que le genera tanta satisfacción.

Mamá baja la mirada, de la forma en que lo hace cuando está a punto de contarme un secreto, como la vez que me dijo que la abuela tiene dientes postizos o cuando me dijo que papá le resultaba aburrido. Sé que se avecina algo jugoso. Algo especial, algo que solo nosotras dos sabremos. Un secreto que cimentará y validará nuestra maravillosa y gran amistad, como solo los secretos pueden hacerlo.

—Bueno, cariño, si realmente quieres saber cómo seguir siendo pequeña, hay algo secreto que puedes hacer... Se llama restricción de calorías.

* * *

Me acostumbré rápido a la restricción de calorías y se me da bastante bien. Estoy desesperada por impresionar a mamá. Dice que ella es una gran maestra porque lleva mucho tiempo restringiendo las calorías.

—Una vez, de niña, cuando me estaba durmiendo, oí a mi madre y a mi padre hablar en la otra habitación. Decían que mi hermano podía comer cualquier cosa y su metabolismo lo eliminaba enseguida, pero que todo lo que yo comía se convertía en grasa. Aquellas palabras me afectaron mucho, Net, en serio. Desde entonces me he estado limitando.

Ahora que lo pienso, me doy cuenta de que es evidente que mamá se está limitando. Solo desayuna té caliente por las mañanas, sin nada dentro, y cena un plato de verduras al vapor, sin nada encima. Rara vez la veo almorzar, y si lo hace, es una ensalada sin aderezo o la mitad de una barrita de granola con trocitos de chocolate. Estoy en buenas manos.

Empiezo a encoger cada semana, a partir de que mamá y yo nos juntamos para contar las calorías cada noche y planificar la comida del día siguiente. Restringimos mi dieta a mil calorías diarias, pero tengo la brillante idea de que si solo me como la mitad de la comida, estaré ingiriendo solo la mitad de calorías, lo que significa que podré encoger el doble de rápido. Muestro con orgullo mis raciones a medio comer a mamá después de cada comida. Está encantada. Cada domingo me pesa y me mide los muslos con una cinta métrica. Al cabo de unas semanas de dieta, me proporciona una pila de libros de alimentación que leo en un santiamén. Aprendo la importancia de comer frutas y verduras ricas en agua, como la jícama y la sandía. Aprendo lo útiles que son la cayena y el chile para acelerar el metabolismo. Aprendo que el café es un supresor del apetito, así que empiezo a beber descafeinado (solo) con mamá. Tomar café en cualquier forma va técnicamente en contra de las reglas de nuestra iglesia.

—Bueno, es descafeinado, así que estoy segura de que Dios hará una excepción —dice mamá, y yo asiento como si estuviera de acuerdo, aunque estoy bastante segura de que el Dios que yo he estudiado no hace excepciones.

Cuanto más delgada estoy, más estricta me pongo con lo que ingiero, porque parece que mi cuerpo intenta retener todo lo que como.

Me doy cuenta de que la mayoría de los alimentos me añaden un poco de peso corporal, cuatro décimas de kilo más o menos. Lo sé porque me peso cinco veces al día. El cinco es mi número de la suerte, así que esta cantidad de pesajes diarios me parece apropiada. También quiero asegurarme de que estoy al tanto de todos y cada uno de los cambios de mi cuerpo para poder hacer los ajustes adecuados y estar lista para mi sesión semanal de pesaje con mamá.

Mis alimentos favoritos son los polos sin azúcar, el puré de manzana y el té helado sin azúcar, porque son los alimentos que no parecen añadirme peso. Los polos y la compota de manzana no añaden nada, y el té helado se orina enseguida. Para mí, estos alimentos son «libres de estrés». Alimentos seguros. Alimentos reconfortantes. Quien diga que los macarrones con queso y el pollo frito son alimentos reconfortantes está loco. Estos son los verdaderos alimentos reconfortantes.

Mamá y yo seguimos con nuestra misión, y estoy encantada. Cada día me siento como las gemelas de *Tú a Londres y yo a California*, dándome besos de esquimal con mamá y aplaudiendo como tontas cada vez que nos pesamos y hacemos el recuento diario de calorías. (Vi la película después de que mamá sugiriera que mi guion *Henry Road* era un plagio. Tenía razón). La restricción calórica nos ha unido aún más que antes, lo cual es mucho decir, porque ya estábamos muy unidas. La restricción calórica es maravillosa.

Llevamos unos seis meses con nuestro plan de restricción de calorías y realmente se nota la diferencia. He bajado tres tallas y ahora uso una talla siete *slim* para niños. El Espíritu Santo me dice que toque la palabra «*slim*» de las etiquetas de mi ropa cinco veces cada día porque ese ritual, junto con la restricción de calorías, me mantendrá pequeña. ¡Gracias, Espíritu Santo!

En general, las cosas van bien. Pero hoy es una excepción.

Hoy estoy nerviosa, porque estoy sentada en la sala de espera de la consulta del médico esperando a que me llamen. Y esperar a que me llamen significa esperar a que me pesen. Y me aterra que me pesen en una báscula que no es la mía. ¿Y si los números no son correctos? ¿Y si peso más en esta?

Mamá parece percibir que estoy nerviosa, así que me coge de la mano mientras esperamos. Y esperamos. Y esperamos. Hasta que finalmente… «McCurdy, Jennette» dice la ayudante del médico. Mi corazón empieza a latir con tal intensidad que estoy segura de que todos los presentes pueden oírlo. Tengo la cara caliente. El tiempo se desdibuja mientras atravieso la puerta de la sala de espera y salgo al pasillo. Mamá empieza a quitarme la chaqueta de pana de Children's Place, para que no añada peso extra. Estamos juntas en esto. La enfermera me dice que puedo dejarme los zapatos puestos, pero mamá me dice que me los quite. ¡Siempre mirando hacia fuera! Me quito los zapatos y subo a la báscula. Mamá y yo nos miramos.

—Veintisiete kilos —dice la enfermera mientras garabatea en la página sujeta a su portapapeles.

Cuando escucho las palabras que salen de su boca, las percibo transformadas y deformadas. Estoy destrozada. La báscula de casa marcaba veintiséis. Inmediatamente trato de descifrar la expresión de mamá. Está inexpresiva, lo que significa decepción. Me siento aún más chafada. Nos acompañan a la habitación 5, y mi número de la suerte no parece tan afortunado en este momento. Me subo al pequeño taburete y me siento sobre el papel con dibujos de ositos de la camilla para los pacientes. Es áspero y de mala calidad. La ayudante me hace unas cuantas preguntas más y luego cierra la puerta tras de sí. Abro la boca para decir algo, pero mamá habla antes de que yo pueda hacerlo.

—Hablaremos más tarde.

Pasan unos minutos y entra el doctor Tran. Me decepciona que sea el doctor Tran en lugar del doctor Pelman porque mamá parece estar de mucho mejor humor cuando se trata del doctor Pelman. (Si no fuera contra el evangelio, pensaría que mamá está enamorada de él, pero sé que no es así porque la lujuria es un pecado y mamá nunca cometería un pecado). El doctor Tran tiene la mirada fija en su portapapeles.

—Debbie, ¿podría hablar con usted en privado un minuto?

Mamá sale con el doctor Tran. Las puertas son lo suficientemente finas y mamá habla lo suficientemente alto como para que yo pueda oírlo todo.

—Bueno... Quería hablar con usted sobre el peso de Jennette —empieza el doctor Tran—. Es mucho más bajo que lo normal para su edad.

—Oh —dice mamá, sonando un poco ansiosa—. Está comiendo con normalidad. No he notado ningún cambio.

Eso no es cierto. Mamá *ha notado* los cambios porque ella es la primera que quería hacer los cambios.

—En fin... —El doctor Tran respira hondo—. A veces, cuando las chicas jóvenes tienen anorexia, son muy reservadas con sus hábitos alimenticios.

Es la primera vez que oigo la palabra «anorexia». Suena como un dinosaurio. El doctor Tran continúa.

—Le sugiero que vigile de cerca los comportamientos alimenticios de Jennette.

—Lo haré, doctor Tran. Desde luego que lo haré —le asegura mamá.

Estoy confundida. Mamá ya vigila mis comportamientos alimentarios. Está tan implicada en ellos como yo, si no más. Mamá no solo sabe lo que como, sino que fomenta y apoya mis hábitos. ¿Qué está pasando? ¿Qué significa esto?

Unos meses más tarde, vuelvo a oír la palabra «anorexia» en el aparcamiento del estudio de danza después de la clase. Estoy en el banco de la entrada, esperando a que llegue mamá, mientras estudio unas separatas para una audición en la que debo interpretar a la hija de Val Kilmer en una película.

Mamá siempre llega entre veinte y cuarenta y cinco minutos tarde a recogerme, lo cual es normal, porque está muy ocupada con otras cosas, como llamar a los cobradores para pedir que retengan los pagos y pasar por el Westminster Mall para recoger tarjetas de agradecimiento de Hallmark para todos los directores de casting con los que he hecho audiciones en los últimos seis meses. («Puede que no se acuerden de tu audición, pero sí de una tarjeta de agradecimiento con una bonita letra cursiva en la parte delantera»).

Me doy cuenta de que la madre de Anjelica Gutiérrez ha estado merodeando alrededor de su minifurgoneta, a pesar de que la última clase de Anjelica fue la misma que la mía y los Gutiérrez suelen salir puntuales. Entonces veo que el monovolumen Ford Windstar de color cobre de mamá gira a la izquierda en la calle del estudio y entra en el aparcamiento. Cojo mi bolsa de baile y me dirijo al coche, pero la señora Gutiérrez se me adelanta. Se acerca a la ventanilla del acompañante y le pide a mi madre que la baje.

—Hola, Deb, solo quería hablar contigo un momento sobre Jennette. He notado que está perdiendo mucho peso. Creo que podría tener anorexia. Quería saber si le estás buscando ayuda. Otra chica de la clase tuvo ese tipo de problemas y su madre me dio el nombre de un especialista…

—Hablemos de esto en otro momento —interrumpe mi mamá a la señora Gutiérrez de un modo que significa que «en otro momento» nunca llegará.

Abro la puerta del coche y me subo. Y así, nos ponemos de camino a casa.

—¿Mamá? —pregunto cuando paramos en un semáforo en rojo.

—¿Sí, cariño?

—¿Qué es la anorexia?

—Oh, no te preocupes por eso, cariño. La gente solo exagera.

El semáforo se pone en verde. Pisa el acelerador.

—¿Te has aprendido tu texto?

—Sí.

—Genial. Genial. Esta será una gran oportunidad, Net. Lo percibo. Val es rubio, tú eres rubia, es una apuesta segura.

—Ajá.

—Una ganadora absoluta.

Miro por la ventana y vuelvo a estudiar mi texto. Me entusiasma la idea de la piruleta sin azúcar que me dará cuando llegue a casa.

26

Hoy empiezo las Colmenas, el programa de la iglesia para niñas de doce a trece años. Al entrar en el programa, te asignan un «papel», y me ha tocado el de asistente de secretaria, un puesto que ni siquiera existe.

—Pero Madison ya es secretaria —le digo a la hermana Smith, mi profesora—. Entonces, ¿qué se supone que tengo que hacer?

—Bueno, puedes ayudarla.

Me miro las uñas para ocultar mi decepción. Makaylah Lindsey se acerca para hablar conmigo.

—Las chicas que consiguen los mejores trabajos son las que seguro que van a participar siempre.

Odio a Makaylah. Sé que fue adoptada y que debería sentirme mal por ella y todo eso, pero no lo hago. Simplemente la odio. Continúa hablando.

—Te han dado ese puesto porque creen que lo más seguro es que no participes, que te vuelvas inactiva.

«Inactiva» es casi una palabrota en la iglesia mormona. Los miembros activos son los que asisten regularmente al servicio, los inactivos son los que han «caído» o han dejado de asistir, aunque todavía están en los registros de la iglesia. En la iglesia, cada vez que se menciona a un miembro inactivo en una conversación, se dice su nombre con la nariz arrugada y en un tono susurrante, como si fuera algo vergonzoso y patético.

—No vamos a convertirnos en inactivas.

—Ya veremos. —Makaylah se encoge de hombros.

Aunque odio a Makaylah y deseo desesperadamente que se equivoque, temo que tenga razón. Si realmente lo pienso, ya hay algunas señales de que las cosas van a ir por ahí.

Desde que tengo uso de razón, mi familia nunca ha encajado en la categoría de «mormones de primera clase». En todas las parroquias de los Santos de los Últimos Días existen los mormones que nunca faltan al seminario. El mismo tipo de mormones a quienes se les confía la tarea de llevar el pastel de pollo a la comida, los que claramente son capaces de llegar a ese nivel de responsabilidad. Esos son los mormones de primera clase.

Y luego está el tipo de mormones que escatiman el diezmo y siempre llegan veinte minutos tarde al servicio. El tipo de mormones que «solo llevan la ensalada», a los que no se les puede confiar más responsabilidad que la de una lechuga iceberg de bolsa con picatostes rancios ya mezclados. Estos son los mormones de segunda categoría.

Nosotros, los McCurdy, somos mormones de segunda categoría. Hace tiempo que lo sé. Los de primera categoría ven a los de segunda con cierta lástima, y lo he percibido en las miradas de reojo de la hermana Huffmire y la hermana Meeks, que son de primera categoría.

Todo el mundo sabe que los de segunda categoría son mucho más propensos a la inactividad que los de primera, pero aun así, no creía que nuestro destino estuviera sellado. Estaba segura de que podríamos revertir nuestra condición de segunda clase con algún hito mormón, como que Marcus cumpliera una misión o que nosotros nunca faltáramos al servicio.

Pero ahora que Makaylah ha sacado el tema y estoy pensando en ello, estoy empezando a aceptar el hecho de que quizás esos hitos mormones no lleguen nunca.

Marcus tiene edad suficiente para ir a su misión desde hace varios años, pero no ha ido. Y aunque no hay restricción de edad para asistir, los hombres tienen un setenta por ciento menos de probabilidades de ir si no acuden el primer año en que pueden ser admitidos, según la revista mormona *Ensign* (la única revista, además de *Woman's World*, que mamá lee con asiduidad). Mamá dice que la culpa es de Elizabeth, la novia de Marcus, y que tiene el diablo dentro, pero no estoy tan segura de eso. Elizabeth me parece que está bien.

También hemos empezado a saltarnos el servicio algunas semanas, normalmente en torno al estreno de los episodios de las series en las que actúo como estrella invitada. Todo empezó después de *Ley y orden: unidad de víctimas especiales*, cuando la hermana Salazar le preguntó a mamá si creía ser «acorde al Evangelio» que yo representara a una víctima de violación de nueve años. Mamá hizo una brillante defensa del hecho de que una estrella de la televisión sea mormona mejora los papeles que esa estrella interpreta. La hermana Salazar lo dejó pasar durante un tiempo, hasta que participé en un episodio de un programa en el que interpretaba a una niña que asesinaba a otra. Desde entonces, cada vez que se emite un episodio de una serie en la que aparezco, nos saltamos una o dos semanas la iglesia para «evitar a los jueces», como dice mamá. Independientemente de cuál sea la razón, nos saltamos el servicio. Y saltarse el servicio es lo opuesto al hito mormón que se requiere para convertirnos en mormones de primera categoría.

—¿Mamá? —pregunto cuando estamos de vuelta en casa, doblando la ropa juntas.

—¿Sí, cariño?

—¿Vamos a convertirnos en mormones inactivos?

—Por supuesto que no. ¿Por qué preguntas eso, Net?

—Makaylah dijo que me han dado el puesto de asistente de secretaria porque creen que seguramente nos volveremos inactivos.

—Oh, por favor. ¿Qué sabe Makaylah Lindsey? Es adoptada.

27

—¡Net! ¡Hora de la ducha! —grita mamá desde otra habitación.

Me quedo petrificada. Oh, no. La hora de la ducha no.

Hace tiempo que temo las duchas, desde hace cinco años más o menos. Fue cuando empecé a sentirme incómoda porque mamá todavía me duchara.

No creo que quiera incomodarme. Dice que tiene que ducharme porque yo no sabría lavarme el pelo con champú y acondicionarlo. Dice que tal vez si no fuera tan largo o de una textura tan específica no tendría que hacerlo, pero que como es así, y como ella era una peluquera profesional, tiene mucho sentido que lo haga.

A veces mamá me baña con Scottie. Ya tiene casi dieciséis años. Me da mucha vergüenza cuando nos baña juntos. Me doy cuenta de que a él también. Solemos apartar la mirada el uno del otro, y Scott se distrae dibujando pokémones en el cristal empañado. Sabe hacer a Charizard bastante bien. Cuando nos ducha juntos, mamá dice que es porque tiene mucho que hacer. Scott le preguntó si alguna vez podría ducharse solo. Mamá sollozó y dijo que no quería que creciera, así que no volvió a preguntárselo más.

Esté o no Scott conmigo, mamá me hace un examen de los pechos y del «culo delantero», que es como llama a mis partes íntimas. Dice que quiere asegurarse de que no tengo ningún bulto o protuberancia misteriosa, ya que podría ser cáncer. Le digo que me parece bien, porque definitivamente no quiero tener cáncer, y como mamá lo ha tenido, sabría si lo tengo.

Por lo general, intento pensar en Disneylandia cuando mamá me examina. Pienso en la próxima vez que nos llevará el abuelo. Pienso en el desfile y en los fuegos artificiales y en los personajes tan felices y en todo.

Al terminar el examen, una enorme ola de alivio se apodera de todo mi cuerpo y muchas veces me doy cuenta de que no había sentido mi cuerpo desde que empezó a examinarme. Es extraño... Cuando me está examinando, me siento como si estuviera fuera de mí misma. Como si mi cuerpo fuera una cáscara de la que estoy desconectada y yo solo existiera en mis pensamientos. Mis pensamientos sobre Main Street, Fantasyland, y el tren del sapo Tadeo. (En realidad, no suelo pensar en el tren del sapo Tadeo porque, por mucho que a la gente le encante, yo creo que es una atracción muy mediocre).

—¡¿Net?! —grita mamá de nuevo.

Mi cuerpo sigue petrificado. Trago saliva y fuerzo una respuesta en mi garganta.

—¡Ya voy!

Esta noche me duchará a mí sola. Lo sé porque mañana tengo una audición para *House,* y me he dado cuenta de que siempre que tengo una audición, mamá me ducha a mí sola. Creo que es porque quiere asegurarse de ponerme bien el champú y el acondicionador para que el pelo me quede bien brillante para el casting. Mamá dice que este negocio es muy superficial y que un pelo brillante puede marcar la diferencia entre conseguir un papel o no.

Cuando dejo los deberes y me levanto del sofá, tengo la respiración agitada y las manos húmedas. Intento concentrarme en el alivio que sentiré en cuanto termine de examinarme y esté a punto de acabar de ducharme. Intento concentrarme en esa sensación de ligereza. Esa sensación de que todo será mejor y más halagüeño el resto de la noche. Lo intento. Lo intento. Lo intento.

Llego al baño. Mamá no me deja abrir el grifo porque dice que es complicado girar las manillas y conseguir la temperatura adecuada, así que la espero. Mientras tanto, me quito los pantalones, luego la ropa interior y después la camisa. Me meto en la ducha y oigo el sonido del grifo que gotea. Observo el moho que hay en él. Parece una costra blanca y azul. Oigo los pasos de mamá cuando se acerca al baño. Me voy a Fantasyland.

28

Estoy sentada en el asiento trasero del Ford Windstar. Nos dirigimos al almacén de suministros de arte para visitar a Dustin en su turno de trabajo. Da la sensación de que Dustin lo odia, pero a mamá le encanta. Creo que le gusta conocer a la gente que trabaja en el mismo lugar que su hijo. Creo que hace que se sienta como una persona importante. Su postura y su energía cambian por completo cada vez que entra en el almacén Best Buy para visitar a Marcus, o en la taquilla de Disneylandia para visitar al abuelo. Tiene un aura como si fuera la dueña del lugar. Me encanta verla tan segura de sí misma.

Mientras vamos en coche, mamá está hablando por teléfono con un cobrador, pidiendo una prórroga, cuando se dirige a mí con entusiasmo.

—¡Susan está llamando!

Ya sé por qué me llama Susan. Ayer hice una prueba de imagen para un programa llamado *iCarly*, un nuevo programa de Nickelodeon sobre jóvenes adolescentes que crean un programa web juntos. Y la semana que viene tengo que hacer una prueba para una serie titulada *Californication*, una nueva serie de Showtime sobre un hombre que maltrata a las mujeres. Cuando llegas a la prueba de imagen de una serie de televisión, ya tienen los contratos redactados y, por lo visto, es bueno hacer pruebas para más de una serie al mismo tiempo, porque tu representante puede utilizarlo como «palanca» para conseguirte el mejor acuerdo posible. (A mamá le encanta decir la palabra «palanca» cuando habla con Susan por teléfono. Dice que así parece que es una «conocedora»). También existe una extraña regla según la cual el programa que te ponga a prueba primero tendrá la primera opción de elegirte o no. Tienen un tiempo determinado para decidir si están seguros de quererte, y si no lo han decidido para entonces, la otra cadena tiene la primera opción.

Hice mi prueba de imagen para *iCarly* ayer, así que tienen la primera opción si me quieren. Que Susan llame ahora mismo significa que Nickelodeon se ha decidido.

Aunque mamá está deseando hablar con Susan, termina primero con el cobrador, como siempre.

—No voy a colgar después de haber estado esperando una hora.

Mamá llora mientras habla con alguna extensión, pero para cuando cuelga con Brandon de la compañía telefónica Sprint PCS, ya se le han secado las lágrimas. Mientras marca el número de Susan, estira la mano hacia atrás y hacia mí. Estoy sentada en mi asiento elevador. (Tengo catorce años y todavía voy en el asiento elevador). Tengo que inclinarme hacia delante todo lo que puedo para agarrarla de la mano, y como estoy sentada en el asiento elevador, la longitud del cinturón de seguridad es mucho más corta y se bloquea antes. En el momento en que me inclino hacia delante para agarrarla de la mano, el cinturón hace el ruido de bloqueo. Intento alcanzar su mano, pero no puedo. *Clic, clic, clic.*

—Hola, ¿puedo hablar con Susan? Soy Debbie McCurdy.

Clic, clic. Agita la mano, tratando de encontrar la mía. Nuestros dedos casi se rozan.

—Vale, sí, creo que puedo averiguar cómo poner el altavoz.

Mamá pulsa botones al azar en su teléfono hasta que algo funciona, y la voz de Susan empieza a sonar por el altavoz del teléfono.

—¡La han elegido para *iCarly*! ¡Ha conseguido el papel!

La mano de mamá vuela hacia delante para acompañar su «hurraaa» en lo que solo puede describirse como un cuestionable puño al aire. Sea lo que sea, aleja su mano de la mía y lo siento con todo el cuerpo. Pero solo durante un segundo. Porque entonces me doy cuenta. He conseguido mi primer papel habitual en una serie.

Mamá entra en el aparcamiento de Art Supply Warehouse mientras las dos gritamos a todo pulmón. Entra en una plaza reservada para minusválidos; está encantada de tener una tarjeta de minusválido desde que le diagnosticaron diverticulitis. Me desabrocho el cinturón de seguridad tan rápido como puedo.

Salto a los brazos de mamá. Ella me estruja. Estoy eufórica. Ahora todo va a ser diferente. Todo va a mejorar. Mamá por fin será feliz. Su sueño se ha hecho realidad.

29

—¡Oh, una cesta de frutas!

Mamá desata el lazo y empieza a quitar el envoltorio de celofán.

—La piña tiene mucho azúcar, pero puedes tomar un poco de esta lata: melón con miel.

—¡Vale!

Mamá saca dos brochetas de melón de la cesta. Justo cuando está a punto de pasarme la mía, se lo piensa mejor y la vuelve a guardar.

—Podemos compartir una —propone.

Empezamos a masticar los trozos de melón en forma de flor mientras miramos las otras cestas que hay en mi tocador. Hay una de tés de Coast to Coast, una de productos de spa artesanal de Susan y una de carnes y quesos de Nickelodeon.

—Podemos llevarnos esa a casa para el abuelo y los niños —me dice mamá.

Esta es la primera diferencia que noto al ser habitual en una serie. Te dan muchas cestas. Yo no había recibido nunca una cesta en todos mis años como actriz invitada. (Aunque cuando aparecí como invitada en *Karen Sisco*, Robert Forster me regaló un bolígrafo de plata con mi nombre grabado, y a mamá le dio un calzador de plata. Qué tipo).

Hoy es nuestro primer día de trabajo después de haber sido elegidas oficialmente para una primera temporada. Después de rodar un piloto, los ejecutivos de la cadena ven todos los pilotos y eligen una tercera parte de ellos para convertirlos en una serie. Nosotras formamos parte de ese tercio afortunado y, lo que es aún mejor, conseguimos el mayor número de episodios de todas las series seleccionadas. La mayoría de ellas iban a tener diez o trece episodios.

Conseguimos veinte. Mamá dice que esto se debe probablemente a mi excelente actuación como Sam Puckett, una marimacho bromista y ruda con un corazón de oro que, irónicamente, a diferencia de mí, ama la comida.

—¿Estás preparada para repasar el texto, cariño? —pregunta mamá.

—Claro —digo, aunque nunca estoy preparada.

Todavía me pone nerviosa practicar diálogos con mamá. Creía que el hecho de que me eligieran para la serie la ayudaría a relajarse un poco, pero no ha sido así. Sigue siendo muy crítica. Es estresante.

Respiro hondo para prepararme para mis primeras líneas cuando se oye un fuerte golpe en la puerta de mi camerino.

—Contesta —me dice mamá mientras se da una palmada en el muslo, exasperada por haber sido interrumpida un segundo antes de empezar.

Abro la puerta púrpura y en la alfombra frente a mí hay otra cesta, esta vez llena de chucherías típicas de cine: frutos secos con chocolate, regaliz dulce y algunos paquetes de palomitas. En el centro de la cesta hay una tarjeta regalo de cien dólares para ArcLight, el cine más elegante que he visto nunca, que está justo al final de la calle de los Estudios Nickelodeon, donde rodamos el programa. Mamá y yo estuvimos a punto de ver una película en ArcLight la semana que rodamos el piloto, pero dijo que no podíamos pagar 13,75 dólares por una entrada de cine. «No me importa lo bueno que sea el sonido».

Esta tarjeta regalo es la de mayor importe que he visto nunca. Casi no puedo creerlo.

—Es de Miranda —le digo a mamá, sorprendida—. Cien dólares para el cine Arc-Light.

Miranda es mi coprotagonista en *iCarly*. Interpreta el papel principal de Carly Shay, una adolescente dulce y femenina que, con sus mejores amigos Sam y Freddie (interpretado por mi otro coprotagonista, Nathan), inicia una serie web. Mamá dice que el personaje de Miranda no está muy bien desarrollado.

—La pobrecita está expuesta todo el tiempo. Es una chica guapa, pero es una pena que su personaje no tenga personalidad.

Vuelvo a mirar la cesta. Estoy realmente sorprendida de que otra actriz infantil sea tan amable conmigo. Por lo general, hay mucha competición. Este gesto es todo lo contrario. Estoy conmovida. Me acerco a la cesta.

—No te vas a acercar a ese chocolate, pero es muy amable de su parte. Ahora vamos a practicar tu texto.

30

—¿Y esto? —pregunta mamá mientras sostiene un oso panda de peluche. Estamos en la papelería Hallmark Greeting Cards, en el centro comercial Westminster. Como Miranda me ha comprado un regalo para celebrar el comienzo de la temporada, también hemos elegido uno para ella. Mamá agita el panda.

—Es un lindo panda, además rima con su nombre. Miranda. Panda. Bonito, ¿verdad?

—Sí, es muy bonito. Tal vez podríamos seguir buscando para asegurarnos de conseguir el mejor regalo.

—Bueno, creo que esto y el diario peludo está bien, ¿no? —pregunta mamá.

—Claro, claro.

Trago saliva. No está bien. Miranda me regaló una tarjeta muy cara para un cine muy elegante. Un regalo *genial*. Un peluche y un diario peludo *no son un regalo genial*.

Hasta hace unos meses, pensaba que estas cosas eran regalos geniales. Hasta hace unos meses, pensaba que mis pantalones de campana de arco iris de Children's Place y mis libros de pasatiempos de Limited Too eran geniales. Pero desde que conocí a Miranda, mi concepto de lo que es guay ha cambiado.

La primera vez que la vi fue en mi prueba de imagen para *iCarly*. Estaba apoyada en una pared, bebiendo Coca-Cola de una botella de cristal y escribiendo mensajes de texto en su teléfono Sidekick. Vaya. Coca-Cola y un Sidekick. Esta chica sabe lo que es bueno.

Hablamos brevemente en la prueba de imagen, pero no mucho más porque nos metieron en una sala para leer nuestras escenas juntas en la larga mesa de los ejecutivos.

Tampoco hablamos mucho durante el rodaje del piloto. Yo me sentía tímida, y me pareció que ella también. Repasábamos nuestros textos entre las tomas y exclamábamos «¡Adiós! ¡Hasta mañana!» con entusiasmo al final de cada día, pero no sucedía mucho más entre medio.

Sin embargo, yo la observaba de lejos. Miranda parecía tener una independencia que yo no tenía, y eso me fascinaba. Cada día iba sola a buscar comida a un restaurante cercano. ¡Sola! ¿Cómo podía ser? Luego, siempre que volvía al estudio, me enteraba porque ponía a Gwen Stefani o Avril Lavigne en su móvil. Yo conocía a estas artistas, pero mamá no me permitía escucharlas porque decía que su música podría hacerme querer «hacer cosas malas».

En el plató, Miranda decía palabrotas como «mierda» y «culo», y tomaba el nombre del Señor en vano al menos cincuenta veces al día. Mamá me advirtió que no me acercara demasiado a Miranda porque no creía en Dios. (Mamá dice que está bien que me acerque a Nathan, porque él sí cree). «Los bautistas del sur no son mormones, pero al menos tenemos a Jesús en común».

Aunque mamá me dijo que no me acercara a Miranda, realmente quería hacerlo. Quería que se me pegara algo de su frescura. Y ella también parecía simpática, lo cual es difícil de ser si eres guay. Cruzaba los dedos para que, a pesar de nuestra timidez mutua, surgiera una amistad entre nosotras. Pero después, por desgracia, no parecía probable. Cada día que pasaba sin que intercambiáramos nuestros números de teléfono, sentía que nos alejábamos cada vez más de una posible amistad. Hasta que, el último día de rodaje del piloto, justo cuando Miranda salía del plató, se volvió y dijo:

—Oye, Jennette, ¿tienes AIM?

—La verdad es que no —dije, preguntándome de qué estaba hablando.

—¿No tienes AOL Instant Messenger? —Parecía sorprendida.

—Ohhhh, AIM —dije, esperando sonar convincente, como si supiera lo que era—. Sí, tengo.

—Genial. Agrégame.

—Genial.

En cuanto llegué a casa ese día, le pedí a Marcus que me abriera una cuenta. A través de AIM, nuestra amistad floreció. Miranda y yo pasábamos horas charlando todos los días. A veces, si mamá pasaba y me preguntaba qué estaba haciendo, le decía que estaba hablando con Miranda, pero la mayoría de las veces minimizaba la conversación de AIM, mentía y decía que estaba haciendo los deberes. Ella no me cuestionaba. Salía de la habitación y luego yo volvía a abrir la conversación y empezaba a reírme.

Aunque en persona Miranda parecía tímida y callada, por escrito transmitía una personalidad brillante e hilarante. Mucho de lo que decía me hacía reír. Su forma de ver las cosas, la gente, los hábitos, la naturaleza humana. Me encantaba. Y estaba muy emocionada con la idea de que nos hiciéramos amigas.

Pero ahora el regalo de mamá lo iba a echar todo a perder.

De vuelta al trabajo, dejé la bolsa del regalo en el suelo y llamé tres veces a la puerta de Miranda. Luego me apresuré a volver a mi camerino. No quería ver su reacción cuando viera el peluche y el diario peludo. Me daba demasiada vergüenza.

Miranda no menciona los regalos durante casi toda nuestra jornada de trabajo. Tengo miedo de que nuestra amistad se acabe.

Pero entonces, mientras caminamos hacia el aparcamiento con nuestras madres al final del día, se vuelve hacia mí y, entre risas nerviosas, dice:

—Gracias por el peluche. Es muy bonito.

—De nada.

—Y el diario también. Estoy deseando empezar a escribir en él.

—Genial.

Me sonríe. Me doy cuenta de que solo está siendo amable. Pero aprecio su amabilidad.

—Nos hablamos más tarde en AIM —dice saludándome con la mano.

—De acuerdo —digo emocionada. Demasiado emocionada. Aunque no le hayan gustado el panda y el diario peludo, aunque solo haya querido ser amable al darme las gracias por ellos, sigue queriendo que seamos amigas. Me alegro de tener AIM.

31

Estoy de pie detrás del telón en el camerino del escenario en el que rodamos el espectáculo. Tengo los brazos cruzados. Mi pie golpea ansiosamente el suelo. No quiero salir de detrás del telón.

—Sal, Net, solo te tomarán una foto y luego te podrás ir.

—De acuerdo.

Salgo. Siento que mis mejillas se sonrojan de vergüenza. Odio esta sensación, la de tener tantas partes del cuerpo expuestas. Me parece sexual. Me da vergüenza.

—Estás estupenda —me dice desde el otro lado de la habitación la ayudante de vestuario que siempre está cosiendo, sin levantar la vista de su máquina de coser.

Me preocupa que «genial» signifique «sexual». Cruzo los brazos sobre mi cuerpo para intentar taparlo más. Encorvo los hombros para crear una pequeña cueva que me proteja. No quiero parecer sexual. Quiero parecer una niña.

—Definitivamente voy a insistir por el bañador de una pieza, pero gracias por seguirme la corriente y probarte el bikini —dice la jefa de vestuario mientras se recoge el pelo en un moño y lo sujeta con palillos.

—Claro —digo, incapaz de mirarla a ella, o a mamá, que está sentada en las escaleras en la esquina opuesta de la habitación.

—Baja los brazos; intenta estar cómoda —me dice mamá.

Los bajo. No estoy más cómoda.

—Hombros atrás.

Mamá hace el gesto ella misma, para dar ejemplo. Echo los hombros hacia atrás como a ella le gusta y yo odio. No me gusta sacar pecho. No estoy orgullosa de mi pecho ni de esos pequeños pezones, y la única razón para sacar pecho es si estás orgullosa de él. Odio esto. Quiero acabar con esta prueba de vestuario. He pedido que por favor solo me prueben los bañadores con las mallas cortas puestas, la forma en que me siento más cómoda en traje de baño. Estando tapada. Pero nuestra diseñadora de vestuario dijo que el Creador pidió explícitamente bikinis, y que por lo menos tenía que hacerme probar uno o dos para que tuviera la opción.

—Vale, da unos pasos hacia mí para que pueda hacerte una foto —me dice la diseñadora de vestuario mientras se acerca la cámara Polaroid a los ojos.

Doy unos pasos hacia delante. Toma la foto.

—¿Qué dices, quieres probarte el último bikini? —me pregunta como si me estuviera tentando. Me confunde cuando la gente le da la vuelta a las cosas para compensar el hecho de que son desagradables.

—¿Puedo… no querer? —pregunto—. ¿Podemos quedarme con el que me acabo de probar?

—Bueno, él quiere opciones —dice la diseñadora de vestuario, con una expresión exagerada del tipo «ya lo conoces» que no me afecta. Porque no lo conozco. En realidad, no. Solo lo he visto un par de veces. A mí me parece efusivo y bullicioso, pero mamá dice que ha oído rumores de los miembros del equipo de que tiene un «temperamento muy nervioso» y de que «hay que asegurarse de no caerle mal».

Me toqueteo las uñas.

—Vamos, Net, solo uno más —me insta mamá.

—Vale —digo.

Me pruebo el último bikini. Es azul con una raya verde en los bordes. Tiene lazos en la parte inferior. Odio la forma en que los lazos se deslizan por mis piernas. Se me revuelve el estómago. Me miro en el espejo del vestuario.

Soy pequeña. Sé que soy pequeña. Pero me preocupa que mi cuerpo esté luchando contra la pequeñez. Que esté tratando de desarrollarse. De crecer. Siento que apenas me aferro a mi cuerpo infantil y a la inocencia que conlleva. Me aterra que me miren como un ser sexual. Es asqueroso. Yo no soy eso. Soy esto. Soy una niña.

Salgo del vestuario. La diseñadora me hace una foto.

—Estás estupenda —vuelve a decir la costurera de vestuario sin levantar la vista.

32

Nuestros labios se tocan. Él mueve un poco su boca, pero yo no puedo mover la mía. Estoy paralizada. Sus ojos están cerrados. Los míos no. Los míos están abiertos de par en par, mirándole fijamente. Es tan extraño, mirar a una persona mientras las caras se tocan. No me gusta. Puedo oler su gomina.

—¡Mueve la cabeza un poco más, Jennette! —grita el Creador fuera de cámara.

A veces, incluso cuando la cámara está rodando, los productores o directores gritan cosas fuera de cámara. Siempre que no se superpongan a una escena de diálogo, el editor puede eliminar los gritos en la postproducción.

Intento hacer lo que el Creador me pide, de verdad que lo intento, pero no me atrevo a hacerlo. Mi cuerpo está rígido. Impávido. Mi cuerpo rechaza mi mente. Mi mente dice que qué más da que sea tu primer beso, que tu primer beso sea ante una cámara. Acaba con esto. Haz lo que te dicen. Mi cuerpo está diciendo que no, no quiero esto. No quiero que mi primer beso sea así. Quiero que mi primer beso sea un primer beso de verdad, no un beso para un programa de televisión.

Desprecio la parte de mí que es romántica. Me avergüenza. Mi madre ha sido muy clara al decir que los chicos son una pérdida de tiempo y que solo me decepcionarán, y que debería centrarme en mi carrera, y así lo hago. Así que intento hacer que desaparezca. Pero por mucho que intente forzarlo, esa parte romántica de mí está ahí. Y ha estado ahí durante mucho tiempo.

A veces me pregunto sobre los chicos. Cómo sería querer a uno. Me pregunto si alguno me amará alguna vez. Fantaseo con ver juntos los fuegos artificiales de Disneylandia, con cogernos de la mano, con apoyar mi cabeza en su pecho, con reír juntos. Me pregunto sobre los besos. Cómo sería. Es algo que no se puede practicar de antemano. Simplemente sucede en algún momento. ¿Te dejas llevar? ¿Es difícil? ¿A qué saben los labios? Todas estas son preguntas para las que ahora, en este momento, tengo las respuestas.

Tratas de seguir la corriente, y si eres Nathan, mi coprotagonista, parece que puedes. Pero si eres yo, no puedes. Si eres yo, estás pensando en cada pequeña cosa que está sucediendo, y tienes la mente acelerada, y no ves la hora de que termine. Es difícil. Los labios saben a labial Blistex.

Empiezo a preguntarme si todo esto sería diferente si quisiera a la persona. Tal vez ese sea el ingrediente secreto. La pieza que falta. Tal vez si estuviera besando a alguien a quien quisiera, sería mágico e increíble y no sufriría esta aterradora oleada de ansiedad.

—¡Corte! —grita el Creador fuera de cámara, con la boca llena de algo. Oigo sus pasos mientras se nos acerca, con un plato de cartón lleno de lonchas de queso y minibarritas de caramelo. El equipo se separa como el mar Rojo, dejando que el Creador pase por su lado y se acerque a nosotros.

El Creador me mira a los ojos pero no dice nada durante cuatro o cinco segundos. Casi empiezo a reírme, pensando que podría estar metiéndose conmigo para divertirse como hace a veces, pero luego noto una profunda ira. No es momento de reírse. Finalmente, habla.

—Jennette. Más. Movimiento. De. Cabeza. —Se da la vuelta y se aleja—. ¡¿POR QUÉ NO ESTAMOS RODANDO?! —grita.

Las cámaras graban. Comenzamos la escena. Ni siquiera me percato de las palabras que salen de mi boca, pero confío en que deben ser las palabras que estaban escritas en el guion porque nadie me detiene y me dice que estoy diciendo sandeces. Es una experiencia extracorporal, hacer la escena que lleva al beso. El corazón me late con fuerza. Siento las manos húmedas. Ya viene, ya viene, ya viene.

Nos inclinamos. Nuestros labios se tocan. Los labios son desagradables. Son como pequeños y repugnantes montones de carne. Es asqueroso ser una persona.

Ostras, se supone que debo mover la cabeza. Empiezo a moverla. Hacia adelante y hacia atrás. De un lado a otro. La balanceo. No lo siento nada natural, así que estoy segura de que tampoco parece natural. Nathan, o su personaje, Freddie, finalmente se separa.

—¡Corte! —grita el Creador. Por su tono me doy cuenta de que no está contento.

Mira al subdirector.

—¡¿Tenemos tiempo para otra?!

—En realidad, no, señor, tenemos que ir a la escena J si queremos terminar a tiempo.

—Bien —dice enfadado—. No ha sido lo ideal pero BIEN, seguiremos adelante. ¡Estaré en el sector de la comida!

El Creador se marcha, echando humo por las orejas, a por sus patatas fritas o su bagel o su minestrone. Lo observo mientras se va. Me entristece no haberle complacido.

—Oye, ya hemos terminado —dice Nathan con amabilidad, sabiendo lo nerviosa que estaba por dar mi primer beso en pantalla con él.

—Sí —digo con una media risa nerviosa—. Hemos terminado.

Así de fácil, mi primer beso se terminó. Y mi segundo beso, y mi tercer beso, y mi cuarto y quinto y sexto y séptimo, técnicamente, ya que hicimos siete tomas.

33

—Asegúrate de sonreír mucho. Con dientes. Cuando sonríes sin dientes es un poco triste —me dice mamá mientras cambia de carril en la 405.

Vamos de camino a un almuerzo con el Creador. Estoy nerviosa porque mamá dice que hay mucho en juego. Ella cree que podría tratarse de una cita para comer del tipo «estoy pensando en darte un *spin-off*», ya que es habitual que él escriba series derivadas para personajes de sus programas actuales. He pensado en decirle a mamá que podríamos acabar decepcionadas si nos ponemos esa expectativa, pero no he dicho nada. Le va bien tener algo de lo que estar pendiente respecto de mi futuro.

—Y no te olvides de parecer realmente interesada en lo que dice. Realmente interesada —me dice mamá—. Intenta abrir un poco más los ojos si puedes, eso ayudará a que destaquen.

Asiento.

—Una de las dos debería sacar a relucir el tema de mi cáncer, para ponerle de nuestra parte. Puedo hacerlo yo si quieres…

—Claro.

—Genial. Genial, genial, genial —dice mamá emocionada.

Llegamos a la cita justo a tiempo. El Creador ya está allí, con las gafas de sol puestas aunque esté en el interior. Se las quita cuando nos ve. Se levanta de la silla, abraza primero a mamá y luego me abraza a mí, apretándome fuerte, levantándome del suelo.

—McCurdy Curds —dice, dejándome finalmente en el suelo mientras se vuelve a poner las gafas de sol—. Mi pequeña actriz favorita.

Mamá se sonríe.

—Sabes, trabajo con muchas actrices jóvenes. Muchas son guapas, algunas son divertidas, pero ninguna es tan talentosa como tú.

La cara de mamá parece que va a estallar si sigue sonriendo. Yo también sonrío, con todos los dientes, como especificó mamá.

—Gracias.

—Lo digo en serio —continúa el Creador, echando un poco de tartar de atún en su plato de aperitivos—. Haces que las cosas funcionen. Podrías ganar un Oscar algún día.

—Gracias.

Así es como suelen empezar las conversaciones con el Creador. Se deshace en halagos, mientras menosprecia a otras personas talentosas con las que trabaja. Aprecio los cumplidos. La aprobación del Creador significa mucho para mí. Él es la razón por la que aparezco de forma constante en un programa de televisión. Es la razón por la que mi familia y yo ya no tenemos que preocuparnos por el dinero. Pero, al mismo tiempo, me pregunto si está tratando de que me compare con otros talentos y que me pique por eso. Me pregunto si dice el mismo tipo de cosas a cada uno de sus talentos para que cada uno acate sus órdenes y piense que lo tenemos a favor.

Me lo pregunto porque, ahora que hemos trabajado juntos en toda una temporada de televisión, he tenido mucho tiempo para familiarizarme con las formas de trabajar del Creador. Para entenderlo.

Siento que el Creador tiene dos caras. Una de ellas es generosa y excesivamente elogiosa. Puede hacer que cualquiera se sienta como la persona más importante del mundo. Le he visto hacerlo cuando logró que todo el equipo aplaudiera durante cinco minutos a nuestro diseñador de producción por el decorado de la cárcel que construyó en dos días, o cuando dio un discurso de agradecimiento a nuestro coordinador de acrobacias, quien lloró de gratitud. El Creador sabe cómo hacer que alguien se sienta importante.

Su otra cara es mezquina, controladora y aterradora. El Creador puede destrozarte y humillarte. Le he visto hacerlo cuando despidió en el acto a un niño de seis años por decir mal unas frases en un día de ensayo. Y cuando a un operario se le cayó accidentalmente un micrófono en una toma y el Creador se acercó a él y le gritó delante de todos que era el responsable de arruinar una toma mágica y que esperaba que se arrepintiera el resto de su vida. He visto al Creador hacer llorar a hombres y a mujeres adultos con sus insultos y sus palabras degradantes. Trata a la gente de idiotas, payasos, estúpidos, tontos, descuidados, retrasados y faltos de carácter. El Creador sabe cómo hacer que alguien se sienta inútil.

Por eso he aprendido con el tiempo que, por mucho que quiera que los elogios signifiquen algo para mí, no puedo darles importancia, porque mañana puede gritarme insultos en la cara que me dolerán tanto como me halagan sus elogios. Siento que siempre tengo que estar en guardia con él. Estar pendiente de él emocionalmente. Con el Creador me siento igual que con mamá: al límite, desesperada por complacer, aterrorizada por salirme de la raya. Si los pusiera a los dos juntos en la misma habitación, me moriría.

El Creador pide unos primeros platos para compartir: algo con langosta, una pasta con carne y pan. Sé que mamá no aprobará que coma ninguno de estos alimentos, pero sé que el Creador se ofenderá si no los como, y comentará que no confío en él o que piensa que tiene mal gusto, así que picoteo la comida de la forma más convincente que puedo, esperando que el Creador crea que estoy comiendo y mamá sepa que no lo hago.

—Entonces, la razón por la que os he invitado a comer a las dos… —empieza a decir el Creador.

Toma un largo sorbo de su bebida mientras mamá lo observa, ansiosa de que termine la frase como ella quiere que la termine.

—Bueno, primero —dice el Creador, casi como si estuviera alargando intencionadamente la tensión todo lo posible—, deja que te haga una pregunta. ¿Te gusta que te reconozcan? ¿Ser famosa?

—Le encanta —responde mamá por mí—. Le encanta. Y los fans también la adoran. Casi siempre dicen que es su personaje favorito.

Pincho la pasta.

—De acuerdo, bien —dice el Creador—. Porque vas a tener mucho más que eso.

La respiración de mamá se acelera con la anticipación.

—… Quiero ofrecerle a Jennette su propio programa.

A mamá se le cae el tenedor de la emoción. Choca contra el plato.

—Incluso ya he elegido el nombre. *Simplemente Puckett.* ¿No te parece divertido para tu propio programa? —pregunta Dan con una sonrisa.

—¡Sí, sí que lo es! Es un nombre muy divertido —dice mamá.

—No puedo programarlo hasta de aquí a un tiempo, porque *iCarly* lo está haciendo demasiado bien —dice el Creador, tratando de moderar la emoción de mamá, que asiente—. Tendremos que esperar un par de años —reitera el Creador—. Pero si sigues haciendo lo que estás haciendo, me escuchas, sigues mis consejos y te dejas guiar, te prometo que tendrás tu propio programa.

—Oh, gracias —dice mamá, con lágrimas en los ojos—. Mi niña se lo merece. Mi niña se lo merece.

Mamá me mira y asiente, instándome a sonreír con todos los dientes. Así que lo hago. Aunque estoy preocupada. El Creador fue muy claro al decir que su oferta tenía una condición: que lo escuchara, que siguiera sus consejos y que me dejara guiar. Y aunque una parte de mí aprecia al Creador, otra parte de mí le tiene miedo, y la idea de que tenga que hacer todo lo que él quiera me intimida.

—¿Por qué no pareces feliz? Vas a tener tu propio programa —dice mamá mientras regresamos a casa.

—Estoy feliz —miento—. Muy feliz.

—Bien —dice mamá mientras me mira por el espejo retrovisor—. Porque deberías estarlo. Todo el mundo quiere lo que tú tienes.

34

Llevo casi tres años en *iCarly* y, en cierto modo, las cosas son más fáciles. Mi amistad con Miranda ha sido una fuente de camaradería y apoyo emocional. También me he hecho amiga del resto del grupo, pero mi conexión con Miranda es diferente y especial. Hablamos por Skype los fines de semana y vemos películas en ArcLight después del trabajo. Ahora voy allí dos veces por semana. Mamá siempre me acompaña. Inclina la cabeza hacia mí a mitad de la película, en señal de resignación. «El sonido sí que suena envolvente».

Hay algo más importante que mi amistad con Miranda, y es que mamá no está tan estresada por las dos cosas que suelen estresarla: las facturas y mi cuerpo.

Aunque lo que me pagan ha ayudado mucho a que mamá esté más cómoda y sienta cierta estabilidad financiera, no deja de darme su opinión al respecto.

—Deberían avergonzarse del sueldo que te pagan. Comparado con el que dan en la televisión estatal, es una miseria. UNA MISERIA —me dice todos los días en mi camerino mientras me cambia de ropa—. Miseria y compañía.

A pesar de sus quejas, sé que en el fondo está agradecida, porque es un gran paso adelante respecto de lo que teníamos. Pagamos el alquiler en tiempo y forma, y mamá ya no tiene que llamar al casero y suplicarle una prórroga.

Sigue controlando lo que como, pero a veces me deja comer en el plató. Mis cenas siguen siendo principalmente a base de lechuga iceberg con algo de aliño en espray y trozos de mortadela baja en calorías, y me da dos galletas Smart Ones de postre. Y mis desayunos se han transformado por completo. Mamá me prepara el desayuno, algo que nunca imaginé que sucedería. Me pone leche semidesnatada en los cereales Honeycomb: ¡desnatada no, semidesnatada! Y claro, los cereales Honeycomb siguen siendo «uno de los cereales con menos calorías por gramo», como dice mamá («160 calorías por taza y media»), pero esto es una locura. Nunca he visto que estuviera a favor de comer de esta manera.

Una parte de mí se pregunta si mamá me permite comer porque Miranda y Nathan desayunan y almuerzan en el comedor escolar y podría parecer raro si yo no lo hago, o si podría parecer raro si como mucho menos que ellos o algo así. Pero no le pregunto nada. Simplemente lo dejo pasar.

Mi cuerpo está cambiando. Mis minipezones se han convertido en unas tetas muy pequeñas, y cada vez es más difícil ocultarlas con mi técnica de la camiseta superancha hasta las piernas. También me están saliendo granitos, lo cual es nuevo, raro y embarazoso. El año pasado empecé a maquillarme en el plató, e incluso en mis días libres. Antes odiaba el maquillaje, pero ahora lo uso sin fin. Para esconderme detrás de él.

Hace poco también empecé a afeitarme las piernas —bueno, mamá lo hace por mí, todavía me baña aunque tenga dieciséis años—. Ni siquiera sabía que afeitarse las piernas era algo importante hasta que oí a la madre de una coprotagonista burlarse de mis «piernas peludas», y se rio de mí de una forma que no he podido olvidar desde entonces, cada vez que me depilo las piernas.

Así que ahora, aunque mamá ya no está tan estresada por las facturas o por mi cuerpo, mis piernas están tersas, mis pezones se han desarrollado, mi piel está enrojecida y con bultitos en algunas partes y todo esto me resulta incómodo.

El programa se ha vuelto popular de forma progresiva. Susan suelta frases como «fenómeno cultural» y «sensación global». Cuanto más ha triunfado el programa, más ha crecido mi fama. He estado en innumerables alfombras rojas en eventos elegantes, en entregas de premios y en estrenos de películas. He participado en programas de entrevistas como *Good Morning America* y *The Today Show* y en el nuevo de Craig Ferguson y Bonnie Hunt.

Ya no puedo ir a ningún sitio sin que me reconozcan. Ya no voy a Disneylandia, mi lugar favorito, porque la última vez que lo intenté, estaba caminando por Main Street y se me acercó tanta gente que tuvieron que parar el Christmas Fantasy Parade a mitad de camino. Goofy parecía enfadado.

La fama que tengo ahora me está causando un nivel de estrés que no creía que era posible tener. Sé que todo el mundo la desea y que todo el mundo me dice lo afortunada que soy por tenerla, pero la odio. Me siento constantemente al límite cada vez que salgo de casa para ir a cualquier lugar. Me preocupa que se me acerquen estranguladores y me pongo muy nerviosa cuando me relaciono con extraños.

Me gritan cosas como: «¡SAM! ¿Dónde está tu pollo frito?» o «¿Puedes pegarme con tu calcetín?». Un calcetín relleno de mantequilla es un accesorio que mi personaje utiliza con frecuencia, y es exactamente lo que parece: un calcetín lleno de mantequilla. Mi personaje lo lleva siempre consigo para «aporrear a la gente».

Cada vez que alguien me grita lo del pollo o lo de los calcetines, me río como si fuera una buena broma, aunque no lo sea. He soportado la broma miles de veces, y era realmente una broma de muy mal gusto, pero se vuelve peor cada vez que la escucho. Me sorprende la cantidad de gente que se cree original y repite lo mismo cada vez.

La gente no me impresiona. Incluso me irrita. A veces incluso me da asco. No sé exactamente cuándo ocurrió esto, pero sé que es un cambio relativamente reciente y sé que la fama tuvo algo que ver. Estoy cansada de que la gente se me acerque como si fuera de su propiedad. Como si les debiera algo. Yo no elegí esta vida. Mamá sí.

Mi ansiedad me hace ser una persona que complace a los demás. Mi ansiedad me obliga a tomarme la foto y firmar un autógrafo y decir que es auténtico. Pero bajo esa ansiedad hay una combinación profunda de sentimientos que temo enfrentar. Temo estar amargada. Soy demasiado joven para estar amargada. Sobre todo como resultado de una vida que la gente supuestamente envidia. Y me da miedo estar resentida con mi madre. La persona por la que he vivido. Mi ídolo. Mi modelo a seguir. Mi único y verdadero amor.

Esta complicada sensación aparece cuando me hago una foto con un extraño y veo a mamá a un lado, reflejando la sonrisa que me pide que tenga.

Ocurre cuando le dice a la persona que hace la foto «¡Haz una más! ¡O dos más, por si acaso!», cuando sabe lo poco que me gusta todo esto.

Ocurre cuando me hace practicar autógrafos y me dice «Te estás descuidando. *C* pequeña, *C* grande, *U-R-D-Y.* La gente tiene que poder leer cada una de las letras».

Ocurre cuando me propone qué eslogan escribir al lado de mis autógrafos. «¡Nos vemos en el cine!» es lo que quiere que ponga ahora, y Dios sabe por qué. Ni siquiera estoy en el cine, sino en la televisión. Y en la televisión para niños, lo que, en todo caso, casi garantiza que nunca figuraré en ninguna película. La transición del estrellato infantil a una carrera legítima como adulta en la industria del entretenimiento es notoriamente difícil, incluso para los actores jóvenes que tienen la suerte de participar en películas creíbles con directores creíbles. Pero para los niños que empiezan en la televisión infantil, es una sentencia de muerte para su carrera. Hay algo en la imagen unidimensional y excesivamente brillante combinada con el grado de reconocimiento público que hace que sea casi imposible de superar. En el momento en que la estrella infantil intenta superar su imagen y liberarse de ella, se convierte en un cebo para los medios de comunicación, muy publicitado como rebelde, problemático y torturado, cuando todo lo que está intentando hacer es crecer. Crecer es una tarea difícil y llena de errores, sobre todo en la adolescencia, errores que ciertamente no quieres cometer ante la opinión pública, y mucho menos ser conocido por ellos durante el resto de tu vida. Pero eso es lo que ocurre cuando eres una estrella infantil. El estrellato infantil es una trampa. Un callejón sin salida. Y yo puedo verlo aunque mamá no pueda.

La fama ha abierto una brecha entre nosotras, algo que no creía posible. Ella quería esto. Y yo quería que lo tuviera. Quería que fuera feliz. Pero ahora que lo tengo, me doy cuenta de que ella es feliz y yo no. Su felicidad se da a costa de la mía. Me siento atracada y explotada.

A veces la miro y la odio. Y luego me odio a mí misma por sentir eso. Me digo que soy una desagradecida. Que no valgo nada sin ella.

Ella lo es todo para mí. Luego oculto ese sentimiento que desearía no haber tenido, le digo «Te quiero mucho, supermami», y sigo adelante, fingiendo que nunca ocurrió nada malo. He fingido en mi trabajo durante mucho tiempo, y de cara a mi madre durante mucho tiempo, y ahora empiezo a pensar que también estoy fingiendo por mí.

35

Es domingo por la mañana y todos están durmiendo. Vuelvo a calentar la taza del té de frambuesa favorito de mamá que preparé por primera vez hace una hora y la despierto.

—Mami —le digo suavemente—. Aquí tienes tu té.

—Mmm —gime en sueños mientras se revuelve en la cama.

Miro el reloj, nerviosa, debatiéndome si seguir intentando despertarla o no. Es la tercera vez que lo intento, y técnicamente es la última vez que puedo despertarla sin que lleguemos tarde.

—Mamá —digo con un poco más de urgencia en mi tono—. Tenemos que estar en la iglesia dentro de veinte minutos.

—Mmmm —gime mamá con más agresividad.

—¿No quieres ir? —pregunto.

—Mmmm... estoy muy cansss... —murmura. Luego traga saliva y las palabras salen un poco más claras—. He trabajado demasiado últimamente. Estoy muy cansada.

Hunde la cara profundamente en la almohada y su respiración se vuelve pesada. La observo.

Yo también estoy cansada. Yo también he trabajado mucho últimamente. De hecho, creo que he trabajado mucho más que ella. Y luego me siento culpable por tener ese pensamiento.

Ella me lleva al trabajo y me recoge, lo que tiene que ser agotador, piensa una parte de mí. *Sí, pero yo hago los deberes durante el viaje, además de memorizar las frases, y luego me paso diez horas en el plató ensayando y actuando y estando «en órbita» bajo luces brillantes y una intensa presión, mientras ella se sienta en mi camerino a leer* Woman's World *y a cotillear con las madres de mis coprotagonistas,* piensa la otra parte de mí.

Intento ignorar estas partes conflictivas de mí. Son inútiles y me distraen de la cuestión que hay que resolver ahora mismo: si vamos o no a la iglesia.

Hace seis meses que no vamos a la iglesia, el periodo más largo de nuestra vida. Me preocupa, y se lo he comentado a mamá siempre que he podido sin que se sienta incómoda, y se limita a decirme que «seguro que algún día volveremos, cuando las cosas se calmen un poco».

Me parece extraño que hayamos dejado de ir a la iglesia desde que mi carrera ha despegado y su salud se ha normalizado. Intenté abordar el tema con delicadeza una noche cuando regresábamos a casa del trabajo, pero me empezó a gritar y a decirme que estaba perdiendo el control del volante y que yo le estaba causando un tremendo estrés que nos ponía en peligro a las dos, así que entonces aprendí a no volver a sacar el tema.

Pero ahora, en este momento, mientras la miro dormir, empiezo a aceptar por primera vez que nuestros días en la iglesia pueden haber quedado atrás. Supongo que Makaylah tenía razón, después de todo.

Solía pensar que estar inactivo era algo terrible, un pecado del que avergonzarse. Pero tal vez no lo sea. Tal vez sea una señal de que las cosas van bien.

Tal vez la gente va a la iglesia porque quiere pedir cosas a Dios. Y siguen yendo mientras desean y anhelan esas cosas. Pero quizás, en cuanto obtienen esas cosas, se dan cuenta de que ya no necesitan la iglesia. ¿Quién necesita a Dios cuando tienes mamografías claras y un papel fijo en una serie en Nickelodeon?

La dejo dormir y empiezo a memorizar mis frases para el lunes.

36

—Me duele el estómago —le digo a mamá mientras salimos de la cafetería Arc-Light, donde nos reunimos con mi jefa Susan para tomar un almuerzo rápido.

—Tal vez el pollo de la ensalada estaba en mal estado —dice mamá mirando la ensalada Cobb sin queso azul, sin huevo, sin picatostes, sin aderezo y sin beicon, con pollo a la parrilla y lechuga, que compartimos para almorzar.

—Tal vez.

Corremos por Sunset Boulevard para llegar a tiempo al plató. Media hora no es suficiente para una pausa para comer, sobre todo si intentas hacerlo fuera del plató.

—Sonríe para los *paparazzi* —me ordena.

Sin siquiera divisarlos, una sonrisa vacía como la de un títere cruza mi rostro automáticamente. Mis ojos están muertos, mi alma no está en ninguna parte, pero tengo una sonrisa en la cara y eso es todo lo que cuenta.

FLASH, FLASH, FLASH. La luz me hace daño en los ojos.

—¡Hola, Glen! —le grita mamá a un *paparazzo* como si fuera su vecino.

—¡Hola, Deb! —saluda Glen mientras retrocede para tomar más fotos. Me sorprende que mamá no se dé cuenta de lo extraña que es toda esta interacción.

Nos acercamos a los Estudios Nickelodeon y cruzamos el aparcamiento. La sonrisa se me borra inmediatamente de la cara. Entramos corriendo en mi camerino para ponerme el vestuario para la siguiente escena, y voy al baño para hacer un pis rápido. Es entonces cuando lo veo.

Sangre. En mi ropa interior. Me mareo al instante. No estoy exactamente segura de lo que es, pero creo que puede ser la regla.

La primera vez que supe que existía la regla —más o menos— fue hace seis años. Yo tenía diez años, mi vecina Teresa tenía diez y once meses. Nunca me dejó olvidar nuestra diferencia de edad de once meses, ni en su actitud ni en sus recordatorios explícitos.

—¿Sabes lo que es la regla o no? Creo que tal vez no, ya que soy mayor que tú y sé más cosas.

—Claro —dije, suponiendo que se refería a la regla de medir.

—No, *esa regla* no. La otra, el *período.*

—Sí —volví a decir, pensando que debía referirse a un período de tiempo.

—Que no, no ese período. El otro período.

Me devané los sesos pensando qué quería decir Teresa, y entonces lo capté.

—Ah. Sí. —Estoy satisfecha de mí misma, pensando: *Oh, un período entre clases*, ir a la escuela secundaria.

—¿Lo pillas? —Teresa me miraba con suspicacia.

—Sí.

—Bueno, yo tengo el mío. Y me asusté al principio al ver la sangre, pero mi madre me enseñó a usar compresas y todo eso. Luego fui a HomeTown Buffet con las mujeres de mi familia para celebrarlo.

—¿Celebrar qué? —pregunté con inocencia, mientras intentaba desesperadamente captar las pistas que Teresa insinuaba para averiguar de qué clase de período estaba hablando. Definitivamente no se refería a las clases. Nadie celebraría eso.

—Para celebrar el haberme convertido en una de ellas. Convertirme en mujer.

Teresa lo dijo como si fuera algo que hubiera deseado toda su vida, como si fuera algo romántico, increíble y seductor. Convertirse en mujer. Yo estaba confundida. Envidiaba varias cosas de la vida de Teresa: su máquina de pinball, su colección de Barbies (sobre todo las que tenían el pelo corto, que mamá nunca me dejaba tener porque pensaba que me harían querer tener el pelo corto también) y, sí, incluso su viaje a HomeTown Buffet, un restaurante que mi familia consideraba demasiado caro. Pero no envidiaba que se convirtiera en mujer. Convertirme en mujer era lo último que quería.

Ahora, mientras estoy aquí sentada en el retrete con mi ropa interior manchada de sangre, estoy segura de que de esto estaba hablando Teresa.

—Ehh, mamá —digo.

Mamá me pregunta qué pasa y yo me trago la vergüenza para poder pronunciar la siguiente frase.

—Estoy sangrando.

La puerta se abre de golpe antes de que pronuncie «...grando», y mamá me envuelve en un gran abrazo. Mientras estoy en el baño.

—Oh, cielo —dice con la gravedad de alguien que consuela a un amigo que acaba de perder a su querida mascota—. Oh, cariño, cuánto lo siento.

Mamá enrolla una larga tira de papel higiénico en su mano y me dice que me la meta en las bragas mientras va a buscar a Patti, mi afable maestra.

Veo pasar el reloj durante diez minutos infernales hasta que mamá vuelve con Patti. Saca de su bolsillo trasero un cuadrado envuelto en color rosa bebé con una pequeña tira de cinta adhesiva blanca. La agita delante de mi cara como si fuera un billete de cien dólares. Sonríe y me abraza con fuerza mientras mamá va a avisar de que llego tarde.

—Felicidades, Jennette —dice Patti suavemente en mi oído—. Felicidades por convertirte en mujer.

Me dirijo al plató del pasillo de la escuela, donde tiene lugar la siguiente escena. Por el modo en que me tratan los ayudantes de dirección, me doy cuenta de que todos se han enterado de la noticia. Me siento humillada. Y avergonzada. ¿Cómo he dejado que esto sucediera? ¿Cómo me he convertido en una mujer? No sé la respuesta, pero sé la solución. Sé lo que haré para arreglar esto.

Mañana no tomaré leche semidesnatada ni miel ni cereales de dieta. He estado haciendo el vago, y la holgazanería tiene que terminar. Necesito volver a ser anoréxica. Necesito volver a ser una niña.

37

Mamá, te prometo que estaré bien.
Te llamaré para decirte que te quiero todas las noches.
Solo estoy tratando de escribir la historia de mi viiiiida.

Mamá y yo estamos sentadas en una habitación del Hampton Inn & Suites en el centro de Nashville, Tennessee, donde hemos estado viviendo los últimos tres meses mientras trabajo haciendo música country. Estamos compartiendo una cena de lasaña congelada de Nutrisystem (pedimos el programa de un mes de duración para mantenernos a raya, ya que en Nashville hay «mucha más manteca que en Los Ángeles», como dice mamá) mientras escuchamos la mezcla final de mi primer single «Not That Far Away», una canción escrita desde «mi» punto de vista (por un par de compositores junto a los que me senté durante unas horas) para mi madre, sobre estar de viaje sin ella y lo mucho que la echo de menos, aunque en realidad nunca he pasado más de unas horas lejos de ella en todos mis dieciocho años.

No sé mucho de música, pero al escuchar esta canción encuentro el ritmo poco acompasado, la melodía es monótona y la producción anticuada. No expreso ninguno de estos pensamientos porque a mamá le gusta mucho. Las lágrimas recorren sus mejillas. No creo que sean lágrimas de alegría. Tienen una carga, un significado, y creo que sé por qué. La vida ha imitado al arte, si se puede llamar así a esta canción. (No se puede).

Mi carrera musical comenzó a raíz de la huelga de guionistas de 2007, cuando *iCarly* se pospuso indefinidamente, hasta que las cosas se resolvieran. Durante ese parón, Susan me sugirió que empezara a trabajar con compositores para hacer demos y conseguir un contrato de grabación, porque «eso es lo que hacen todos los actores adolescentes hoy en día». Susan representa a Hilary Duff, que ha conseguido varios discos de platino.

—Y he oído que ni siquiera canta todas las canciones, ¡que su hermana canta la mitad de ellas! —dijo mamá con entusiasmo—. No es necesario confirmar ni rechazar nada. Mi niña va a cantar todas sus canciones.

Mamá me hizo empezar a publicar versiones en YouTube. Los sellos discográficos vieron esas versiones y dos, Big Machine Records y Capitol Records Nashville, quisieron contratarme. Mamá se decidió por Capitol Records, porque «Scott Borschetta va a estar muy ocupado con esa chica, la Taylor; no tendrá tiempo para ti».

Así que firmé con Capitol Records y el verano pasado viví aquí en Nashville durante tres meses para trabajar componiendo canciones. Luego, *iCarly* volvió a empezar, así que trabajaba en la serie de lunes a viernes, volaba a Nashville los viernes por la noche, tenía sesiones de composición, grababa demos, tenía reuniones y hacía sesiones de fotos para la portada del álbum y varios comunicados de prensa, y luego volaba de vuelta a California el domingo por la noche para estar lista para los ensayos del lunes. Actualmente, el programa se mueve entre temporadas, así que mamá y yo estamos viviendo aquí durante unos meses mientras me preparo para mi primera gira.

Sospecho que esta gira va a ser la primera vez que esté lejos de mamá. Y no porque me lo haya dicho directamente, sino porque compartimos una cuenta de correo electrónico y he visto un mensaje que le ha enviado a Marcus, en el que le decía lo mismo que yo había temido durante toda mi vida.

—¿Por qué estás llorando, mamá? —le pregunto mientras las lágrimas se derraman de sus ojos.

Mamá pincha un trozo de lasaña con el tenedor, y luego vuelve a dejar el tenedor en la bandeja, como si tomar un bocado fuera demasiado en este momento, dado su estado emocional.

—Es que estás tan guapa —dice, pero sé que miente. La alegría de mamá de «creo que lo has hecho bien» no es en absoluto una alegría lacrimógena. Es más bien una alegría exaltada, llena de emoción. Esto de aquí, lo que sea que estoy presenciando ahora mismo, es algo más, algo más profundo. Me gustaría que me lo dijera. Desearía que admitiera lo que ya sé.

—Mamá… —Me detengo, aterrorizada por lo que estoy a punto de preguntar. Aunque ya sé lo que está pasando, quiero creer que no puede ser verdad. Necesito oírlo de ella. Necesito confirmarlo.

—Hay mucha fuerza en tu voz. El estribillo es realmente… oh. —Mamá se seca los ojos con un clínex.

—Mamá —vuelvo a decir, esta vez un poco más alto. Me aterra saberlo, pero me aterra aún más no saberlo.

—… Y luego, cuando vuelves a la estrofa y pasas a tu registro más bajo… Me encanta tu registro bajo —dice mamá entre lágrimas—. Tiene algo muy sensual.

—Mami, ¿tienes cáncer de nuevo?

Siento que se me va el color de la cara justo después de preguntarlo. Me sorprende que estas palabras hayan salido de mi boca. Me siento paralizada. Mamá parece tan sorprendida como yo. Deja de llorar.

—¿Qué? No. —Intenta reírse—. ¿Por qué lo piensas?

Respiro hondo porque sé que me está mintiendo, y sé que lo hace para intentar que no me asuste, pero me está asustando. ¿Por qué me miente sobre algo tan importante?

—Vi el correo electrónico que le has enviado a Marcus. Donde decías que volvías a tener cáncer.

Mamá baja la mirada y las lágrimas vuelven a aparecer, igual que las de hace medio minuto. Siento una pesadez en el corazón al ver su pequeño cuerpo temblar y agitarse de tristeza. Me levanto de mi asiento y me ubico junto a ella en el borde de la cama. La abrazo. Se siente tan pequeña en mis brazos.

—No quiero perderme tu gira —solloza, como si lo dijera de verdad. Estoy desconcertada. ¿Cómo puede preocuparse por esa estúpida gira ahora mismo?

—No voy a ir a ninguna gira —digo, como si fuera obvio.

Mamá deshace nuestro abrazo, levanta la cabeza y su tristeza se convierte en ira.

—Net, tienes que ir a esa gira. No hables como una loca, ¿de acuerdo? Me asustas cuando hablas así. Tienes que ir a esa gira, pase lo que pase, ¿de acuerdo? Vas a ser una estrella de la música country.

—De acuerdo.

Mamá vuelve a llorar. Yo vuelvo a abrazarla.

38

El Generation Love Tour es una misión para llevar mi nuevo sencillo, «Generation Love», a la radio. Los representantes de Capitol han dispuesto que actúe para un montón de emisoras de radio de todo el país, en lo que consideran una «gira radiofónica no convencional». La mayoría de los artistas hacen giras radiofónicas en las cajas insonorizadas que son las emisoras de radio, con la esperanza de impresionar a algunos ejecutivos de la radio lo suficiente como para que añadan la canción del artista a su programación, pero mi discográfica sugirió que aprovecháramos mi base de fans de *iCarly* para mostrar a los jefes de la radio el «valor» que tengo. Así que, en lugar de actuar en cajas insonorizadas ante dos o tres representantes de la radio, actuaré en el centro comercial local de cada estación de radio ante miles de preadolescentes gritando.

Nuestra primera parada es en Hartford, Connecticut, o quizá en Filadelfia, Pensilvania. Es difícil controlar el horario. En cualquier caso, me adapto rápido.

Me despierto a las ocho, aturdida. Por lo general, nos quedan unas horas de viaje en el autobús, y luego Stewy, nuestro conductor, entra en el motel que han alquilado para medio día, el tiempo justo para que cada uno de nosotros pueda ducharse. Yo voy primero, y luego Paul, el dulce guitarrista con un rudo acento. Estoy enamorada de él. Después va Josh, el otro guitarrista, que parece un Conan O'Brien más bajo y fornido. Luego va Dave, el camarógrafo con pendientes en las orejas que documenta la gira. A continuación, el representante regional de la discográfica de esta semana, y luego el representante de prensa de la discográfica.

Mientras el resto del grupo se ducha, yo me meto en el autobús. Encontramos un lugar para almorzar, luego hacemos una prueba de sonido, y después tenemos unas dos horas libres antes del espectáculo. Después del espectáculo, firmo autógrafos durante tres horas, vuelvo a subir al autobús y Stewy nos lleva al siguiente lugar.

La experiencia en sí es abrumadora, actuar en centros comerciales para miles de niños. Me pongo tan nerviosa que ensayo las canciones entre veinte y treinta veces antes de empezar a tocar, y a veces se me va la voz incluso antes de salir al escenario. La prensa y las firmas de autógrafos posteriores son agotadoras a nivel emocional. Hay algunas interacciones que merecen la pena, que parecen significar algo para los niños y sus familias, pero el resto del público parece un rebaño.

—¡Oye, Samantha Puckett! ¿Cómo saliste del reformatorio?

—Ja, ja, muy buena.

—¿Dónde está tu pollo frito?

—Ja, ja, muy buena.

—¿Realmente golpeas a la gente en la vida real?

—Ja, ja, muy buena.

Mi sonrisa triste se extiende por mi cara y miro a sus cámaras mientras sus madres se disculpan quince veces por no saberla usar.

Pero aparte de la obra en sí, hay dos cosas que estoy percibiendo en esta gira.

Lo primero que noto es que una parte de mí está disfrutando. La parte de mí que no se siente culpable por disfrutar en medio de unas circunstancias tan desafortunadas: el cáncer de mamá y el hecho de estar lejos de ella mientras se enfrenta a sesiones de quimioterapia y radioterapia. Esta parte de mí que disfruta se siente fresca, nueva y estimulante. Me siento libre. Incluso puedo ducharme.

Por primera vez me doy cuenta de lo agotador que es adaptar constantemente mis tendencias, respuestas, pensamientos y acciones naturales a la versión que más le gustaría a mamá. Sin ella, no tengo que hacerlo. La echo mucho de menos, y me duele por lo que está pasando, y me siento muy culpable por la tranquilidad que siento estos días, pero esa tranquilidad es innegable. Sin su vigilancia y control, mi vida es mucho más fácil.

La segunda cosa que estoy notando es que estoy comiendo. Mucho. Por las mañanas como galletas de canela, luego almuerzo y ceno con el grupo, fuera de casa. Y pido el menú de adultos. Y raramente ensaladas. Y rara vez sucedáneos. Hamburguesas y patatas fritas.

Sin la supervisión de mamá, cada bocado que doy me parece rebelde. Oigo su voz en cada comida, diciéndome: «Aparta los aderezos. No comas de más. Eso es basura. No querrás tener el culo como una sandía. La mente por encima de la materia». Pero su voz no puede impedirme comer. Me horroriza esa realidad, pero al mismo tiempo me atrae lo que hay en mi plato, es una atracción que solo puede describirse como lujuria.

La sensación de saciedad que siento después de las comidas es agradable. Y nueva para mí. Pero inmediatamente me sobreviene un profundo sentimiento de culpa. Culpa de que esto no es lo que mamá querría. De que mamá se sentiría decepcionada conmigo. El sentimiento de culpa me hace comer más —bolsas de Cheetos, galletas, caramelos o cualquier otra cosa que tenga a mano—, a veces hasta que me duele el estómago y siento que está a punto de reventar. Me voy a la cama sin poder dormir, me pongo boca abajo porque estoy demasiado llena. Me peso en las salas del hotel que tienen báscula y la cifra sigue subiendo, subiendo, subiendo. Me horroriza cada kilo ganado, pero también me siento incapaz de parar. Hace años que paso hambre y ahora mi cuerpo me pide que me atiborre.

Esta nueva relación con la comida me confunde profundamente. Durante años he controlado mi dieta, mi cuerpo, a mí misma. Me he mantenido delgada como un fideo y con un cuerpo aniñado y he encontrado la combinación perfecta de poder y consuelo en ello. Pero ahora me siento fuera de control. Imprudente. Sin esperanza. La antigua combinación de poder y consuelo ha sido sustituida por una nueva combinación de vergüenza y caos. No entiendo lo que me está pasando. Me aterra lo que pueda pasar cuando mamá me vea.

39

No esperaba que un Hampton Inn & Suites fuera el lugar donde me diera mi primer beso de verdad, y sin embargo aquí estamos. Habitación 223. Estoy frente a la cocina y mis labios tocan los de Lucas. Él me sujeta la barbilla con suavidad. No puedo decir si eso me gusta o no, pero sí me gusta el beso. Es más natural cuando te gusta la persona que cuando lo haces ante la cámara.

Se aleja.

—Me gustas mucho. Que tengas una buena noche —dice, o creo que dice. No sé realmente lo que está diciendo. Y no me importa del todo. Mi mente está demasiado ocupada, pensando en el hecho de que tengo dieciocho años y que por fin acabo de dar mi primer beso. Por fin.

Lo observo caminar por el pasillo. No me gustan sus vaqueros ni su pelo largo, pero me gustan su camiseta de Queen y sus zapatillas. No me gusta lo mucho que habla de música, pero me gusta lo mucho que le gusto. No me gusta lo torpe que es, pero me gusta lo simpático que es. Cierro la puerta. Siento la vagina rara, pero ya me ocuparé de eso más tarde.

En cuanto cierro la puerta, me siento en el sofá. No sé por qué en las películas las mujeres siempre cierran la puerta y se apoyan en ella cuando el chico se va. Sentarse en el sofá es mucho más natural.

Estoy sentada aquí, pensando. Lucas y yo nos conocimos hace unos meses cuando yo tenía un espectáculo aquí, en Nashville. A él lo contrataron como el líder de la banda y para tocar la guitarra eléctrica. Los otros miembros de la banda dijeron que era realmente bueno. El mejor de la ciudad.

Pasamos mucho tiempo juntos esa primera semana mientras ensayábamos. Fue muy cariñoso conmigo, y al principio no le di mucha importancia, ya que tiene veintisiete años y yo dieciocho, pero luego noté que me miraba mucho y empecé a preguntarme si tal vez le gustaba.

Al tercer día del ensayo, empezó a ofrecerse para llevarme a casa, cosa que acepté porque empezaba a gustarme. Me sentía incómoda, pero a gusto, a su lado. El último día de ensayo, me invitó a entrar en su casa y escuchar un disco de Queen con él. Estaba muy emocionada.

Escuchamos *News of the World* de principio a fin sentados en el parqué de su salón. Él se me iba acercando mientras se acomodaba el pelo detrás de las orejas, lo que me resultaba algo repulsivo. Esa repulsión me confundía porque al mismo tiempo deseaba profundamente que me besara. O tal vez no es que quisiera que me besara, sino que quería que me besaran en la vida real. En cualquier caso, no lo hizo. Me llevó a casa, en Hampton Inn, y allí me dejó. Y al día siguiente me fui de gira con los de la radio.

No lo vi mucho durante la gira porque no estuvo con nosotros todo el tiempo, pero acudió a algunos espectáculos, los que no eran en centros comerciales, sino en escenarios de festivales más grandes cuando hacíamos shows con la banda completa en lugar de acústicos. Entremedio, nos enviábamos mensajes todos los días y nos llamábamos por teléfono siempre que teníamos un poco de intimidad, algo difícil de conseguir cuando íbamos de gira. Me decía cosas como «te echo mucho de menos» o «me gustas mucho», y ambas cosas me incomodaban, pero no sabía por qué. Por un lado, me gustaba que me dijera esas cosas. Por otro lado, me sentía físicamente incapaz de darles respuesta, es como si no tuviera palabras.

Me encantaba hablar con él, pero luego el entusiasmo disminuía cuando hablábamos. Él hablaba de música y hacía referencia a todas esas canciones que yo no conocía, lo cual estaba bien si también había otras cosas de las que hablar. Pero realmente no las había. O bien era música, o bien me hacía cumplidos genéricos como «el sol sale y se pone en tus ojos» o «eres la mejor persona que he conocido».

Las pocas veces que se unió a nosotros en las fechas del festival estuvieron bien, pero fueron un poco incómodas, ya que el resto de la banda pululaba a nuestro alrededor. No había espacio para conversaciones privadas y, sin embargo, ya me parecía bien. Cuando Lucas intentaba apartarme para tener una charla, yo me inventaba excusas de por qué no podía. Estaba cansada, necesitaba prepararme para la prensa, ensayar mis canciones, responder a los correos electrónicos de mis mánagers o de mamá o de Miranda. Me he sentido insegura con él durante el último mes.

Pero ahora la gira ha terminado y estoy de vuelta en Nashville durante una semana para volver a grabar algunas canciones nuevas. Y estoy en el Hampton Inn, habitación 223. Y estoy sentada en el sofá de la 223, procesando el hecho de que acabo de besarme con él por primera vez. Y tanto como me alivia haber terminado mi primer beso, me alivia aún más saber que ahora me siento segura a su lado. Estoy segura de que tengo que acabar con esto, sea lo que sea.

Cojo mi teléfono para enviarle un mensaje, pero cuando estoy a punto de hacerlo siento una extraña palpitación en la vagina. Está caliente. Me meto la mano en la entrepierna y la saco. Mis dedos están mojados. Qué asco. Tengo que ducharme. Ya le escribiré más tarde.

40

Salgo del avión y me aliso la camisa para que quede bien plana. Meto la tripa y trato de parecer lo más delgada posible.

—Tal vez mamá no se dé cuenta. Tal vez si vuelvo a estirar la camisa no se dé cuenta; tal vez si contengo la respiración durante diez segundos no se dé cuenta —dice mi voz de TOC, antes conocida como mi Voz Suave y Apacible, pero que desde siempre he aceptado como la voz machacona y enfermiza. Es más esporádica de lo que solía ser, y está relacionada casi exclusivamente con la comida y mi cuerpo, pero sigue ahí. Respiro hondo y subo las escaleras mecánicas que se dirigen a la recogida de equipajes. Un joven padre con una risa nerviosa me pide una foto para sus hijas.

—Claro, en cuanto salgamos de… —Empieza a ordenar a las niñas delante de mí antes de que pueda terminar la frase. Hace una foto justo cuando casi tropieza con las escaleras mecánicas. Vuelve a reírse nerviosamente.

Al salir de las escaleras mecánicas, miro hacia la fila de gente que espera y allí la veo. Su mirada me impacta y, durante un momento, me fijo más en su aspecto que en el mío.

Ha perdido una docena de kilos, lo que se nota muchísimo en alguien con una complexión tan pequeña como la suya. Su rostro está demacrado y pálido. Los huesos le sobresalen por debajo de la piel. No tiene cejas ni pestañas. Lleva puesto el gorro Ugg turquesa que le regalé por Navidad para tapar su calva. Me sorprende verla. No sé qué decir.

Papá está junto a ella, pero es como si no estuviera. No puedo concentrarme en nada más que en ella. No puedo creer que no me haya contado esto en ninguna de nuestras cinco llamadas diarias.

Cuando intercambiamos abrazos y «te quiero», ya me he calmado un poco. Me he adaptado lo suficiente para poder asimilar la reacción de mamá, que es la misma reacción que la mía hacia ella: una combinación de sorpresa y horror acompañada de una sonrisa vacía.

Se me revuelve el estómago mientras espero que me diga lo fea que estoy. Lo gorda que me he puesto. Cómo he cometido esos errores horribles. Cómo soy incapaz de controlar mi vida. De mantenerme en orden. Me preparo mientras subimos al coche (un Kia Sorento ha sustituido a nuestro viejo Ford Windstar).

—Net, ¿qué ha pasado? —No me mira cuando lo pregunta. Se queda mirando el tráfico por la ventanilla—. Te estás poniendo gorda.

—Lo sé. Lo siento.

—Tenemos que ponerte a dieta. Esto se nos está yendo de las manos.

—Lo sé.

Me corroen los remordimientos, por supuesto. Pero también hay una parte de mí que siente un poco de entusiasmo, un poco de ánimo, porque esta es la madre que conozco. No es débil, ni frágil, ni blanda, ni está abatida por el cáncer como la persona que vi en cuanto llegué a la recogida de equipajes. Sea quien sea esa vergüenza de persona, me niego a creer que sea mi madre. La madre que conozco es la persona que está sentada frente a mí, la persona de carácter fuerte, enérgico y a veces violento. Esta es la madre que conozco.

41

—Vamos, toma un sorbo.

—No, gracias.

—Vamos.

—Nunca he tomado alcohol. Y solo tengo dieciocho años. ¿No podría meterme en problemas?

—Nadie está mirando, Jennetter. Todo va bien.

—No sé.

—Los niños de *Victorious* se emborrachan juntos todo el tiempo. Los niños de *iCarly* son muy sanos. Tenemos que darles un poco de ventaja.

El Creador siempre compara a los niños de *iCarly* con los de su otro programa de éxito, *Victorious*. Creo que piensa que eso nos hará esforzarnos más.

—No sé si beber es lo que da ventaja a una persona.

Miro la bebida del Creador. La coge y la agita. Es una especie de whisky mezclado con café y crema. Me gusta el café.

—Un sorbo.

—De acuerdo.

El Creador me entrega el vaso y yo bebo un sorbo. Lo odio.

—Está muy bien.

—No me mientas. No me gusta cuando me mientes.

—Lo odio.

—Así está mejor, Jennetter.

El Creador se ríe. Lo he hecho bien. Le he complacido. Misión cumplida. Es la misma misión que tengo cada vez que ceno con él, lo cual es cada vez más frecuente últimamente, ya que está en marcha mi nuevo contrato para el *spin-off* que me prometió. El Creador está haciendo, según me han dicho mis compañeros de reparto, lo que hace con cada nueva estrella de una serie: te cobija bajo su ala. Eres su favorita. Por ahora. Me gusta ser su favorita por ahora. Siento que estoy haciendo algo bien.

—¿Estás emocionada por tener tu propio programa? —pregunta el Creador.

—Claro.

—¿Claro? ¿Eso es todo?

—No, claro que estoy emocionada. Estoy muy emocionada.

—Bien. Porque podría darle un nuevo programa a cualquiera, ya sabes. Pero no elegí a nadie. Te elegí a ti.

—Gracias.

—No me lo agradezcas, te elegí porque tienes talento.

Estoy confundida. Acaba de decir que podría elegir a cualquiera, lo que me ha hecho sentir que no era especial y ahora dice que me eligió porque tengo talento, lo que me hace sentir especial de nuevo. Este tipo de confusión es normal con él. Bebo un sorbo de agua mientras intento pensar qué decir. Por suerte, no tengo que hacerlo.

—¿Qué te ha parecido el filete?

—Estaba bueno.

Estaba horroroso, en realidad. Bueno, genial y terrible. Genial en términos de sabor, terrible en términos de lo mucho que me voy a fijar en él durante el resto de la noche. Comí demasiado, y demasiadas patatas asadas, y demasiadas coles de Bruselas, y pan, y zanahorias glaseadas. No pude contenerme. Me lo comí todo. Me siento superllena. Estoy indignada conmigo misma.

Mamá me ha puesto otra vez a dieta Nutrisystem como hacíamos cuando estábamos en Nashville. La hacemos juntas, cuando estamos juntas. Pero he ahí la cuestión: no estamos juntas tan a menudo estos días. Ella está consumida por el cáncer y yo estoy consumida por la televisión.

Cuando mamá no está cerca para motivarme y entrenarme, parece que no puedo obligarme a comer un rollo de canela que más bien sabe a barrita de proteínas con el envoltorio puesto. Parece que no puedo pedir la ensalada sin aderezo. No puedo mantener mi dieta sin mamá. Soy un fracaso sin ella.

—¿Estás bien? —pregunta el Creador.

—Por supuesto.

—Bien, porque deberías estarlo —dice suavemente—. Estás a punto de protagonizar tu propio programa de televisión, por el amor de Dios. ¿Sabes cuántos niños matarían por esa oportunidad? Todos y cada uno de ellos.

Asiento. Alarga la mano y me la pone en la rodilla. Se me pone la piel de gallina.

—Tienes frío —dice, preocupado.

No creo que se me haya puesto la piel de gallina por eso, pero estoy de acuerdo. Siempre es mejor estar de acuerdo con el Creador.

—Toma, coge mi chaqueta.

Se quita el abrigo y me lo pone encima. Me da unas palmaditas en los hombros que se convierten en un masaje.

—¡Uf, estás muy tensa!

—Sí…

—En fin, ¿qué estaba diciendo? —pregunta mientras sigue masajeándome.

Tengo muchos nudos en los hombros, pero no quiero que sea el Creador quien me los quite. Quiero decir algo, decirle que pare, pero tengo mucho miedo de ofenderle.

—Oh, claro —dice, recordándolo sin mi ayuda—. Todos los niños de ahí fuera matarían por una oportunidad como la que tú tienes. Tienes mucha suerte, Jennetter.

—Lo sé —le digo mientras sigue frotándome.

Y lo sé. Lo sé. Tengo mucha suerte.

42

—No puedo creer que mi niña se vaya a mudar —dice mamá, de forma diferente a como lo diría la abuela.

La abuela lloraría y lo diría lo suficientemente alto como para que la oyeran los vecinos. Mamá lo dice en voz baja y apenas hace contacto visual. Al contrario de sus largas llamadas con Sprint PCS para extender los plazos de pago, esto no es algo que se deba mostrar. Aprecio las formas en que mamá es diferente de su madre.

—Es solo para los días de trabajo. Volveré a casa los fines de semana si no tengo que ir a Nashville.

Mamá suspira.

—Eso es un gran «si…». Apenas voy a ver a mi niña. ¿Quién va a controlar tu alimentación mientras tanto? ¿Cómo vas a lavarte el pelo con champú?

—Bueno, lo hice en la gira.

—Sí, pero vi fotos. Se veía grasoso. —Suelta un suspiro.

—Es la mejor opción, ya que yo no conduzco y tú ya no puedes hacerlo.

Aunque es una gran verdad, mamá baja la mirada. Creo que he herido sus sentimientos.

—Puede que algún día vuelva a conducir —dice tímidamente, como haría un niño buscando el consuelo de un adulto.

—Sé que lo harás —digo con positividad renovada, como lo haría un adulto para consolar a un niño.

Los dos miramos su silla de ruedas, la silla de ruedas que le han dado recientemente para que la utilice «cuando la necesite», una oferta que se ha hecho cada vez más frecuente. En el momento en que su médico le dijo que creía que podía usar una, ambas fingimos que sería divertido. Ella dijo que podría empujarla por Disneylandia y yo dije que sí. Luego entré en el baño del hospital y sollocé, pero no quedaba papel higiénico, así que usé el papel protector de la tapa del inodoro para secarme los ojos. Y luego salí diciéndome «todo va bien».

Esa maldita silla de ruedas es lo más alejado de un «todo va bien». Es una sentencia de muerte. Ninguna de nosotras puede admitirlo, pero es lo que hay. Una vez que eres un paciente con cáncer en silla de ruedas, nunca vas a dejar de serlo. Vas a morir como un paciente de cáncer en silla de ruedas. A la mierda con ello.

—Ya está, lo siento —dice el abuelo cuando sale de casa para encontrarse con nosotras en la puerta—. Ya estoy listo para irme. Me he puesto pantalones limpios. —Señala los pantalones que acaba de ponerse después de haber derramado todo su vaso de café en los que llevaba puestos.

Me siento en la parte trasera, rodeada de las cajas de la mudanza que ya he apilado en el Kia. Veo cómo el abuelo sube a mamá al asiento del acompañante, pliega su silla de ruedas y la mete en el maletero. Hecho esto, nos vamos a mi apartamento. Mi primer apartamento para mí sola.

Llegamos al complejo de Burbank poco más de una hora después. El complejo está bien. No habría sido mi primera opción, pero tiene sentido desde el punto de vista logístico. Mis nuevos mánagers (los cambié durante la tercera temporada de *iCarly*) se encargaron de que Nickelodeon pagara mi alojamiento y que un asistente de producción me llevara y trajera del trabajo. (No conduzco porque mamá dice que probablemente sea demasiado difícil para mí y que mi energía en los coches podría emplearse mejor en otra cosa, como «aprenderme el guion o planificar tuits»).

Nunca se lo diría a mamá, solo le he dicho que estoy destrozada por estar lejos de ella, pero también estoy emocionada. Me siento culpable por sentir esa emoción, teniendo en cuenta lo frágil que está de salud, pero el sentimiento es innegable. Voy a estar sola. Tengo espacio para mí. Una vida para mí.

El abuelo lleva a mamá al apartamento mientras yo cargo algunas cajas.

—Te he traído un regalo, Net —dice mamá mientras el abuelo la sienta en el sofá. Ya que paga Nickelodeon, mamá insistió en el tema de los muebles. Saca un regalo envuelto de debajo del brazo.

—No tenías que hacerlo.

—Incluso he rizado el lazo —dice mientras me da el regalo, de la medida de un DVD.

Se ha vuelto más desesperada estos últimos meses. Se ha desesperado más y yo me he enfadado más. No sé si mi ira es resultado directo de su desesperación, pero es, al menos de forma parcial, un efecto de ello. No soporto lo desesperada que está. Cuanto más enferma se pone, más tierno es su tono de voz, más inocente se vuelve, más me suplica. Es como si me rogara que no me escabullera, y yo quiero gritar: «¡ERES TÚ LA QUE SE ESCABULLE!». Podría jurar que se da cuenta de que quiero gritar porque redobla la dulzura. Lo que me hace querer redoblar el grito. Pero no lo hago. Me lo guardo. Y entonces me mira con sus grandes ojos y sé que no puede, que no podría, pero casi siento que está disfrutando de esto. Casi siento que está disfrutando del dolor. Como si fuera una representación para ella de lo mucho que me molesta.

—¿No vas a abrirlo? —pregunta mamá.

—Oh, claro.

Desenvuelvo el regalo. Es un DVD de *El golpe*. A mamá le encanta Robert Redford. A mí también, pero a ella le gusta más.

—Pensé que podríamos verlo esta noche después de deshacer el equipaje.

—Oh, de acuerdo. Buena idea.

—Sí, sí —dice mamá, quitándose el sombrero para rascarse la calva—. Y, eh, estaba pensando que no tengo quimioterapia mañana, así que podría pasar la noche aquí. Ya sabes, si quieres.

Me mira, con los ojos saltones, retorciéndose las manos con nerviosismo. Al instante sé lo que significa esto. Esto no significa que mamá pase la noche. Significa a mamá pasando todas las noches aquí en el futuro inmediato. Significa a mamá mudándose. No quiero que pase la noche aquí.

—Claro, puedes pasar la noche —digo.

Y continúo diciéndoselo cada noche durante los siguientes tres meses, hasta que, finalmente, ya no lo pide. Simplemente lo espera. Este no es mi primer apartamento para mí sola. Este es *nuestro* apartamento. Somos compañeras de piso.

43

Estoy sentada en el tobogán de agua de Six Flags, metida en el asiento delantero del tronco con cinco miembros del equipo de *iCarly* en los asientos de atrás. Mi compañero Joe, el que está sentado justo detrás de mí, no deja de tocarme. Al principio no sabía si era por accidente, ya que sé que tiene más de treinta años y una novia, pero ahora ha ocurrido tantas veces que estoy segura de que es a propósito. No digo nada porque la verdad es que me gusta. La verdad es que quiero que me toque así.

Nuestra amistad ha sido de coqueteo durante los últimos meses, desde que fuimos los dos primeros en una lectura de mesa. Joe y yo nos pusimos a hablar y mencionó su película favorita, *Movida del 76*, y esa noche la vi en casa para tener algo de lo que hablar al día siguiente. Tenía muchas ganas de impresionarle, ya que era mayor y más sabio que yo. Intercambiamos nombres de usuario de Words with Friends y Joe empezó a ofrecerse a llevarme a casa del trabajo, y ponía los álbumes de Daft Punk de principio a fin y me explicaba por qué su música era tan genial. A mí no me gustaba el sonido electrónico, pero me encantaba que Joe quisiera enseñarme por qué debía gustarme.

Ahora me está tocando. La forma en que me está tocando. Esto es otro nivel. O eso supongo. Nunca me han tocado así antes, así que no lo sé exactamente. Claro, tuve el beso con Lucas en el Hampton Inn, pero desde entonces, el romance no ha existido en mi vida. Lo único que sé es que esto es algo más que una caricia amistosa. Todo mi cuerpo se estremece cuando su mano se posa en mi espalda. La sensación es estimulante, abrumadora y aterradora. En este momento, sé que, de una forma u otra, vamos a estar juntos.

44

—Miranda y yo íbamos a quedarnos a dormir —miento mientras nos preparo a mamá y a mí un plato de verduras al vapor para «cenar».

Ya he cenado antes en el plató y me siento fatal por ello. Me da demasiada vergüenza decírselo a mamá.

—¿Qué voy a hacer sola sin ti? —pregunta mamá con sinceridad, luchando contra las lágrimas—. Te echaré muchísimo de menos. Te quiero mucho, Net.

—Yo también te echaré de menos, mamá. Es algo que Miranda y yo hemos estado planeando desde hace tiempo. —Con esta, ya llevo dos mentiras.

La primera mentira es que la echaré de menos. No la echaré de menos. Estaré feliz de tener espacio lejos de ella. Duerme en mi cama todas las noches desde que nos mudamos a mi apartamento no solitario y es difícil dormir porque se aferra a mí toda la noche.

La segunda mentira es que Miranda y yo tenemos una pijamada. Tenemos fiesta de pijamas cada dos semanas, pero no esta noche. Esta noche, Joe se va a quedar conmigo. Pero mamá no puede saber lo de Joe porque nunca lo aprobaría. Mamá solo aprueba que me junte con dos tipos de chicos: los mormones y los gays. E incluso así, siempre quiere supervisar el encuentro. Pongo el plato de verduras al vapor delante de ella. Pincha un trozo de calabaza antes de metérselo en la boca.

—Sí, pero te necesito ahora, Net —dice mamá, bajando la mirada.

—Volveré mañana —le digo suavemente, esperando que esto la consuele lo suficiente como para que podamos pasar del tema.

Se hace un gran silencio mientras espero que mamá diga algo. Mira hacia otro lado y sus ojos se vuelven vidriosos con una intensidad que parece de locos. Me asusta. Justo cuando estoy a punto de preguntarle qué pasa, levanta la cabeza, coge el mando de la televisión de la mesita y me lo lanza a la cabeza. Me agacho para esquivarlo.

—Me estás engañando, mentirosa —dice mamá, escupiendo, mientras su cara se contorsiona—. Voy a averiguar qué está pasando. Recuerda mis palabras, asquerosa zorra mentirosa.

Siempre ha sido dura conmigo, pero nunca me había hablado así.

—Te puedes apostar el culo que oleré todas tus mentiras mañana cuando vuelvas —dice dramáticamente. Es obvio que mamá quería ser actriz—. ¿Verdad, Mark?

Mamá gira la cabeza hacia mi padre, que ha estado aquí todo el tiempo sin decir ni una palabra, como siempre. Asiente rápidamente, asustado por su ira. Harta, agarro la mochila y me dirijo a la puerta.

—¡Voy a averiguar qué estás tramando, mentirosa! —grita mamá.

Mi sistema nervioso se agita, y finjo ignorarla. Salgo por la puerta principal y dejo que se cierre de golpe detrás de mí.

* * *

Joe me recoge en la esquina de Sunset y Vine. La puerta del asiento del acompañante de su Ford Taurus está atascada por un accidente que tuvo hace años, así que me arrastro por encima de él para llegar al asiento del copiloto. Todavía estoy temblando por la interacción con mamá. Miro a Joe. Tiene los ojos vidriosos. Un olor entre dulce y putrefacto emana de él.

Estoy decepcionada. Se suponía que esta noche iba a ser nuestra primera noche juntos como pareja oficial. Quería que fuera romántica, mágica y conmovedora. En lugar de eso, Joe está triste y borracho, y yo me esfuerzo por vencer la desilusión.

—¿Lo has hecho? —pregunto con ansiedad.

—Sí, rompí con ella. No estaría aquí si no lo hubiera hecho —dice, arrastrando las palabras.

—Bien… ¿cómo estás?

Se ríe a carcajadas.

—¿Cómo crees que estoy?

Joe baja la mirada, como si se sintiera mal por haber roto. Este lado de él solo sale cuando está borracho. Comienza a conducir hacia el Sheraton Universal donde he reservado una habitación. Me preocupa que conduzca ebrio, pero temo sacarlo a relucir porque sé que lo pondrá más errático. Cuando llegamos y entramos en nuestra habitación, es pasada la medianoche. Joe intenta meter la llave en la cerradura, pero se tambalea demasiado, así que lo hago yo.

—Podría haberlo hecho —dice.

Joe entra detrás de mí y se desploma de inmediato en la cama. Al principio pienso que debe de estar muy cansado, hasta que se pone boca arriba y veo que le caen lágrimas por las mejillas. Se le agita el pecho. Hace ese sonido asqueroso de llanto con hipo.

—¿Qué pasa? ¿Qué pasa?

—¿Qué he hecho? ¿Qué he hecho? —solloza—. Hemos estado juntos durante cinco años. *Cinco años*. Nos mudamos, íbamos a casarnos.

Me tumbo a su lado y le abrazo por detrás. Me habla de su arrepentimiento y de sus remordimientos. Si yo fuera lo suficientemente buena, no se sentiría así. No estaría triste.

—Creía que querías esto —le digo, para intentar calmarlo.

—¡Ni siquiera quieres tener sexo conmigo! —grita.

Es verdad. No voy a tener sexo con él. Aunque mi familia dejó de ir a la iglesia, todavía hay algunas reglas religiosas que por alguna razón no puedo romper. Una de ellas es no tener sexo antes del matrimonio.

Nos hemos estado viendo durante los últimos tres meses. Mantenemos las cosas en secreto en el trabajo, lo que realmente hace que la tensión aumente. Luego, después del trabajo, la mayoría de las noches quedamos durante unas horas, en su casa si su novia no está, en casa de un amigo si ella está. Nos hemos besado y frotado el uno contra el otro, pero nunca hemos tenido sexo y ni siquiera le he tocado el pene.

—Lo siento, no estoy preparada —le digo con una firmeza que me hace sentir orgullosa.

—Bueno, ¿al menos puedes hacerme una mamada? —Joe levanta la cabeza de la cama como un cachorro esperanzado y necesitado.

—No quiero hacer eso.

Joe echa la cabeza hacia atrás sobre la almohada y un tremendo enfado borra sus lágrimas.

—Esto es ridículo. No satisfaces mis necesidades.

—Podemos besarnos —ofrezco.

—No quiero *enrollarme*. Tengo treinta y dos años.

Me siento estúpida por haber sugerido la idea, y avergonzada por no ser lo suficientemente avanzada sexualmente para satisfacer las necesidades de Joe. Aunque soy una adolescente, me siento como una niña.

—Eres demasiado joven para mí. Esto nunca va a funcionar.

Joe empieza a levantarse de la cama.

—Vale, vale, lo haré —digo, inmediatamente decepcionada conmigo misma.

Joe se tumba de nuevo y se extiende perezosamente como si ya hubiera dado por perdida la idea, pero pudiera seguir adelante con ella ya que estamos los dos aquí. Se baja la cremallera de los pantalones y saca su pene. Lo miro durante un buen rato.

—¿Qué se supone que debo hacer? Nunca he hecho esto antes.

—Ya, no me excitas mucho cuando dices mierdas como esa.

A veces he notado cierta brusquedad en Joe, pero esto parece diferente. Podría justificar su comportamiento porque está más borracho de lo normal, ya que nunca he bebido alcohol (aparte de ese whisky con café del Creador), lo que me resulta difícil de calibrar, así que suelo adivinar cuánto ha bebido por lo torcido que camina o por como arrastra las palabras. También podría justificar su comportamiento porque está abrumado por la ruptura, pero a decir verdad, ni siquiera necesito justificarlo, porque estoy desesperada por estar con él. Es mucho mayor que yo y más guay que yo, y nunca me había sentido así por nadie, así que debemos tener algo especial.

Me lanzo hacia adelante. Y entonces empiezo a hacerlo. Lamiéndolo, chupándolo y esperando que eso sea lo que se supone que debo hacer, y esperando estar haciéndolo de una manera que le resulte placentera. Pero no tengo ni idea. He sido actriz durante una docena de años. No soy nada sin directivas.

—Ya casi estoy —dice Joe con un jadeo. Parece que es algo bueno. No sé lo que está a punto de suceder—. Acelera un poco.

—Gracias —digo. ¡Directivas!

Y de repente, algo que sabe a plástico líquido caliente se dispara en mi boca. Lo escupo sobre la colcha.

—¡Ha salido algo! Dios, ¡acaba de salir algo!

—Sí. Es semen.

Joe me mira con fastidio.

—¿Qué es «semen»?

Joe se gira de lado, de espaldas a mí, y aprieta una almohada contra su pecho. Respira hondo.

—¿Qué he hecho? —se pregunta.

45

—*Aloha.*

La guapa empleada del Four Seasons Resort Maui nos saluda mientras coloca un *lei* de flores alrededor de mi cuello y un *lei* de nueces alrededor del de Joe. Los ojos de Joe se detienen en la empleada durante una milésima de segundo de más. Odio a esa zorra. Hago una notal mental de que debo trabajar en los celos algún día, en cuanto pueda.

Nos registramos en el hotel, tras reiterar varias veces que la reserva está a mi nombre y no al de Joe. Ya sea por la diferencia de edad entre Joe y yo, o simplemente por sexismo, nadie parece creer que un viaje al Four Seasons pueda ser idea mía y no suya.

De acuerdo, no es exactamente cosa mía. Es obra de Nickelodeon. Este fue el regalo de la quinta temporada de cada miembro del reparto: cuatro noches y cinco días en el Four Seasons Resort Maui en Wailea para el miembro del reparto y un invitado.

Por supuesto, Joe es mi acompañante. Llevamos un año juntos y nuestra relación se ha estabilizado a buen ritmo. Por supuesto, el cincuenta por ciento de las veces las cosas son caóticas y tumultuosas —Joe está borracho y yo histérica; Joe está enfadado porque soy demasiado posesiva y yo estoy enfadada porque Joe ha vuelto a endeudarse al cabo de tres semanas de que yo le diera dinero—, pero el otro cincuenta por ciento de las veces, las cosas van bien.

Vemos repeticiones de *Supervivientes*. Nos contamos chistes estúpidos pero divertidos. Nos reímos mucho. Todavía no hemos tenido sexo, pero he mejorado en las mamadas.

Me parece que he dado un gran paso en esta relación, en compración con la relación de mis padres: ellos se gritaban y se peleaban, pero no se divertían. El único problema es que mamá todavía no sabe nada de nuestra relación.

Mamá tuvo que irse de mi apartamento hace unos meses para estar más cerca de su oncólogo en Orange County, ahora que sus citas son casi diarias. Ahora que no estamos físicamente en el mismo espacio, mamá me llama unas diez veces al día para saber de mi vida: qué papel tiene mi personaje en cualquier episodio de la serie, si me he presentado a alguna otra audición últimamente, por qué debería volver a la música country (cancelé mi contrato de grabación después de que su cáncer empeorara). Me preocupa cómo voy a pasar una estancia de cuatro noches y cinco días en el Four Seasons sin que mamá sepa con quién estoy.

Decidimos que le diré que estoy con Colton, mi amigo gay que ella aprueba porque no hay manera de que su pene me penetre, y quien se unirá a las llamadas para ayudarme a salir del paso y para que mamá no se entere de que estoy mintiendo.

Me resulta difícil mentirle. Cada vez que le miento para proteger mi relación con Joe, cuelgo el teléfono y lloro en los brazos de Joe por la culpa que siento. Le digo que ojalá pudiera ser sincera con ella, que ojalá pudiera conocerlo, que ojalá no le tuviera miedo. Y Joe me pasa las manos por el pelo y me consuela.

Siento que la brecha entre mamá y yo crece día a día. Con cada mentira que digo, siento que me alejo más de ella. Con cada kilo que gano, con cada atracón que me doy, siento que me desconecto más de ella.

Estoy muy confundida y preocupada por todo esto. Estoy desesperada por sentirme cerca de ella, pero también desesperada por que esa cercanía sea como yo quiero, no como ella quiere. Quiero que me conozca como la persona en la que me estoy convirtiendo. Quiero que me permita crecer. Quiero que me deje ser yo.

Pero eso parece más una fantasía que una posibilidad, al menos por ahora. Así que, de momento, miento.

Llevamos tres días de vacaciones y el plan va viento en popa. Cada día, Colton y yo llamamos por teléfono a mamá para contarle nuestras aventuras de esnórquel, nuestros viajes en jeep y nuestros paseos por la playa de arena blanca. Ella se ríe cuando Colton le da detalles para remarcar que no está caminando por un Target de Burbank.

Pero al final de la tarde del tercer día, Joe y yo estábamos practicando surf de remo en la playa frente al hotel cuando él lo ve y me dice que me agache. Miro para ver de qué está hablando y, a lo lejos, cerca de una de las cabañas de color amarillo plátano, veo a un pequeño *paparazzo* en cuclillas que nos hace fotos a Joe y a mí.

Mierda. Mierda, mierda, mierda. Qué desastre. Nadamos hasta la arena, tiramos las tablas de surf, nos tapamos con unas toallas elegantes y nos apresuramos a entrar por la puerta trasera del hotel. El *paparazzo* nos hace fotos sin parar.

Cuando llegamos a nuestra habitación, me entra el pánico y me pongo a enumerar la lista de formas en que mamá podría castigarme, repudiarme o amenazarme. Joe intenta sin éxito mantenerme calmada.

Al final, he estado lo suficientemente histérica durante bastante tiempo como para quedar completamente agotada a nivel emocional. Me duermo en la cama a las seis de la tarde.

La visión con la que me despierto a la mañana siguiente no es la de las hermosas palmeras por la ventana, ni la del agua turquesa y brillante, ni la de una joven y feliz pareja de recién casados besándose en una hamaca a lo lejos. Es la fría y dura pantalla de mi iPhone, con una notificación deslumbrante que me aterroriza.

Treinta y siete llamadas perdidas de mamá, dieciséis mensajes de voz y cuatro correos electrónicos (ya no compartimos cuenta; hace poco creé la mía propia, gracias al apoyo de Joe). Abro el primer correo electrónico:

Querida Net:

Estoy muy decepcionada de ti. Solías ser mi perfecto angelito, pero ahora no eres más que una pequeña ZORRA, una GUARRA, USADA. Y pensar que lo desperdiciaste con ese horrible OGRO de hombre. Vi las fotos en un sitio web llamado TMZ —te vi en Hawái con él. Te vi frotando su asqueroso y peludo estómago. SABÍA que estabas mintiendo sobre Colton. Añade esto a la lista de cosas que eres: MENTIROSA, MANIPULADORA, MALA. También te ves más gorda. Está claro que te estás COMIENDO LA CULPA.

Pensar en ti con su cosita dentro tuyo me da asco. ASCO. Te crie para que seas algo mejor que esto. ¿Qué pasó con mi pequeña niña buena? ¿Adónde se fue? ¿Y quién es este MONSTRUO que la ha reemplazado? Ahora eres un MONSTRUO ASQUEROSO. Les conté a tus hermanos sobre ti y todos dijeron que te repudian al igual que yo. No queremos tener nada que ver contigo.

Con cariño,
Mamá (o debería decir DEB, ya que ya no soy tu madre)

P.D. Envíanos dinero para comprar una nueva nevera. La nuestra se estropeó.

Me encorvo y entierro la cabeza entre las manos, y empiezo a sollozar. Joe me frota la espalda y me asegura que mi madre no está bien, pero yo le aseguro que es todo lo contrario. No estoy bien. Tal vez tenga razón. Tal vez he perdido el rumbo. Tal vez soy un monstruo malvado.

—No puedes dejar que te afecte así —dice.

Cojo mi teléfono y empiezo a escribir con prisa «TMZ» en mi barra de búsqueda. Joe me recuerda que acordamos no mirar las fotos —sabe que mi imagen corporal no es buena—, pero no me importa. Necesito verlas. Necesito ver si mamá tiene razón.

Así es. Tengo un aspecto horrible. Mi cuerpo y mi cara me repugnan. Me veo regordeta. Ya no llevo bañadores de una pieza, pero sigo usando mallas cortas para ocultar mi culo, que es curvilíneo y femenino y me da asco. Joe me dice que mis tetas se ven muy bien en la parte superior del bikini, pero yo no lo veo así. Creo que mis tetas son horribles. Las odio. Me gustaría tener el pecho plano y sin curvas. Ojalá mi cuerpo no tuviera nada de sexual ni de sugerente.

Mis lágrimas son sustituidas por mi venenoso autodesprecio. Joe, sintiendo un cambio en mí, me quita el teléfono de las manos y me dice que lo meterá dentro de la caja fuerte del hotel. No me opongo.

Durante los dos días siguientes, mi teléfono permanece en la caja fuerte y mi traje de baño se queda colgado sobre el pomo de la puerta del baño, donde lo dejé por última vez. Joe y yo intentamos aprovechar al máximo el tiempo que nos queda en Hawái haciendo caminatas y paseos en coche y otras actividades que no implican que me quite la ropa en público. La última mañana del viaje, me he distraído lo suficiente y mi teléfono ha estado lo suficientemente lejos como para casi olvidar el incidente del *paparazzo* y el agresivo correo electrónico de mamá.

Pero luego Joe y yo estamos haciendo las maletas y, por el rabillo del ojo, le veo introducir discretamente el código de la caja fuerte. Saca mi teléfono y se lo mete en el bolsillo. Le pido que me lo deje ver. Me recuerda que es una mala idea y que solo me perjudicará, pero no puedo dejar de hacerlo. Quiero verlo. Necesito verlo.

En cuanto tengo el teléfono en las manos, sé que me he equivocado, pero ya es demasiado tarde. Cuarenta y cinco llamadas perdidas de mamá. Veintidós correos electrónicos suyos sin leer. Empiezo a leer los mensajes de forma frenética, y cada uno es más agresivo que el anterior: me llama imbécil, perdedora, escoria, niña del diablo. Joe dice que llegaremos tarde al aeropuerto. No me importa.

Leo otro correo electrónico. Este se titula «Carta a tus fans». Lo abro y encuentro una nota mordaz adjunta, una nota que mamá me dice que ha publicado en un club de fans de Jennette McCurdy en internet para intentar que mis fans huyan de mí. Dice que me va a robar todos mis fans, que ella los merece más que yo, que jura por Dios que se va a apuntar a Vine y que todos van a adorar sus vídeos de humor.

Me pregunto si mamá va de farol, así que compruebo el club de fans al que se refiere. No es un farol. El mensaje de mamá está en la página principal. Casi no me lo puedo creer.

Vuelvo a mi correo electrónico y ha aparecido un nuevo mensaje de mamá. Lo abro:

> TÚ causaste la reaparición de mi cáncer. Espero que te sientas feliz de saberlo. TÚ tienes que vivir con este hecho. TÚ me provocaste el cáncer.

Le escribo una respuesta, preguntándole si podemos sentarnos y hablar de esto cara a cara. Estoy segura de que si me lo concede, podré explicarme lo suficiente como para ganarme su aprobación. Estoy desesperada, suplicando.

Mi querida supermami:

Por favor, ¿podemos al menos quedar en persona para hablar de esto? Por favor. Solo tú y yo. Podemos sentarnos y hablar de esto. Puedo responder a cualquier pregunta que tengas. Por favor, mamá. Odio decepcionarte. Haría cualquier cosa para no decepcionarte. Estoy segura de que si conocieras la situación, no pensarías estas cosas de mí. Te quiero mucho. Quiero volver a estar cerca de ti. Te echo de menos.

Con amor, Nettie

Apago el teléfono y lo meto en el bolsillo de Joe. Me pregunta qué ha dicho mi madre. Le digo que nada. Estoy adormecida. Catatónica. Durante todo el viaje en avión a casa, no digo ni una palabra.

En los últimos años, mamá y yo nos hemos distanciado de una manera que nunca creí posible. Entre la fama y Joe, la tensión entre nosotras se ha vuelto casi intolerable. Además, está la tensión de su cáncer. Tal vez todo esto solo se debe a la tensión por su cáncer.

¿Por qué no puede admitir que se está muriendo? ¿Por qué no puedo admitir que se está muriendo? La odio por preocuparse tanto por la fama, y ella me odia por preocuparme tanto por Joe. Parece que hay más odio que amor entre nosotras en este momento, pero tal vez las dos estemos asustadas. Tal vez estemos dejando que esta brecha entre nosotras crezca porque en el fondo sabemos que muy pronto esta brecha estará fuera de nuestro control.

El avión aterriza. Mientras damos vueltas en la pista, abro el borrador de mi correo electrónico para mamá. Le doy a enviar. Momentos después, mi teléfono suena con su respuesta:

> Claro, podemos quedar. P.D. Recuerda enviar el dinero para la nevera. El yogur se ha agriado.

46

—¿Jennette? ¿Cantarás «Wind Beneath My Wings» en mi funeral?

Mamá y yo estamos sentadas en el Panda Express de Cahuenga Boulevard para la cena de cumpleaños de mamá. Mamá está masticando brócoli al vapor y yo estoy masticando repollo al vapor y ambas estamos siguiendo las formalidades de nuestra relación porque eso es lo que hacemos hoy en día.

Esto empezó la primera vez que nos vimos después del viaje a Hawái. Papá la llevó a mi casa, la levantó de su silla de ruedas y la sentó en el sofá. Mientras esperábamos a que se preparara el té, esperé a que sacara el tema de Joe, ya que creía que para eso nos habíamos reunido, para hablar de ello. Pero nunca lo mencionó. Se limitó a hacerme preguntas triviales sobre el trabajo, y yo le hice preguntas triviales sobre el último episodio de *Navy: Investigación criminal.* A mamá le gusta mucho Mark Harmon.

¿Cuándo va a sacar el tema?, me pregunté. Y seguí preguntándomelo hasta que, antes de darme cuenta, nuestras dos horas juntas terminaron y papá vino a recogerla para llevarla a casa.

Y ahora, aquí, en el Panda Express de Cahuenga Boulevard, esta forma de comunicarnos —una breve charla educada con un trasfondo de dolor y resentimiento— ha sido nuestra nueva realidad durante varios meses, el tiempo suficiente como para que ya no sea nueva. Por eso me choca que mamá me haya pedido que cante «Wind Beneath My Wings» en su funeral.

El cáncer entra en la categoría de cosas que fingimos que no existen porque es incómodo hablar de ellas. Que mamá haga esta pregunta es una violación de nuestra regla tácita. No sé cómo procesar esto, o cómo proceder.

—Ehhh…

—Tienes que hacerlo con emoción. Tienes que creer en tus palabras. No funcionará si solo das el cincuenta por ciento.

Todavía no he aceptado cantarla, y mamá ya me está dando órdenes de cómo actuar.

—Mmm.

—Déjame escuchar una prueba.

—Mamá, estamos en Panda Express, no voy a…

—Solo inténtalo.

—Debe haber sido frío allí en mi sombraaaa.

Involuntariamente, empiezo a cantar. Mi cuerpo está programado para estar a su disposición. Una empleada cercana me observa de reojo mientras friega el suelo.

—Para no tener nunca…

—Más emoción, más tristeza. Siéntelo, cariño.

—Para no tener nunca la luz del sol en tu caaara… —Un poco pesado en el vibrato, pero a mamá le gustan ese tipo de cosas.

—Bien, para. No quiero cansarte. Tu rendimiento llega a su punto máximo antes de tiempo. Entonces, ¿lo vas a hacer?

Me siento obligada a hacerlo. Es su último deseo. El único problema es que no creo que esté a la altura para cantarla. Entono bien los versos donde puedo usar mi registro más bajo. Pero una vez que la canción llega al estribillo, está fuera de mi alcance.

De vuelta a casa, mamá me pide que busque la canción en YouTube para poder practicar y darle una idea de lo que será la actuación final.

—Pensaba que no querías cansarme.

—Bueno, estamos practicando con tanta antelación, por suerte, que no importa.

Su punzante elección de las palabras me estremece. *Por suerte*. Me siento furiosa, y luego inmediatamente culpable por sentirme furiosa. Debo de ser una persona terrible para ser capaz de sentir furia hacia mi madre mientras ella se está muriendo lentamente.

Derivo toda la energía de mi culpa en cumplir el deseo de mamá. Tal vez eso limpie mi conciencia. Busco la canción en YouTube, y abro otra pestaña con la letra. Y entonces empiezo. La estrofa está bien, como era de esperar. Pero una vez que llego a la parte de «*Alguna vez*»... puedo confirmarlo. Está lejos de mi alcance.

—Bueno, es porque no has hecho ningún calentamiento vocal —me asegura mamá—. Haz algunos calentamientos vocales y vuelve a intentarlo.

Hago diez minutos de miiii-maaaa-mooo antes de volver a intentarlo. Pero luego vuelvo a intentarlo y pasa lo mismo. Lo intento una vez más, solo para asegurarme.

—No puedo —admito finalmente.

—No digas eso —dice mamá con brusquedad.

—Lo siento.

—Podrás. Sé que lo conseguirás. Tienes mucho tiempo para practicar, por suerte.

No quiero practicar la canción que mi madre moribunda me ha ordenado que cante en su funeral. No quiero pensar en el funeral de mi madre. Quiero volver a ignorar las cosas de las que nos resulta incómodo hablar. Por mucho que lo odiara, quiero volver a fingir.

—¿Por qué no lo intentas un par de veces más esta noche, cariño? —insta mamá mientras se quita el sombrero Ugg para rascarse la cabeza calva. A primera vista, parece un gesto triste, pero juraría que lo hace de forma manipuladora.

Vuelvo al principio de la canción. Empieza la intro ochentera. Lo intento de nuevo.

47

—Vas en dirección contraria —le digo al abuelo por el altavoz del teléfono mientras lo observo desde mi ventana.

—Uuuy.

Da un giro de ciento ochenta grados con la silla de ruedas de mamá y empieza a ir en dirección opuesta. Los miro desde la ventana que da al patio de mi apartamento. Elegí este apartamento por sus vistas, o mejor dicho, por lo que no son sus vistas. Los pisos más deseados del complejo son los que dan a Sunset Boulevard, con vistas a la bulliciosa ciudad. Pero de ninguna manera me habría decantado por uno de ellos, porque esos complejos dan a los Estudios Nickelodeon, y en el lateral de los Estudios Nickelodeon hay una valla publicitaria de color púrpura y amarillo brillante de *iCarly*, acompañada de mi sonrisa falsa y mi peinado cursi retocado. No podía levantarme cada mañana y verme a mí misma.

Después de dar algunas vueltas y de pulsar el botón del ascensor, el abuelo y mamá consiguen finalmente llegar a mi piso. Charlamos unos minutos mientras tomamos un té antes de bajar al aparcamiento para que el abuelo nos lleve a comer.

—¿Dónde quieres ir? —pregunto. *Por favor, no lo digas, por favor, no lo digas, por favor, no...*

—¿A Wendy's? —sugiere mamá inocentemente.

—Claro —digo con una sonrisa tensa. No hay nada inherentemente malo en Wendy's. De hecho, me atrevería a decir que hay varias cosas que están bien. Todos hemos probado el Frosty.

Mi tensión no es por Wendy's, sino por lo que hizo que mamá propusiera ir a Wendy's. Sabe que tengo dinero y que podría llevarla a cualquier sitio que quisiera, y sin embargo elige Wendy's no porque le guste, sino porque puede ir y contarles a sus amigos o compañeros de la iglesia cuán humilde es, cuán sencilla, incluso en un día tan especial como su cumpleaños, lo único que hizo fue comer una ensalada en un restaurante de comida rápida.

Esto que hace me enloquece. Que anhele que la compadezcan. Tiene cáncer en fase cuatro, ya tiene suficiente compasión. No necesita añadir una visita a Wendy's.

El abuelo sale del bloque de pisos y llega al primer semáforo. El semáforo que está justo enfrente del gigantesco y aterrador póster de *iCarly*. Empiezo a organizar sus desordenados bolsillos del asiento trasero, por ansiedad. Saco papeles, recibos arrugados, servilletas sucias y un ejemplar de *Conservative Victory* de Sean Hannity. El abuelo mira por encima del hombro para ver lo que estoy haciendo.

—¿Quieres que te lo preste? Ya lo he terminado. Excelente lectura. Muy buena lectura. —Golpetea el salpicadero para darle énfasis.

—Tal vez. —(No).

—¡Ahí está! —dice mamá mientras toma una foto del cartel gigante con su cámara Kodak desechable. Tiene al menos cien fotos de ese mismo cartel.

Mientras toma la foto, la cámara se resbala de su mano y cae al suelo. Me agacho para recogerla y, cuando me incorporo con ella, mamá está teniendo convulsiones. Tiene las manos apretadas y la cara contorsionada, con un ojo entrecerrado y la boca totalmente torcida hacia un lado. Sus convulsiones me recuerdan al vaivén de un loco en un hospital psiquiátrico. Estoy horrorizada.

Le digo al abuelo que algo va mal. Dice el nombre del Señor en vano. Mamá no dice nada porque no puede. El abuelo mira a ambos lados para asegurarse de que no hay nadie y cruza la calle, pasa el semáforo en rojo y entra en el aparcamiento de los estudios Nickelodeon. Carl, el amable guardia de seguridad, lo reconoce porque el abuelo me visita a menudo en el plató. El abuelo le dice a Carl que llame a una ambulancia.

Ahora mamá está echando espuma por la boca. Estoy segura de que se está muriendo. El abuelo me dice que la acueste. Le desabrocho el cinturón de seguridad y la subo a mi regazo. Es el momento más aterrador de mi vida.

La ambulancia llega con una rapidez impresionante. Suben a mamá a una camilla y la sujetan con correas. Sigue convulsionando. La suben a la ambulancia. Uno de los paramédicos me reconoce y me deja acompañar a mamá. Es una de las pocas veces que agradezco que me reconozcan.

Agarro su mano y la aprieto. Le digo que todo va a ir bien, aunque estoy segura de que no es así. La sirena de la ambulancia empieza a sonar. Suena distorsionada cuando la oyes desde el interior del vehículo. El conductor gira a la derecha para salir del aparcamiento. Mientras aprieto la mano de mi madre moribunda y veo cómo le sale espuma de la boca, volvemos a pasar por delante del cartel. Veo mi sonrisa falsa y mi estúpido y anticuado peinado. Mi vida se burla de mí.

48

Es el día antes de Nochebuena. Mamá lleva una semana en la UCI, sin reaccionar. Ha tenido un ataque como consecuencia de su tumor cerebral, lo que aparentemente es un «suceso bastante habitual», nos dice el médico, como si eso lo hiciera menos horrible.

Marcus, Dustin, Scottie y yo nos sentamos en fila en la sala de espera mientras los abuelos la visitan en la UCI. Permanecemos todos en silencio.

Finalmente, me ofrezco a ir a un Burger King a buscar algo para todos porque estoy desesperada por distraerme. Y la comida es la distracción perfecta. Ninguno de los chicos quiere nada. Me dicen que «no pueden comer» en este momento. Los envidio. Envidio que su tristeza y estrés se traduzcan en falta de hambre.

Voy al Burger King de enfrente. Pido un Whopper con patatas fritas y un granizado de Coca-Cola, y unos tacos y nuggets de pollo para acompañar. Todo sucede muy rápidamente, tanto el pedido como la comida, y parece estar fuera de mi control. Después, siento el estómago hinchado.

Me planteo vomitar. He oído hablar de esto antes, pero nunca lo he probado. Ahora parece el mejor momento para intentarlo. Lanzo mi bolsa de Burger King a un cubo de basura demasiado lleno y vuelvo al hospital. Me apresuro a cruzar las puertas de entrada, atravieso el vestíbulo y subo al ascensor, emocionada por mi nuevo plan. Salgo del ascensor en la UCI. Mis hermanos ya no están en la sala de espera. Deben de estar visitando a mamá. Me dirijo al baño y me aseguro de que no hay nadie más, luego me arrodillo en el frío y duro suelo del hospital y me meto los dedos en la garganta. Ay. Me los vuelto a meter. Duele, pero no sale nada. Lo intento de nuevo. Nada. Una vez más. Todavía nada.

A la mierda con esto. Me rindo. Me lavo las manos. Soy un fracaso no comiendo y soy un fracaso a la hora de deshacerme de la comida que consumo.

Corro por el pasillo y empujo la pesada puerta que lleva a la habitación de mamá en la UCI. Marcus, Dustin y Scottie están a su alrededor. Apenas se distingue la forma de su pequeño cuerpo bajo las sábanas y las mantas del hospital.

—Está despierta —me dice Dustin.

Me acerco a su cama a toda velocidad y tomo su mano entre las mías. Me encanta el tacto de sus manos. Son pequeñas y sus dedos son cortos. Su piel es brillante y cálida.

—Net —dice mientras gira la cabeza débilmente para mirarme.

Se me llenan los ojos de lágrimas. Tal vez esté bien después de todo. No puedo creerlo. Estoy eufórica.

—Los chicos me dijeron que fuiste al Burger King. No necesitas comer eso. Hay muchos gramos de grasa en un Whopper.

Me alegro. Una lágrima resbala por mi mejilla. Mamá vivirá. Por ahora, vivirá.

—Lo sé, mamá. Lo sé. Lo pedí sin mayonesa.

Suspira.

—Aún así…

49

Miranda está llorando. Yo estoy llorando. Las dos estamos llorando. No podemos dejar de llorar. Para mí, no es que *iCarly* se acabe. No es que hoy sea nuestro último día de grabación de *iCarly*. Eso me parece bien, incluso me emociona, definitivamente estoy preparada. Aunque me da reparo empezar mi *spin-off*, me alegra al menos despedirme de este proyecto que me hace sentir que vivo cada día en la película *El día de la marmota*, haciendo lo mismo una y otra vez.

La razón por la que lloro es que no sé qué será de mi amistad con Miranda. Nos hemos hecho muy amigas. Como hermanas, pero sin la agresión pasiva y las tensiones extrañas. Tengo mis juicios sobre las amistades femeninas que son mezquinas y traicioneras, pero eso no podría estar más lejos de la realidad con Miranda.

Con Miranda, siempre ha sido muy fácil. Nuestra amistad es pura.

Un director nos da a Miranda y a mí un clínex. Nos sonamos la nariz horriblemente y volvemos a ponernos en nuestro sitio para hacer una última toma de la escena final que estamos rodando juntas. La tristeza nos invade a los dos. Nos abrazamos y lloramos.

Este sentimiento de tristeza y final es muy común en los platós. Llegas a conocer a la gente que te rodea de una forma muy íntima porque estás con ellos más que con tu familia. Durante un tiempo. Y luego ya no más. Y poco a poco, te das cuenta de que empiezas a hablar cada vez menos con las personas con las que creías que tenías tanta intimidad. Hasta que ya no hablas con ellas. Y eso hace que te preguntes si alguna vez tuviste una verdadera intimidad con ellas o si todo era un paripé. Si las conexiones eran tan temporales como los decorados en los que se hicieron.

No me gusta conocer a la gente en el contexto de las cosas. *Oh, esa es la persona con la que hago ejercicio. Esa es la persona con la que estoy en un club de lectura. Esa es la persona con la que hice ese programa.* Porque una vez que el contexto termina, también lo hace la amistad.

Anhelo conocer a las personas que quiero profunda e íntimamente —sin contexto, sin trampas— y anhelo que ellas también me conozcan así. Y aunque creo que conozco a Miranda profunda e íntimamente, no me gusta haberla conocido en el contexto de *iCarly*, porque *iCarly* se acaba, y no quiero que nuestra amistad se acabe con ello.

50

—¿Estás segura?

—Estoy segura.

—Ahora no es el momento de echarlo todo por la borda. Ahora es cuando más nos necesitas.

—No lo creo. Creo que… si paso estos próximos meses contigo, me encariñaré demasiado.

—¿Por qué no quieres encariñarte? ¿No es bueno estar encariñado con alguien? ¿Acaso no es eso el amor?

—Me preocupa encariñarme mientras mi madre está, ya sabes…

No puedo decirlo en voz alta. Cuanto más real se vuelve, más evito decirlo en voz alta. Los médicos llevan un tiempo diciendo que la salud de mamá está deteriorándose rápidamente, lo suficiente como para que yo cuestione el uso que hacen de la palabra «rápidamente». Sea como sea, está deteriorándose. Está en silla de ruedas. Está más débil que nunca. El cáncer se ha extendido a casi todas partes. El final está cerca. Me muerdo las uñas.

—Como estoy más apegada a ella que a nadie, me preocupa que todo ese apego se acumule con quien yo esté —digo.

—Bueno, eso ya me va bien. Quiero ese apego. Amontónalo.

—No es la respuesta que esperaba. Di un paso atrás.

—Tal vez me he explicado mal. Solo creo que es una distracción de aquello en lo que tengo que centrarme. La familia.

—¿Soy una distracción?

—No. Sí. No lo sé.

Me rasco la cabeza. Quiero escapar de este momento, de este momento en Tony's Darts Away. Es el sitio vegano favorito de Joe en Burbank.

—Mira, si ya no me quieres, puedes decirlo. Puedo soportarlo —dice, su voz se quiebra en la última parte, traicionando sus palabras.

En ese preciso momento le traen su salchicha vegana y su cerveza. Cuando te traen la comida en los restaurantes es algo que siempre viene impecablemente alineado con la frase que menos te gustaría que alguien escuchara. Casi que tienes que apreciarlo, es como si los camareros trabajaran en esto.

—Sí te quiero.

—¿Entonces por qué rompes conmigo? —Joe da un gran mordisco a su salchicha. Un mordisco odiosamente grande. Tiene mayonesa vegana en el labio. Es asqueroso.

Tal vez sea por eso. Tal vez no se trata de las cosas de mamá. Tal vez sea que ya estoy harta. Su forma de masticar me molesta la mayor parte del tiempo. La voz infantil que usa en exceso me provoca escalofríos. Sus chistes no son divertidos. Le falta ambición. Bebe demasiado. Tiene problemas de ira. Nuestra diferencia de edad ya no me parece bien; al contrario, me parece algo vergonzoso para ambos.

Me pregunto qué lista de defectos habrá acumulado sobre mí a estas alturas. ¿Qué podría decir? Soy egoísta. Soy posesiva. No soy lo suficientemente sociable. No me gustan sus amigos. Soy demasiado crítica. No le presto suficiente atención.

Joe sigue masticando. Ha estado masticando este mismo bocado durante un maldito minuto. ¿Por qué no da mordiscos más pequeños? Hay una solución fácil para esto, Joe.

—¿Me has oído? —pregunta—. Si todavía me quieres, ¿por qué rompes conmigo?

Algo cambia en mí en este momento lleno de mayonesa vegana. Toda mi paciencia desaparece. Estoy en un bar de mala muerte, con un olor a cerveza que no soporto y con partidos de baloncesto y fútbol que no me interesa ver a todo volumen en la excesiva cantidad de televisores que me rodean. Estoy sentada en un taburete de bar con las piernas desniveladas frente a un hombre al que ya no quiero. Me siento entumecida. Ya no puedo más.

—Mira, simplemente porque sí.

51

Miranda conduce y yo estoy sentada en su Porsche Cayenne, donde pasamos la mitad del tiempo juntas estos días. Y hemos pasado mucho tiempo juntas estos días. No había necesidad de preocuparse por el contexto; nuestra amistad se ha fortalecido desde que terminó *iCarly*.

Salimos tres o cuatro veces por semana. Por lo general, una de las noches es una pijamada, como la de anoche. Normalmente la fiesta de pijamas es en casa de Miranda, pero anoche nos quedamos en el St. Regis Laguna Beach porque nuestro regalo por el fin de la serie era una noche allí.

La pijamada podría haber sido en casa de Miranda, porque no hicimos nada especial que hiciera que nuestra pijamada fuera mejor en el St. Regis. Nos sentamos en la habitación y vimos una película sobre la industria del porno protagonizada por Amanda Seyfried, y decidimos que, aunque la película era mediocre y no sabemos cómo pronunciar su apellido, Amanda Seyfried es un ángel de la belleza. Hablamos de lo tristes y miserables que somos y de cómo nos sentimos culpables por ello porque tenemos mucho que agradecer. Vimos *Dance Moms* hasta que nos quedamos dormidas: entre las tácticas abusivas de Abby Lee Miller y la intensidad de los padres, nos identificamos profundamente.

Salimos del hotel no hace mucho. Miranda se dirige hacia la carretera de acceso a la autopista más cercana. Nos quejamos y reímos de algo mientras suena «Roar» de Katy Perry (una vez vimos juntas a los Rolling Stones, pero a quién queremos engañar, somos mujeres de veintiún años y Katy Perry hace mucho más por nosotras que Mick Jagger). Suena mi teléfono. Mamá.

—¿Hola?

—¡Net! ¡Net! ¡Ayúdame!

—Eh, eh, cálmate, ¿qué pasa?

—¡Ayuda! Tengo miedo.

—¿De qué tienes miedo?

—Me van a llevar de vuelta para operarme.

Hace tiempo que mamá tiene que operarse. El implante mamario de su mastectomía se ha roto hace poco, por lo que el médico tiene que intervenir, limpiar la fuga y reparar el implante, un procedimiento en teoría bastante sencillo.

—Todo irá bien. Es una cirugía menor.

—Algo no va bien, Net. Algo no va bien.

Oigo a una enfermera de fondo.

—Señora, aquí no se permiten teléfonos.

—¡Por favor, Net! Haz algo.

—¿Qué quieres que haga?

—¡No lo sé! ¡Te necesito!

Suena aterrorizada. Hay un temblor en su voz que nunca había oído antes. Me aterra. Papá coge el teléfono.

—Oye, ¿Jennette?

—¿Sí?

—Ahora mismo está muy sensible. Está en la cama del hospital, la están llevando a la habitación para operarla. Estoy con ella. Todo va bien.

—¿Debo ir?

Mamá grita «¡Sí!». Papá dice «No». Vuelvo a preguntar.

—¿Debo ir?

—No, está bien —dice papá—. Habrán terminado para cuando llegues. Va a ser rápido, totalmente inofensivo. Los médicos son excelentes. Te llamaré después.

Genial. Subo el volumen de «Roar». Miranda sigue conduciendo.

—¿Todo bien?

—Sí. No es nada.

No insiste. Conducimos en silencio durante unos minutos y luego empezamos a hablar de nuevo, de lo que sea. Algo va mal, lo noto en mis entrañas. Paramos a repostar y seguimos conduciendo. Mi teléfono vuelve a sonar. Papá.

—¿Cómo ha ido?

—Oye. Mamá no está bien.

—¿Qué?

—Al parecer, su cuerpo no pudo soportar la cirugía.

—Espera, ¿qué? Pensé que iba a ser inofensivo...

—Está en coma.

—Pero dijiste que los médicos eran excelentes...

—No está bien. Tienes que venir al hospital de inmediato.

Cuelgo el teléfono, paralizada. Le cuento a Miranda lo que ha pasado. Se ofrece a llevarme al hospital. Le digo que sí. Miro por la ventanilla. Miranda se detiene en un semáforo en rojo.

—Se pronuncia *sai-fred* —dice Miranda claramente—. Lo he buscado.

52

—Mami. ¿Me has oído? He dicho que estoy muy delgada ahora. Por fin he bajado a cuarenta kilos.

Descruzo las piernas. Me inclino hacia delante, desesperada.

—¡Cuarenta!

Agradezco que desde que mamá está en coma, he dejado de darme atracones. De hecho, no he comido casi nada. He perdido peso rápidamente.

Bip. Bip. Bip.

Mientras las máquinas del hospital siguen pitando, me hago lentamente a la idea de que mi gran noticia no va a despertar a mamá. Me seco las lágrimas de los ojos justo cuando los chicos regresan de la cafetería. No nos decimos nada. No hace falta. Se sientan alrededor del cuerpo de mamá y todos nos quedamos mirándola.

Miro el reloj. Son las dos y media, dos horas desde que nos dijeron que a mamá le quedaban menos de cuarenta y ocho de vida. Me pregunto cuánto tiempo le queda. En qué lugar de esas cuarenta y ocho horas se encuentra su vida. ¿Le quedan cuarenta y cuatro horas? ¿Diez? ¿Dos? Cada momento que pasa es lento y pesado. Intento aferrarme a cada momento, pero el tiempo sigue pasando. Nunca me he sentido tan mal.

—Caaa naaa aaai.

Todos giramos la cabeza para mirar a mamá. Qué demonios. Ha dicho algo. Débilmente, apenas un susurro, pero aun así, ha hablado.

—Caaa naaa aaai —vuelve a decir.

Marcus se inclina hacia delante.

—No, mamá, no digas eso. No vas a morir.

—CAAA NAAA AAAI —dice ella con un toque de enfado. Ahí está.

Dustin chasquea los dedos.

—¡Canada Dry!

Los ojos de mamá se abren de par en par a modo de confirmación. Todos nos partimos de risa a su alrededor, más fuerte de lo que lo habríamos hecho si no se estuviera muriendo. Hay algo en estos momentos entre la vida y la muerte que piden un poco de frivolidad. Si no, son demasiado difíciles. Demasiado insoportables.

Marcus corre al pasillo para comprar un Canada Dry de una máquina expendedora. Vuelve, lo abre y lo acerca a la boca de mamá. Todos compartimos una sonrisa. Es bueno, ¿verdad? Es una buena señal. Mamá está balbuceando algunas palabras y sorbiendo Canada Dry. Esto significa que se pondrá bien. Esto significa que lo va a lograr. ¿Verdad?

Estoy desesperada, lo sé. Me estoy aferrando, lo sé. Pero me aferraré a ella todo lo que pueda. No puedo dejarla ir.

* * *

A mamá la sacaron del ala de la UCI hace una semana y media y desde entonces está en planta. Mucho más que cuarenta y ocho horas. Chúpate esta, doctor Wiessman. Eso es lo que pienso a veces.

Hasta que nos asegura a mí y a los chicos —lo que hace a menudo— que esto no significa que vaya a tener una especie de recuperación milagrosa. No quiere que nos hagamos ilusiones. Aunque me gustaría poder discutir con él, sé que no puedo. Lo veo. Caga en una bolsa y respira gracias a una máquina. Esto no va a cambiar.

Durante la primera semana de su hospitalización, los chicos y yo nos quedamos en un hotel cercano mientras esperábamos que muriera. Pero no murió. Así que después de una semana, nos fuimos del hotel. La vida volvió a ser normal, o todo lo normal que podía ser. Dustin dejó de tomarse días libres y volvió a trabajar. Marcus voló a su casa, en Jersey. El abuelo y papá alternaron los turnos de trabajo para que alguien pudiera estar con mamá la mayoría de las noches, mientras Scott se quedaba con ella durante las mañanas. Yo la visitaba todos los días cuando salía de trabajar de la serie, que había empezado a grabarse. Pasaba de estar lanzando calcetines y gritando mis frases cursis en el escenario de *Sam & Cat,* iluminado con colores brillantes, a sentarme en un sillón de hospital con una tapicería anticuada, rodeada de olor a desinfección y sensación de muerte.

Hoy no es diferente. Acabo de terminar de rodar una escena en la que me enfrento a unos malvados matones de la escuela y abofeteo a alguien con un sándwich de jamón. Y ahora estoy aquí. Viendo a una enfermera cambiar la bolsa de caca de mi madre mientras me mira de reojo. Sé lo que viene, y es un puro infierno.

—¿Eres… ? —me pregunta la enfermera.

Si esto no hubiera ocurrido ya veinticinco veces en este hospital, me sorprendería que alguien tuviera la audacia de preguntarme si soy Sam Puckett mientras estoy sentada frente a mi madre moribunda.

No respondo. Entrecierro los ojos y espero que la enfermera reconozca lo inapropiado que es que me esté preguntando esto ahora mismo. No lo hace.

—Te pareces a Samantha Puckett. Sam. ¿Eres ella?

Siento una absoluta desesperanza hacia el estado de la humanidad mientras la enfermera se deshace de las heces de mi madre.

—No —digo. De forma grosera.

—Te pareces a ella. Eres su viva imagen. ¿Te importa si te tomo una foto para enseñársela a mi sobrina? No se va a creer lo mucho que te pareces a ella.

Me recuesto en la silla. Chirría.

—No. No me voy a hacer ninguna foto.

Miro a mamá. Es increíble cómo el cáncer ha cambiado su forma. Antes tenía curvas, todo su metro y medio. Tenía muslos, un poco de culo, y también tetas (bueno, teta, si solo cuentas la real, la otra era el implante posterior a la mastectomía). Tenía una cintura pequeña y hombros estrechos. Tenía forma. Ahora su estómago está distendido, sus tetas se han arrugado, sus piernas son ramitas. Sus brazos parecen más largos, casi como los de un mono: cuelgan a los lados. Me parece menos humana.

—¡Querooo!

Mamá se lanza al abismo. Esta es una de las únicas frases que le quedan. Tiene tantos tumores cerebrales de gran tamaño que está casi con muerte cerebral. Y sin embargo, todavía recuerda cómo decir «te quiero». Hace que me duela físicamente el corazón.

—¡Querooo! —dice de nuevo, balanceando la cabeza y con los ojos vacíos. Me muerdo el labio hasta que me sangra.

Intento mirar a mamá mientras estoy aquí en el hospital con ella, para saborearla, para recordarla. Pero, al mismo tiempo, no quiero volver a verla así. Así que cada vez que la miro, en unos segundos vuelvo a mirar hacia otro lado. A veces me obligo a cogerle las manos y decirle que la quiero y que estoy aquí para ella, pero la mayoría de las veces no tengo la fuerza suficiente para hacerlo. Así que, en lugar de eso, me siento en la silla del rincón y la miro de vez en cuando, pero por lo demás miro por la ventana e intento no derrumbarme.

Mi teléfono suena; es un mensaje de Colton. Me pregunta si quiero escaparme unos días, hacer un viaje por carretera a San Francisco. Sabe que estoy en un mal momento y cree que eso me ayudará a distraerme. Le digo al abuelo que mamá está estable, al menos durante los próximos días, y el abuelo dice que sí.

Echo un vistazo rápido a mamá mientras suelta algún galimatías. No puedo salir de este hospital lo suficientemente rápido. Me levanto, le doy un beso en la frente y me voy.

53

Estoy sentada en el Dodge Charger de Colton. Él conduce. Estamos recordando la primera vez que nos conocimos, en el rodaje de una película en Utah hace casi diez años. Estamos a veinticinco kilómetros de San Francisco cuando sugiere que compremos un poco de alcohol para beber en el hotel. Nunca había bebido alcohol, más porque me da miedo después de ver la relación de Joe con él que porque me aferre a algún valor mormón o algo así.

Pero si hay alguien con quien intentaría beber, es con Colton. Es cálido y enérgico y tiene una forma de comportarse que hace que todos a su alrededor se sientan aceptados. Además es gay, así que no tengo que preocuparme por ninguna tensión sexual.

Abrimos la botella al llegar a la habitación del hotel y nos servimos un chupito cada uno en los dos vasos de plástico de cortesía del baño. Abrimos un paquete de Sour Patch Kids para chuparlos junto con los chupitos.

—¿Estás lista? —pregunta Colton con entusiasmo. Asiento. Echa la cuenta atrás—. Uno, dos, tres.

Nos tapamos la nariz, nos tragamos la bebida y chupamos los Sour Patch Kids.

—No siento nada —digo, confundida.

Colton está de acuerdo, así que tomamos otro trago.

—Vale, todavía no es mucho, pero ahora siento un ligero mareo.

Colton está de acuerdo, así que tomamos otro trago.

—Ooh, creo que estoy empezando a sentirlo.

Colton está de acuerdo, así que tomamos otro trago más, por si acaso.

Antes de poder determinar cómo nos sienta la cuarta toma, hemos saltado sobre las camas, hemos jugado al escondite en el pasillo del hotel y nos hemos colado en la piscina aunque estaba cerrada. Hemos planeado un cortometraje que vamos a hacer juntos donde estamos esposados el uno al otro durante una semana. Hemos tratado de encontrar esposas. Por suerte, no lo hemos logrado.

A la mañana siguiente, me despierto con energía, con el rímel corrido bajo los ojos y todavía con la ropa de ayer.

—Ha sido una de las mejores noches de mi vida —declaro.

Colton está de acuerdo, y debatimos la posibilidad de hacer otro intento. Al final, decidimos esperar hasta la noche para crear algo de emoción.

Y Dios mío, estoy deseando hacerlo. No puedo creer que haya esperado tanto tiempo para emborracharme. Es una sensación increíble y única. Cuando estoy borracha, todas mis preocupaciones desaparecen —el odio a mi cuerpo, la vergüenza que siento por mis hábitos alimentarios, lidiar con mi madre moribunda, ser protagonista de un espectáculo que me avergüenza—, todo desaparece. Cuando estoy borracha, estoy menos ansiosa, menos inhibida, menos preocupada por lo que mamá quiera o piense de mí; de hecho, cuando estoy borracha, la voz de mamá juzgándome se evapora por completo. Estoy deseando que llegue la noche.

54

TOC TOC TOC.

Me despierto sobresaltada por el ruido. Ay. Me palpita la cabeza. Me froto las sienes. Esto debe ser lo que se siente al tener resaca. He oído hablar de lo que se siente al tener resaca, pero nunca la he sentido por mí misma, a pesar de que me he emborrachado casi todas las noches durante las últimas tres semanas desde que tomé mi primer sorbo de Tennessee Honey Jack con Colton en San Francisco. Hasta este momento, cada vez que me he emborrachado, he sido capaz de despertarme a la mañana siguiente indemne, independientemente de qué y cuánto haya bebido. Pero hoy es diferente, por la razón que sea. ¿Fue el tequila? ¿El whisky? ¿El ron? ¿El vino? ¿La mezcla de los cuatro? Quién sabe.

TOC TOC TOC.

Mierda. ¿Qué hora es? Miro mi teléfono, las 08:05 a. m. Mierda. Me olvidé de poner la alarma. Se supone que tenía que salir a tomar un vuelo hace cinco minutos. Este debe ser el conductor que envió Nickelodeon.

—¡Ya voy! —grito, intentando sin conseguirlo poner mi mejor voz de «no acabo de despertarme».

Abro de un tirón la puerta principal. El conductor con traje y corbata no aparece por ningún lado. En su lugar está Billy, mi jovial contratista, chupando una pastilla para la tos, y tres miembros del equipo.

—¡Eh! —dice Billy alegremente al entrar, sin esperar una invitación. Sus chicos le siguen.

Me había olvidado totalmente de que Billy venía hoy. No debería haberlo olvidado, ya que viene casi todos los días.

Compré una casa hace tres meses. Todo el mundo me decía que sería una buena inversión. Además, la idea me entusiasmaba. Mi primer hogar. Me libraría de tener que estar pendiente del alquiler y sus problemas. Representaría lo lejos que he llegado.

Conseguí una hermosa casa de tres pisos en la ladera de la colina y me pude mudar inmediatamente sin preocuparme por tener que hacer reformas. Incluso compré los muebles que había en exposición para no tener que pensar en la decoración. No tenía ninguna idea de decoración para esta casa, solo dejé que otro la tuviera para dedicarme a disfrutar de ella.

A las pocas semanas de mudarme, me enteré de que había que desenterrar los cimientos y sustituirlos. Una tubería se rompió y la ducha goteó sobre los muebles del salón y se echaron a perder. El fregadero de la cocina y uno de los inodoros se atascaron. El porche se astilló y una escalera se rompió. Esta cosa no era para entrar a vivir. El aspecto de la fachada era bueno, pero por dentro se estaba cayendo a pedazos.

Mientras Billy y sus chicos suben las escaleras, yo salgo al porche y me asomo a la cornisa para ver si el chófer ha llegado. Sí que ha llegado. Mierda, por supuesto que sí. Y está con los brazos cruzados y los guantes puestos y el coche en marcha y el maletero abierto. El nivel de preparación y puntualidad de los chóferes siempre me ha resultado irritante.

—¡Espere unos minutos! —le grito.

—¡Está bien, señorita! ¡Pero realmente deberíamos…!

Doy un portazo y corto su frase. Me estoy convirtiendo en una persona enfadada que no soporta a nadie. Soy consciente de este cambio en mí y, sin embargo, no siento deseos de cambiarlo. En todo caso, me gusta. Es una armadura. Es más fácil estar enfadada que sentir el dolor que escondo dentro.

Subo corriendo las escaleras, saco una maleta del armario y la abro sobre el parqué. Los chicos empiezan a golpear y martillear en el baño para reparar la ducha mientras yo me agacho y meto en la maleta calcetines, ropa interior, pijamas, vaqueros y camisas de forma desordenada.

Sostengo una chaqueta y me debato si la necesitaré o no para este viaje. ¿Hace frío en Nueva York? Dejo de lado la chaqueta y opto por una sudadera con capucha. La meto en la maleta, cierro la tapa y me siento encima para intentar cerrar la cremallera. Mierda. He olvidado los artículos de aseo.

Salto frenéticamente para coger cualquier cosa que se me ocurre. Es un caos. Rebusco en el armario del cuarto de baño y cojo algunos artículos de maquillaje, un cepillo de dientes de viaje, un mini hilo dental y dentífrico. Lo meto todo en la solapa delantera de la maleta cuando mi teléfono empieza a sonar.

—¿Sí, papá?

Martillo-martillo-martillo. Taladro-taladro-taladro.

—Deberías venir.

—¿De verdad?

Martillo-martillo-martillo. Taladro-taladro-taladro.

—Sí.

Vuelvo a lanzarme sobre la maleta. ¿Por qué no se cierra esta cosa? Tiro con más fuerza de la cremallera. El tirador se engancha. Le doy una patada a la maleta.

—¿Estás seguro? Porque se supone que debo salir a tomar un vuelo ahora mismo, el coche está abajo esperándome.

Oigo a papá tomar aire al otro lado del teléfono. Parece estresado.

—¿A dónde vas?

—A Nueva York, ¿recuerdas?

—¿Para qué?

Taladro-taladro-taladro, EL MÁS JODIDAMENTE RUIDOSO QUE JAMÁS HE ESCUCHADO.

—Es el Día Mundial de Nickelodeon de… —Me detengo, dándome cuenta de lo ridícula que suena esta frase—. No sé; es algo a lo que se supone que debo ir como presentadora. ¿Debería cancelar?

—Dicen que será hoy.

Me quedo paralizada, sorprendida por un instante, pero no por mucho tiempo. Ya he vivido este momento muchas veces. Alguien dice que mamá va a morir y luego no pasa nada. Vuelvo a tirar de la cremallera.

—Sí, pero… —digo, y sé que papá sabrá lo que quiero decir.

—Pero ¿qué?

No importa. Siempre me olvido de que papá nunca sabe lo que quiero decir.

—Pero ya nos han dicho esto muchas veces. Si esto es solo otra falsa alarma, realmente no debería ir. Los de Nickelodeon se van a enfadar si no me presento.

Una pausa. Suenan golpes en la puerta de mi casa. El chófer probablemente quiere saber cuánto me falta. Papá traga saliva.

—En serio, tienes que venir.

—Vale.

Cuelgo justo cuando por fin consigo cerrar la cremallera. Estoy sudando. Me pongo de pie, cruzo hasta mi cama y me siento a los pies durante un momento para tratar de recomponerme antes de ir a ver a mi madre, posiblemente por última vez. Intento procesar esta intensa realidad, pero me cuesta mucho porque *martillo-martillo-martillo. Taladro-taladro-taladro. TOC TOC TOC.*

55

Estoy sentada en el sofá mirando a mamá mientras está tumbada en la cama hospitalaria que le han preparado aquí, en el salón de la vieja casa de los acaparadores de Garbage Grove. Quitaron el sofá para hacer suficiente espacio para ella. Mamá ha estado en cuidados paliativos durante las últimas tres semanas, lo que no es algo inusual, aunque normalmente está sentada en lugar de tumbada como ahora, y ahora su respiración es más superficial que nunca.

Scottie y Dustin se sientan cerca. Todos estamos en silencio, el efecto de años de agotamiento emocional. Me sorprende que ninguno de nosotros esté llorando, pero es como si no nos quedaran lágrimas. Hemos pasado por al menos una docena de ensayos generales de la muerte de nuestra madre. Recordamos el VHS.

Mi teléfono suena con un mensaje. Nickelodeon se pone en contacto conmigo para decirme que no me preocupe por perderme el Día Mundial de lo que sea. Le envío un mensaje de agradecimiento.

Llega otro mensaje, este es del chico con el que estoy actualmente. El chico actual y yo nos «conocimos» en Twitter. Quedamos en vernos en persona. Invité a algunos amigos por si me quería asesinar. Una vez que supe que era seguro estar cerca de él, fuimos a cenas elegantes y a jugar al tiro láser y al minigolf. Incluso fuimos juntos a Disneylandia para ver los fuegos artificiales. (Derroché dinero en una guía VIP para no detener ningún desfile y cabrear a Goofy).

El chico actual es maravillosamente dulce, considerado y romántico. Pero no le quiero. Tal vez sea porque no tengo espacio en mi corazón para amar a nadie en este momento mientras mamá se está muriendo, o tal vez esté tratando de culpar al dolor por esa genuina falta de conexión. El dolor es un gran chivo expiatorio. En cualquier caso, estoy descubriendo lo poderoso que es no querer a alguien.

Amar a alguien es vulnerable. Es sensible. Es tierno. Y yo me pierdo en ello. Si quiero a alguien, empiezo a desaparecer. Es mucho más fácil hacer ojitos, tener buenos recuerdos y hacer bromas íntimas durante unos meses, huir en cuanto las cosas empiezan a ponerse serias y repetir el ciclo con otra persona.

En eso estoy ahora con mi chico actual. La distracción ha sido agradable, pero ya estoy lista para un reemplazo.

Saco mi teléfono para leer su mensaje.

Qué hases?

No soy muy exigente en cuanto a la ortografía, pero por Dios, haz las cosas bien.

Solo eso. Estoy lista para romper. Escribo un texto.

Oye, lo siento mucho, pero no puedo seguir con esto ahora. Mi madre se está muriendo y realmente necesito algo de tiempo para estar sola. Espero que puedas entenderlo.

Enviar. Hecho. Así de simple. Vuelvo a mirar a mi madre moribunda. Suena de nuevo el móvil.

No digas eso, uf. Tu madre no va a morir.

Ignora el resto de mi mensaje. Pongo los ojos en blanco. Le he dicho doce veces que mamá se está muriendo de cáncer, pero actúa como si tuviera un esguince de tobillo. No sabe lo que es una pérdida. Siento que el mundo está dividido en dos tipos de personas: las que conocen la pérdida y las que no. Y cada vez que me encuentro con alguien que no la conoce, lo ignoro.

Estos días estoy en un estado de irritación constante. Ya no quiero tratar con la gente. Dejo el teléfono boca abajo en el brazo del sofá. Miro a Dustin, luego a Scott y después a mamá. Su respiración parece agotadora. Está luchando por aguantar. Odio esto.

Mamá inhala con fuerza y luego exhala. La enfermera de cuidados paliativos mira a papá y asiente levemente. Papá nos mira. Mamá se ha ido.

Estamos paralizados. No lloramos. Estamos sentados. En silencio. Finalmente, cojo el teléfono. Han llegado cientos de mensajes. Todo el mundo se ha enterado. *E! News* ha publicado la noticia. No tengo ni idea de cómo coño se han enterado.

Voy a mi cadena de textos y hago clic en el chat con mi chico actual. Miro fijamente su último mensaje: «No digas eso, uf. Tu madre no va a morir».

Le escribo: «Acaba de morir».

DESPUÉS

56

Nos despedimos, y miramos aturdidos el cadáver de mamá. La enfermera arrastra la cama y la lleva a la furgoneta de cuidados paliativos.

Papá nos pregunta qué vamos a hacer ahora y sugiere que salgamos de casa, que vayamos a algún sitio. Ninguno de nosotros responde. Nos propone el South Coast Plaza, un centro comercial de lujo a unos veinte minutos de distancia. Nos metemos en el coche. Necesito una funda para el iPhone, así que nos dirigimos a la tienda de Apple. Se nos acerca un empleado bajito y alegre, con dientes blancos y entradas en el cabello. «Hola, ¿qué tal el día?». Sonríe. Nos quedamos con la mirada perdida. Nos capta, el tipo de Apple deja de sonreír y cambia de tema. Agradezco el gesto.

—¿Os puedo ayudar en algo?

Cojo una funda para mi móvil y salimos de allí en cinco minutos. Nos dirigimos a una pequeña cafetería en la misma planta para almorzar. Pido una ensalada, con aderezo aparte para que mamá se sienta orgullosa. No pruebo ni un solo bocado. Me siento afortunada, incluso agradecida, de que el trauma finalmente me haya provocado falta de hambre. Claro, mamá murió, pero al menos no estoy comiendo. Al menos me siento delgada y valiosa y bien con mi cuerpo, con mi pequeñez. Vuelvo a parecer una niña. Tengo la determinación de seguir así. Estoy honrando a mi madre.

Esa noche, llego a mi casa grande y solitaria. Billy y sus chicos han dejado todas sus herramientas en el patio, ya que vuelven mañana. Unas lonas cubren los muebles del salón. Me siento en una de las lonas y miro a mi alrededor. Creo que podría odiar esta casa.

Me muevo nerviosamente. La lona se arruga y hace un ruido molesto. No sé qué hacer. Abro una botella de whisky y bebo unos cuantos tragos directamente de la botella, luego envío un mensaje a Colton y a otros amigos para ver si me hacen un poco de compañía.

Nos dirigimos a Little Tokio y nos sentamos a cenar en un restaurante de sushi. Me tomo una botella de sake. Nos pasamos los menús. Quiero todo. Quiero comerlo todo.

Estoy muy confundida. Este último mes, no he podido ni siquiera pensar en comida. Todos los días he estado viviendo a base de whisky, Coca-Cola Zero, y dos bolsas individuales de Lay's a la barbacoa. ¿Qué coño está pasando? Me muero de hambre. Estoy famélica.

No he participado ni un solo segundo de los diez minutos de conversación. Estoy segura de que todos han confundido mi silencio con la pena. Pero no es pena. Es mi obsesión secreta por la comida.

Cuando llega la camarera, no sé qué pedir, pero estoy lo suficientemente borracha como para elegir lo primero que veo: el bol de teriyaki. Me digo a mí misma que solo me comeré la col al vapor de la guarnición, tal vez unos pocos bocados de arroz al vapor, pero cuando me ponen el cuenco bien caliente delante, no puedo contenerme. Devoro cada bocado tan rápido como puedo. Pido otra botella de sake, otra guarnición de arroz al vapor, unos rollitos de huevo y un bol de helado de postre. Me bebo la botella entera y me engullo cada bocado.

Volvemos a mi casa y la cabeza me da vueltas por el alcohol. Jugamos a un juego de mesa y escuchamos música, pero no hago más que seguir el ritmo. Mi mente solo piensa en una cosa: la cantidad de comida que he consumido y lo que voy a hacer al respecto.

Intento que todo el mundo se vaya de mi casa lo más rápido posible, algo difícil de hacer cuando eres tú quien los ha invitado el día de la muerte de tu madre para que te hagan compañía. A medida que cada persona se va, comprueba que no necesito que nadie se quede a dormir conmigo. En cuanto se van, subo las escaleras y entro en el baño principal. El equipo de Billy está desparramado en el suelo, así que camino de puntillas entre los enseres para llegar al inodoro. Levanto la tapa, me pongo de rodillas y me meto los dedos en la garganta.

Nada. Joder. Lo intento de nuevo, con más fuerza. Ay. Me pincho la garganta y me trago un poco de sangre. Debo haberme clavado una uña. Bueno, vale. Voy a conseguirlo. Respiro con calma, empujo los dedos hacia atrás todo lo que puedo, tan fuerte como puedo, y finalmente el vómito sale a borbotones de la boca y aterriza en el inodoro. Miro hacia abajo, a los pequeños trozos de arroz y pollo y al espumoso helado derretido. Canto victoria.

¿Y qué, si la he cagado y he comido? ¿Y qué, si fallé? ¿Y qué? Todo lo que tengo que hacer es meterme los dedos en la garganta y ver cómo se deshacen mis errores. Es el comienzo de algo bueno.

57

Me miro en el espejo mientras me peino y maquillo para el funeral de mamá. Estoy haciendo todo lo que a ella le gustaba más, que también son las cosas que menos me gustan: rizarme el pelo, pintarme los labios de un rojo intenso y pasarme el delineador de ojos a lo largo de mis sensibles lagrimales. El resultado final es un poco más fuerte de lo que esperaba, pero no tengo tiempo para rehacerlo, así que tendrá que quedarse así.

Me pongo el vestido negro de forma automática, me subo la cremallera y me calzo un par de tacones. Marcus, que se ha quedado conmigo esta semana, conduce. Su mujer, Elizabeth, va de copiloto. Yo voy detrás. Aprovecho la hora y media de viaje para decidirme. Es una decisión importante, y merece una reflexión profunda.

El viaje es un infierno. El tráfico es intenso y «Brave» de Sara Bareilles es la canción más escuchada en la radio en este momento, así que suena en los altavoces cada tres canciones. En un día normal, Sara está bien, pero lo último que quiero escuchar el día del funeral de mi madre es lo mucho que Sara Bareilles quiere verme ser valiente. Intento ignorarla. Cierro los ojos para concentrarme, tratando de encontrar una respuesta.

¿Voy o no voy a cantar «Wind Beneath My Wings» en el funeral de mamá?

Durante estos últimos meses de vida de mamá, su petición me ha atormentado. He pensado en ella de forma constante. Incluso practiqué la canción todas las noches del mes pasado hasta que mi vecino pegó un papel en mi puerta que decía: BASTA DE BETTE MIDLER.

Debido a algunas creencias mormonas persistentes, creo que esto significa que mamá me estará mirando hoy, decepcionada, desde su trono en el Reino Celestial, el reino más alto del cielo en la fe mormona. De ninguna manera acabó en los reinos de la basura terrestre o *terrestial.* Un asco.

Me apartan de mis pensamientos cuando Sara empieza a sacar todo lo que tiene en el estribillo final. ¿Sabéis qué? Tal vez tiene razón. Tal vez debería ser valiente. Tal vez debería cantar «Wind Beneath My Wings» en el funeral de mamá. Por el amor de Dios, literalmente. Mi vida después de la muerte depende de ello.

Marcus gira hacia el aparcamiento de la Sexta Congregación de la Iglesia de Jesucristo de los Santos de los Últimos Días de Garden Grove, la iglesia en la que crecimos. Subimos los escalones y entramos por la puerta trasera. Hace años que no vengo aquí, pero el aspecto y el olor son exactamente los mismos que recuerdo. Limpiador de alfombras y arpillera. Azulejos blancos en la entrada, moqueta azul en los pasillos, fotos de Cristo en varios escenarios con discípulos pegados por todas partes. (El pelo largo en un tío no me dice nada, pero ese hombre tiene una buena mandíbula).

Marcus y Elizabeth se van a saludar a la gente, así que me quedo sola. Me dirijo a la sala de espera de la familia y tomo asiento junto a Dustin, Scottie y la abuela, que están con los ojos llorosos. Busco en mi bolso y saco la partitura de «Wind Beneath My Wings» que imprimí anoche, por si acaso. La hojeo y repaso la letra para asegurarme de que la he memorizado. La canto mentalmente, y me estremezco cuando llego al estribillo. Mierda. Siento que soy incapaz de cantar esta canción, pero sé que debo hacerlo. No puedo romper la última promesa que le hice a mi madre moribunda.

Veo pasar a la pianista y estoy a punto de entregarle las partituras, pero justo en ese momento aparecen los portadores del féretro para llevar el ataúd de mamá a la sala. Están aprovechando su momento. A los portadores del féretro les encanta ser el centro de atención. Mis hermanos lloran. La abuela se lamenta. «¡No hay suficientes fiambres! ¡No esperábamos esta concurrencia!».

Soy la artista principal de los panegíricos, así que tengo que aguantarlos todos mientras voy de un lado a otro intentado afinar la canción. Diría que podría bajar un poco el tono de la canción, pero entonces las estrofas quedarían demasiado graves. Diría que podría retocar la melodía del estribillo, pero seamos realistas, no se «retoca» una melodía de Bette Midler. Bette sabía lo que hacía.

Es mi turno.

Me acerco al podio. Estoy temblando. Como no le di la partitura a la pianista, la única opción que me queda para cantar «Wind Beneath My Wings» en el funeral de mamá es *a capella*. Me aclaro la garganta, respiro hondo y… me pongo a llorar. Es un grito gutural que me avergüenza. Sigo llorando. Y sigo llorando. Hasta que el obispo me da una palmadita en el hombro.

—Solo nos dejan la capilla quince minutos más. Tenemos que preparar el bautismo de John Trader.

Me marcho del escenario. No habrá Bette Midler.

58

—Gracias por ser tan buena —me dice nuestro subdirector con una mirada de compasión y aprecio.

—Ah, ya —digo de forma monótona mientras dos niños rebotan sobre mí. Nos estamos preparando para ensayar esta escena por séptima vez para que los niños representen bien su papel. He visto al Creador despedir a los niños por pequeñas razones, como por olvidarse una frase o no atinar con su papel, así que en días de ensayo como hoy, a nuestros directores les gusta estar muy seguros de que los niños saben lo que están haciendo para que no pierdan el trabajo.

Oigo mucho esa frase estos días. «Gracias por ser tan buena». La oigo a diario: no solo de nuestro subdirector, sino de mis jefes cada vez que hablo por teléfono con ellos, de un guionista o productor al menos una vez a la semana, incluso de un ejecutivo de la cadena que me envió una tarjeta regalo de quinientos dólares para Barneys con esa misma frase escrita en la nota adjunta.

Sé por qué escucho esta frase tan a menudo. Es porque mi compañera de reparto, Ariana Grande, es una floreciente estrella del pop que falta al trabajo con regularidad para ir a cantar a las galas de premios, grabar nuevas canciones y promocionar su próximo álbum, mientras yo me quedo atrás y me mantengo al mando con rabia. Comprendo ligeramente por qué tiene que faltar al trabajo. Pero al mismo tiempo, no entiendo por qué se le permite hacerlo. Conseguí dos papeles importantes durante *iCarly* que tuve que rechazar porque el equipo de *iCarly* no podía prescindir de mí en esos episodios.

He tratado de calmarme mientras pensaba en toda esta situación. De acuerdo, bien. Tal vez no me podían permitir rodar películas porque habrían tenido que excluirme completamente de los episodios, mientras que a mi coprotagonista le dejan cumplir con sus obligaciones musicales porque solo se pierde días de ensayo y partes de días de rodaje, pero no semanas enteras.

Pero esta semana ha ocurrido algo. Esta semana me dijeron que Ariana no estaría, y que reescribirían el guion de este episodio para que su personaje estuviera encerrado en una caja.

Están de broma.

¿Así que tengo que rechazar películas mientras Ariana está en los premios Billboard Music Awards cantando con su voz tiple?

A la mierda con esto. Hubo un tiempo en el que me tomé el comentario de «Gracias por ser tan buena» como un verdadero cumplido. Me enorgullecía de ello. Mi madre siempre me enseñó a ser agradecida, siempre quiso que lo fuera para conseguir más papeles y tener una buena reputación que me ayudara a crecer en mi carrera como actriz. Así que cuando me dijeron eso, supe que estaba haciendo algo bien. *Sí. Soy buena. Soy muy buena. Soy la buena, la que no es difícil, la mascota del profe.*

Pero ahora, lo he superado. Me he convertido en una persona amargada y me he resignado a eso. No puedo cambiar mis circunstancias, así que ¿por qué intentar cambiar en lo que me he convertido gracias a ellas? He dejado de ser buena. Me molesta ser buena. Si de entrada no hubiera sido tan buena, no estaría en esta situación. No estaría en este programa de mierda diciendo estas frases de mierda en este plató de mierda con este peinado de mierda. Tal vez mi vida sería completamente diferente. Fantaseo con que sea diferente.

Pero no es diferente. Es esto. Esto es lo que hay. Ariana falta al trabajo en pos de su carrera musical mientras yo actúo siguiendo un patrón. Estoy cabreada por ello. Y estoy cabreada con ella. Celosa de ella. Por unas cuantas razones.

La primera es que ella tuvo una educación mucho más fácil que la mía. Yo crecí en Garbage Grove, en una maldita casa de huéspedes, con una madre cancerosa que lloraba todo el tiempo por no poder pagar el alquiler y las facturas. Ariana creció en Boca Ratón, Florida, una ciudad increíblemente rica e idílica, con una madre sana que podía comprarle lo que quisiera, cuando quisiera: bolsos Gucci, vacaciones de lujo, vestidos de Chanel. Yo ni siquiera quiero vestidos de Chanel —no me gusta cómo se ve esa tela— y, sin embargo, estoy celosa de que ella los haya tenido.

La segunda es que cuando conseguí un contrato con Nickelodeon para mi propio programa hace unos años, pensé que iba a ser solo eso, mi programa. Se suponía que iba a ser *Simplemente Puckett*, una descarada delincuente juvenil convertida en consejera escolar. Ahora se trata de una historia a dos manos —*Sam & Cat*— sobre una descarada delincuente juvenil que, junto con su «mejor amiga tonta», crea una empresa de canguros llamada «Sam & Cat: supergenial y muy divertido servicio de niñeras». Para nada horripilante.

La tercera es que Ariana está en la fase de su carrera en la que aparece en todas las listas de las mejores treinta personas menores de treinta años que existen. Y yo estoy en la etapa de mi carrera en la que mi equipo está entusiasmado porque soy la nueva cara de

Rebecca Bonbon, una línea de ropa para adolescentes con un gato con la lengua fuera. Se vende exclusivamente en Walmart. Y a menudo cometo el error de comparar mi carrera con la de Ariana. No puedo evitarlo. Estoy todo el tiempo en el mismo entorno que ella, y ella no trata precisamente de ocultar sus éxitos.

Al principio, gestioné bien mis celos. Cuando llegó saltando al plató diciendo que actuaría en los Premios Billboard, no me importó. ¿Y qué? Está haciendo una carrera musical, algo que yo dejé de hacer porque lo odiaba. Y en su búsqueda de esa carrera, va a ir a cantar alguna canción pop cursi en un escenario, una tarea que me parece realmente horrible. No me inmuté. Luego llegó trotando al plató diciendo que saldría en la portada de la revista *Elle*. Eso me afectó, pero solo por mi inseguridad. ¿No soy lo suficientemente guapa para salir en las portadas de las revistas? ¿Sería yo la que estaría en las portadas si este programa no fuera a dos manos? ¿Me está robando oportunidades que habrían sido mías? Reprimí los celos y seguí adelante.

Pero lo que finalmente me hundió fue cuando Ariana llegó gorjeando emocionada porque había pasado la noche jugando a las charadas en casa de Tom Hanks. Ese fue el momento en que me derrumbé. No pude soportarlo más. Actuaciones musicales y portadas de revistas… lo que sea, lo superaré. Pero ¿jugar a un juego familiar en casa de Tom Hanks, un Tesoro Nacional, ganador de dos premios de la Academia y seis veces nominado? Se acabó.

A partir de ese momento, ya no me caía bien. Era imposible. Podía soportar su éxito como estrella del pop, pero ¿pasar el rato con el sheriff Woody, con el maldito Forrest Gump? Esto ha llegado demasiado lejos.

Así que ahora, cada vez que falta al trabajo, lo siento como un ataque personal. Cada vez que le ocurre algo emocionante, siento que me ha robado esa experiencia. Y cada vez que alguien me llama «buena», todo lo que siento es lo mucho que no quiero serlo. A la mierda con ser buena, preferiría estar jugando a las charadas con Tom Hanks.

59

Colton y yo estamos bebiendo tequila Pocket Shots en el asiento trasero del Toyota Corolla 2009 de Liam mientras él conduce. Pocket Shots es asqueroso. Casi nos dan arcadas con cada trago, pero seguimos bebiendo. Queremos estar bien majos y arruinados para cuando lleguemos.

—¿Cómo os va, chicos? —pregunta Liam tímidamente, girándose para mirarnos, mientras esperábamos en un semáforo en rojo.

Es la quinta o sexta vez que lo pregunta, y cada vez me mira como si yo fuera la única cuya respuesta le importa. Liam y yo nos conocimos en la fiesta del Cinco de Mayo de un amigo de Colton hace un par de meses. Él se estaba preparando unas fajitas en la mesa del bufé. Medía un metro ochenta, llevaba un corte de pelo desaliñado y tenía los ojos muy abiertos, y me acerqué a él. Nos unieron las margaritas y una atracción mutua. Las cosas importantes.

—No podría estar mejor —digo mientras comparto con Colton otro Pocket Shot. *Dios, qué divertida soy.*

—Bien. Bien —dice Liam con un guiño.

Siempre me ha impresionado un hombre que puede hacer que un guiño no sea espeluznante. Sigue conduciendo.

Todavía no he tenido relaciones sexuales, pero empieza a ser el momento adecuado. Ya no me da miedo. Ya no tengo miedo de nada, porque ya no me importa nada desde que murió mamá.

Liam parece una persona sólida con la que perder mi virginidad. Me gusta, pero no me importa de manera profunda, así que no tengo que temer que me encariñe con él al segundo de tener relaciones sexuales, un temor genuino que tengo, ya que he oído hablar de esta debilidad femenina cientos de veces. Quiero hacer cualquier cosa para evitarlo. No quiero ser una mujer débil que se enamora de un hombre solo porque se mete dentro de ella. Quiero ser más fuerte.

Liam y yo lo haremos pronto. Lo sé. Tal vez esta noche nos besaremos por primera vez y luego, quizá, dentro de una o dos semanas por fin tendremos sexo, una vez que se haya acumulado la suficiente tensión como para tener que romperla. Me excito mientras fantaseo con ello. Me tomo otro Pocket Shot.

Veinte minutos más tarde, llegamos a la discoteca donde nuestra amiga Emmy celebra su vigésimo primer cumpleaños.

Colton y Liam me ayudan a entrar, ya que estoy tan borracha y llevo unos tacones tan altos que no camino bien. Entramos y nos dirigimos a la barra. Pedimos tres copas y las apuramos.

La fiesta en sí está bien, un poco aburrida incluso estando borracha. Noto que Emmy está mirando a Liam por el rabillo del ojo. Odio cuando las mujeres son tan obvias con sus flechazos. Si eres tan obvia, alguna zorrilla puede venir y sacar provecho de ese flechazo, utilizarlo en tu contra y traicionarte con él. Lo aprendí de los largos discursos de mi madre sobre confiar en las mujeres aún menos que en los hombres. «Los hombres te harán daño sin conocerte realmente», me decía a menudo. «Pero las mujeres… las mujeres te conocerán profundamente, íntimamente, y luego te harán daño. Dime qué es peor».

Y por eso no confío en las mujeres. Solo las observo. Las veo actuar desesperadas, débiles y patéticas. Es tan vergonzoso ser mujer. Estudio a las mujeres como Emmy para poder ser diferente a ellas. Mejor que ellas.

Me tomo otra copa mientras veo a Emmy charlando con Liam de forma exagerada. Y durante demasiado tiempo. Y con demasiados parpadeos coquetos y recogidas de pelo y toques «involuntarios» en su brazo. Lo está haciendo todo mal. Pobrecita. Hago lo contrario que Emmy e ignoro a Liam por completo durante el resto de la fiesta. Es demasiado fácil.

Dos horas después estamos de vuelta en mi casa. Liam ha dejado a Colton de camino a casa, así que estamos los dos solos. Liam me tira en la cama y me quita el vestido cobrizo. Estoy mareada. La habitación da vueltas. Estoy agotada. Estoy confundida. ¿Dónde coño estoy?

—¿Qué está pasando? —pregunto finalmente.

—Voy a tener sexo contigo —dice Liam en un tono que me da náuseas. Está a medio camino de una voz de bebé, la misma inflexión que tendría una voz de bebé, pero sin saltar una octava.

Quiero parar esto. No es para nada como pretendía perder mi virginidad. Nunca esperé que sucediera esta noche. Pensé que esta noche tendría el mágico primer beso, y que lo de perder la virginidad podría ser dentro de una o dos semanas. Pensé que tendría tiempo para prepararme mental y emocionalmente.

Pero también quiero seguir adelante. ¿A quién le importan los rituales y la preparación? En todo caso, me siento aliviada de resolver el tema de mi virginidad.

A la mierda. No digo nada. Entrecierro los ojos para tratar de hacer foco de alguna manera y poder ver bien. Finalmente lo consigo. Liam me sujeta las caderas mientras bombea dentro de mí repetidamente. Una gota de sudor resbala por su frente. Qué asco.

Liam finalmente se retira. Se corre. Yo no.

A la mañana siguiente, me despierto en un charco de sudor. Me siento asfixiada. Atrapada. Como si estuviera en una camisa de fuerza. Abro los ojos de golpe. Liam me está acurrucando. Debe haberme abrazado toda la noche por la cantidad de sudor que tengo. Intento liberarme, pero no puedo. Un maldito gigante está encima de mí. Es lo que tiene ser una mujer pequeña. Sientes a todo hombre como un gigante. Me retuerzo. Eso tampoco funciona. Finalmente, empiezo a pincharle hasta que se despierta, entonces finjo que no le estaba pinchando y que quizá se imaginó sentir algo.

Me mira fijamente a los ojos y me sonríe. Dice que anoche fue increíble. Asiento, mintiéndole. Imagino que ya se me ocurrirá un plan para dejarle tirado más tarde, cuando esté sola.

Intenta abrazarme más, pero le digo que tengo que ir a hacer pis. Me levanto de un salto para ir al baño y de repente me doy cuenta de lo increíblemente dolorida que estoy. Caminar me duele, así que ando como un pato. Llego al baño y me bajo las bragas para orinar. Veo sangre en ellas. Sé que no es la regla, ya que hace años que no la tengo debido a mis diversos trastornos alimentarios. Debe ser por haber tenido relaciones sexuales por primera vez.

Orinar escuece y quema, así que lo hago en pequeños chorros, como si prolongar el dolor hiciera que doliera menos. Pero no es así. Al fin, termino.

Paso diez minutos lavándome las manos, enjabonándolas, y luego me las vuelvo a lavar, las enjuago, y vuelvo a lavarlas. Hago tiempo. No quiero volver a entrar ahí con Liam. Hay algo en él que me incomoda.

Toc, toc, toc.

—¿Estás bien ahí?

Le digo que no me encuentro bien. Se va.

Me pido un desayuno. Huevos, beicon, tostadas, patatas y un café con leche con nata montada. Como rápidamente, con desesperación, hasta llegar a la mitad. *Puedo parar aquí. Estoy llena, no tengo que seguir. Puedo interrumpir el ciclo.* Tiro la caja de comida para llevar a la basura. El agobio inunda todo mi cuerpo. Me apresuro a ir al baño, levanto la tapa del inodoro y purgo mi desayuno. Me lavo.

Por lo general, a estas alturas ya estoy agotada, pero esta vez no. Todavía estoy llena de ansiedades reprimidas. Necesito librarme de estos malditos sentimientos.

Vuelvo corriendo al cubo de la basura y saco la caja de comida para llevar. Me lleno la boca de huevos y mastico rápidamente. *Joder, qué estoy haciendo, tengo que parar, tengo que parar.* Escupo los huevos a medio masticar en la papelera. Cojo un frasco de perfume del cuarto de baño y echo un chorro sobre la comida restante para asegurarme de que no voy a comer más. Pero entonces como más. El perfume me da arcadas. Vomito.

60

«Te ves muy bien».

«Realmente estás empezando a florecer».

«Nunca te has visto mejor, pero yo me detendría donde estás. Un poco más y empezarás a estar mal de la cabeza».

«Tu cuerpo se ve excepcional».

Estos son todos los comentarios que me han hecho en las últimas semanas productores, agentes y miembros del equipo con los que trabajo. En estas últimas semanas he recibido más comentarios positivos —y espeluznantes— sobre mi cuerpo que nunca antes.

En este momento, tengo más de una década de experiencia en trastornos alimentarios. Tuve años de anorexia, de atracones y los actuales de bulimia. Cuanta más experiencia tengo, más reconozco que el cuerpo no es un reflejo fiable de lo que ocurre en su interior. Mi cuerpo ha fluctuado frecuente y drásticamente a lo largo de esta década, y no importa cómo haya fluctuado, no importa si mi cuerpo es una talla *slim* de niño o una talla *small* de adulto, he tenido un problema con él. La gente no parece entenderlo a menos que tengas un historial de trastornos alimentarios. La gente parece asignar la delgadez a lo «bueno», el peso a lo «malo» y la excesiva delgadez también a lo «malo». Hay una ventana tan pequeña para lo que es «bueno». Es una ventana en la que actualmente aparezco, aunque mis hábitos están muy lejos de ser buenos. Estoy abusando de mi cuerpo todos los días. Me siento miserable. Estoy agotada. Y sin embargo, los cumplidos siguen llegando.

«Tengo que decir que cuando estás en los ensayos y sales por la puerta para entrar en una escena, me resulta muy difícil no mirarte el culo. Espero que no te resulte incómodo que haya dicho eso. Lo digo como un cumplido».

61

Es lunes, mi día favorito de la semana laboral por dos razones. La primera es que es nuestro día de ensayo más corto. La segunda es que todos los lunes, cuando venimos a hacer la lectura en la mesa, nos dan un calendario actualizado para que podamos ver los títulos de los episodios, los directores y las fechas de rodaje de los próximos episodios. Y cada vez que me ponen el calendario delante, veo mi nombre en uno de los títulos de los episodios como directora.

Firmé para hacer el *spin-off* sobre todo para aplacar a mamá. Pero también lo hice porque el Creador me prometió eso mismo: un puesto de directora en uno de los episodios. Claro, dirigir uno de los programas del Creador no es precisamente la mejor manera de ejercitar tus músculos creativos, ya que el Creador está siempre presente durante el rodaje, inflexible con sus propias ideas, y no muy receptivo a las de los demás. Pero dirigir un episodio de televisión es una oportunidad para que la industria me vea por fin como algo más que una actriz de televisión infantil. Es una forma de demostrar que tengo valor fuera de la caja en la que me han metido. Realmente quiero eso.

Las fechas de mi trabajo como directora se han pospuesto varias veces, pero me han asegurado en repetidas ocasiones que esto se debe a conflictos de programación con otros directores. También me han asegurado que las fechas más recientes que me han dado —fechas para uno de nuestros últimos episodios— están cerradas. Estoy preparada para dirigir.

Me tomo el café, me siento en mi silla y veo cómo nuestro ayudante de producción reparte los horarios actualizados a cada persona que está en la mesa. Vamos, Bradley, aceleremos el ritmo.

—Aquí tienes —dice mientras deja caer una hoja color salmón delante de mí.

Lo cojo y miro la parte inferior de la página donde aparecen los episodios finales. El lugar donde debería ver mi nombre en uno de esos pequeños recuadros de «dirigido por».

Pero en su lugar, veo dos letras: N/D. Debe ser una errata. Miro a mi alrededor para cruzarme con los ojos de alguien, pero solo hay unos pocos miembros del equipo, y nuestro costurero no sabrá nada de esto.

Respiro de forma acelerada y entrecortada. Miro a mi alrededor en busca de alguno de nuestros productores que pueda saber algo sobre esto, pero ninguno está en la sala. No puedo creerlo. Me siento como si me hubieran dejado sin aliento.

Los ejecutivos y los productores empiezan a entrar. Miro fijamente a uno de ellos, el que más confianza me inspira de entre toda esta gente en la que no confío.

Hablaremos más tarde, articula.

No. No quiero hablar más tarde. Quiero resolver esto ahora. ¿Qué coño está pasando? No pueden esperar que me siente aquí, sea profesional y haga una lectura de mesa cuando acaban de quitarme lo único que quería de todo este proceso.

Lucho contra las lágrimas al darme cuenta de que he sido muy tonta. Creí que estas personas harían lo que me dijeron que harían. Que me darían lo que habían prometido. Ahora que he ido a trabajar todos los días, que he sido profesional, que me he tragado la ira y que he llevado un programa durante casi cuarenta episodios, ahora que han conseguido lo que querían de mí, me están quitando la razón por la que estaba haciendo todas esas cosas. Me siento traicionada.

Después de la lectura de mesa, llamo a mis agentes y gerentes y me aconsejan que entre en el juego, que sea tan «buena» como siempre he sido. Pero estoy tan jodidamente cansada de ser buena. No sé cuánto tiempo más podré serlo.

* * *

Ya es viernes. Un día de rodaje. Patti —mi maquilladora, pero también una de mis queridas amigas del equipo— ha tardado una hora y media en maquillarme porque no podía dejar de llorar. Soy un desastre. Estoy descolocada. Me siento engañada, herida y enfadada. Le he contado a Patti lo que está pasando, e incluso me ha acompañado unas cuantas veces a las oficinas de varios productores para intentar hablar con ellos, pero siempre me rechazan. Nadie quiere hablar conmigo. Todo el mundo es muy reservado. Está claro que están todos juntos en esto, y no al estilo *High School Musical.*

Me pongo el vestido con pereza y me dirijo al plató. No he memorizado mis frases porque ya no me importa. Me gustaría que me despidieran. Este lugar es tóxico y malo para mi ya mala salud mental. Quiero irme.

Llego al plató para una escena en un ring de boxeo. (Uno de mis compañeros de reparto interpreta a un boxeador dirigido por un niño de diez años). Hojeo el guion que tengo entre manos, en silencio.

Empezamos a rodar. Primera toma, lo consigo… a duras penas. La segunda toma, apenas lo logro. En la tercera toma, no lo consigo en absoluto. En la mitad de mi segunda frase, se me acelera la respiración, como si fuera a tener un ataque de pánico. Mierda. Veo las estrellas. Tengo miedo de desmayarme. Luego me derrumbo en el suelo. Se me agita el pecho. Me sale baba de la boca mientras lanzo el grito más horrible e intenso de mi vida. Delante de todos: el reparto, el equipo, los extras.

Finalmente, uno de mis compañeros de reparto, el que hace de boxeador, me agarra y me saca del plató. Me lleva a mi camerino y se sienta conmigo. Patti se nos une. Me consuelan y me dicen que lo entienden. Están aquí para apoyarme.

Entonces alguien llama a la puerta. Me quedo inmediatamente helada de miedo. Patti grita que saldremos en un minuto. Una voz estruendosa al otro lado exige que salgamos. Juraría que es uno de nuestros productores.

—Sí, pero ahora no —dice Patti groseramente al productor al otro lado de la puerta. La quiero. La aprecio. Tiene los cojones de enfrentarse a esta gente.

—¿Puedo hablar con Jennette un minuto? Lo siento por ella —dice el productor.

Una parte de mí le cree. O al menos quiere creerle. Otra parte de mí desconfía. Elijo creerle. Le permito entrar. Pregunta si podemos hablar en privado. Los otros se van.

Se sienta en el sofá frente a mí.

—Me gusta cómo has decorado el lugar —bromea, ya que no he añadido absolutamente nada a este frío vestuario.

No me río. Se aclara la garganta.

—Asumo que esto es por eliminarte de la lista de directores.

—Se trata de muchas cosas.

Una pausa. Continúa.

—Quiero que sepas que he dado la cara por ti. Quería que dirigieras. Y hay una persona aquí que no quiere que dirijas. Está completamente en contra. Y dijo que dejaría el programa si lo hacías. Y no podemos permitirnos eso. Así que tuvimos que quitarte de la pizarra. Solo quiero que sepas que no es culpa tuya.

Estoy aturdida. No tengo palabras. El productor se levanta, sale y cierra la puerta silenciosamente.

¿Alguien no quería que dirigiera? ¿Tanto que dijo que dejaría el programa si lo hacía? No entiendo cómo es posible. Intento vomitar una y otra vez. No sé de qué otra manera lidiar con esto. No sé de qué otra manera afrontar el hecho de que gran parte de mi vida esté tan fuera de mi control. Miro las paredes blancas. Quizá debería decorar el lugar. El jefe de utilería llama a mi puerta para entregarme el calcetín relleno de mantequilla para mi próxima escena.

62

Estoy en un Whole Foods comprando comida para la semana. Pago mucho por verduras y comidas congeladas porque tengo la esperanza de que, si gasto una cantidad obscena de dinero, será menos probable que las vomite.

A estas alturas, estoy empezando a darme cuenta de que la bulimia no me resulta sostenible. La garganta me sangra a diario, siento los dientes más blandos, mis mejillas están más hinchadas, mi estómago tiene dificultades para digerir la comida y me han salido caries desde que todo esto comenzó. Creo que quiero cambiar, pero hasta ahora mi fuerza de voluntad no me ha llevado a ninguna parte. Todas las mañanas me digo que hoy no voy a vomitar, y todas las mañanas a las diez ya lo he hecho. Como está claro que la fuerza de voluntad no ha funcionado, este asunto de Whole Foods es para intentar una estrategia diferente.

Cojo un pastel de carne congelado de la estantería e inspecciono la etiqueta nutricional: «440 calorías, 15 gramos de grasa». Ni hablar. Vuelvo a poner esa mierda en su sitio.

Otra de mis nuevas estrategias es reducir la ingesta de calorías como hacía cuando era niña. Me imagino que si mantengo un nivel bajo de calorías, tal vez desaparezcan las ganas de vomitar y pueda mantener la comida en el cuerpo. Al menos esto es lo que me digo a mí misma. Pero en el fondo, sé la verdad.

La verdad es que me gustaría tener anorexia, no bulimia. Echo de menos la anorexia. He crecido humillada por la bulimia, que solía considerar como lo mejor de ambos mundos: comer lo que quieres, vomitarlo todo, mantenerte delgada. Pero ahora no me parece lo mejor. Es terrible.

Después de comer siento tanta vergüenza y ansiedad que literalmente no sé qué hacer para sentirme mejor, excepto vomitar. Y cuando termino, lo hago a medias. Una parte de mí está agotada, exhausta, como si no quedara nada, lo cual ayuda bastante. La otra tiene un dolor de cabeza intenso, dolor de garganta, vómito deslizándose por el brazo y en el pelo, y siente más vergüenza que al principio, ya que ahora no solo he comido sino que también he vomitado. La bulimia no es la respuesta.

La anorexia sí.

La anorexia es regia, segura, todopoderosa. La bulimia es descontrolada, caótica, patética. Anorexia de segunda mano. Tengo amigas con anorexia, y puedo decir que me compadecen. Sé que lo saben porque cualquier persona con un trastorno alimentario sabe cuándo otra persona también lo tiene. Es como un código secreto que no puedes evitar captar.

Ahora que tengo mi plan de compras y mi misión pro anorexia, siento una motivación que no había sentido desde que murió mamá. Obviamente, la mayoría de las cosas están fuera de mi control. Perder a gente que quiero, salir en un programa del que me avergüenzo, que me quiten los trabajos de dirección… pero ¿esto? Esto sí lo puedo controlar.

Empujo el carro un poco más adelante en el pasillo y cojo unas hamburguesas de judías negras: «180 calorías por hamburguesa, 5 gramos de grasa». Coloco este delicado ángel comestible en mi carro con veneración, ya que está de mi lado. Ayudándome en mi misión.

Empujo el carro hacia delante. Mi teléfono empieza a sonar. La abuela.

Nunca me ha gustado mucho mi abuela. Cuando era pequeña, odiaba la forma en que me acariciaba la espalda y me pasaba las manos por el pelo. Era como si no supiera tocarme de una forma maternal y reconfortante, solo sabía tocarme como de una forma provocativa. Me daba asco.

A medida que fui creciendo, los pasatiempos favoritos de la abuela eran cotillear por teléfono, hacerse la permanente y quejarse. Le duelen los pies, la camisa le aprieta demasiado, la permanente no es del color adecuado, Louise no le devuelve la llamada, el abuelo no llega a casa del trabajo lo suficientemente temprano, la gasolina es demasiado cara, Souplantation quitó el pan de maíz del menú.

No es que solo sea una anciana amargada que expone secamente sus quejas con un cigarrillo colgando de la boca, lo que al menos sería gracioso. Siempre tiene los ojos llorosos, siempre se lamenta, siempre hace que sus problemas sean los de todos los demás.

Por todas estas razones, no me cae bien ni la respeto. Y creo que yo tampoco le caigo muy bien, pero nunca lo admitiría porque está demasiado ocupada llorando porque ella no me cae bien.

Desde que murió mamá, he intentado trabajar un poco en nuestra relación. Intento contestarle los mensajes cuando puedo, la llamo cada pocos días y le envío un correo electrónico una vez a la semana. Esta relación necesita más mantenimiento del que me gustaría, y aun así, no es suficiente para ella, como me comenta cada vez que hablamos.

Estoy desgastada a nivel emocional, pero sigo insistiendo en esta relación porque no quiero ser idiota y cortar con mi abuela sin hija.

Vuelvo a meterme el teléfono en el bolsillo. Me dirijo al pasillo y encuentro algunas verduras congeladas. Cojo una bolsa y la pongo en mi carrito. El teléfono empieza a sonar de nuevo.

La abuela.

Le envié un mensaje de texto: *Te llamo en un minuto.*

Vuelvo a meterme el teléfono en el bolsillo, esta vez con cierta irritación, y me dirijo a la sección de productos agrícolas. Cojo una bolsa de manzanas rosadas, unos palitos de zanahoria y un coco con el que no sé qué hacer, pero que tiene buena pinta, así que por qué no.

Vuelve a llamar. Me dan ganas de tirar el teléfono. En lugar de eso, contesto, soltando un matiz de irritación en mi discurso para que la abuela se dé cuenta de que estoy molesta.

—Abuela, ¿puedo llamarte cuando esté en casa? Estoy haciendo las compras.

Está llorando. Dice algo, pero es incomprensible entre los lamentos. Estoy preocupada. Le pregunto si todo va bien. Sigue lamentándose. Vuelvo a preguntar.

—Tú... tú... ¡Nunca me llamaaaaas! —suelta finalmente.

Cada vez que llama lamentándose, asumo que es porque el abuelo ha muerto. Su salud está decayendo con rapidez. Sabe que llego a esta conclusión porque ya se lo he dicho antes. Le he preguntado si puede tratar de bajar el tono de sus gritos y llantos. Cada vez que se lo digo, me asegura que no volverá a hacerlo. Lo hace siempre.

Le digo con firmeza que la llamaré cuando llegue a casa y cuelgo el teléfono. Vuelve a sonar. A estas alturas no soy la única que está estresada, sino también la yogui sin maquillar con una túnica de cáñamo que está comprando delante de mí. Envidio su piel de cristal. Me mira. Me da vergüenza.

La abuela llama de nuevo. Me rindo. Dejo el carro de la compra donde está y salgo de la tienda. Piel de Cristal parece complacida. Me pregunto si debería probar el *microneedling*.

Cruzo el aparcamiento y, en el tiempo que llevo en la tienda, ha comenzado una tormenta eléctrica. Una de las raras tormentas anuales de Los Ángeles. Normalmente, evito conducir bajo la lluvia porque, para empezar, no me gusta conducir, y mucho menos cuando hay lluvia de por medio. Me subo a mi Mini Cooper y justo cuando enciendo el motor y los limpiaparabrisas, ella empieza a llamarme de nuevo. Está conectada al Bluetooth, así que su voz resuena en los altavoces. Sigue gritando.

—Abuela —le digo con firmeza, tratando de calmarla.

Está histérica. Balbucea un discurso porque le he colgado. Salgo del aparcamiento y giro a la derecha, bajando por la calle principal que lleva a mi casa.

—Abuela —vuelvo a decir, con toda la calma que puedo aunque la cara se me está calentando de rabia—. Estaba comprando comida. Ahora estamos hablando por teléfono. ¿Por qué has llamado?

Sus lágrimas se convierten en veneno al instante.

—No es necesario que te comportes de forma desagradable conmigo, *perra*.

Mi abuela me llama a menudo «perra». Siempre pronuncia algo más fuerte esa palabra, para que surta efecto.

—Abuela, como te he dicho antes, si sigues insultándome y culpándome cada vez que hablamos por teléfono, te voy a bloquear.

—No me amenaces, *pequeña*.

—No te estoy amenazando. Te estoy avisando.

—*Te estoy avisando* —repite la abuela, burlándose de mi voz—. Todos mis otros nietos me llaman mucho más que tú —se queja la abuela.

—¿Cómo estás?

—¿Cómo crees que estoy, eh? ¿Has oído algo de lo que acabo de decir? No me tratas bien. Tu madre debe estar retorciéndose en la tumba.

Me gustaría poder poner los ojos en blanco ante este último comentario, simplemente darla por perdida, por una vieja loca. Pero no puedo. Mi madre es mi punto débil, un punto que no puede ser violado. No permitiré que mamá sea utilizada en mi contra. Y si lo es, tomo medidas desesperadas.

—Bien, abuela, voy a colgar y te voy a bloquear.

—¡No te atrevas! Tu madre llorará en el cielo.

Siempre lo hace. Si sabe que algo me afecta profundamente, si sabe que me duele, mete el cuchillo más adentro y lo retuerce. ¿Cómo puede una abuela querer causar dolor a su nieta? Sé que ha tenido una vida dura, sé que está triste y desesperada por recibir atención, y sé que le duele mi frialdad hacia ella, pero aun así. No creo que nada excuse su comportamiento.

—¡Adiós! —Cuelgo. Me llama una y otra vez. Me detengo, abro el teléfono y pulso «bloquear». Me siento bien. Me siento estupenda. Una oleada de estrés acumulado abandona mi cuerpo. Vuelvo a respirar con normalidad.

Llego a casa y subo los escalones lentamente por la lluvia. Entro, con los brazos vacíos, ya que salí de Whole Foods enfadada. Pensaba empezar esta noche mi plan de comidas para la anorexia bajo en calorías, pero estoy demasiado agotada. El plan tendrá que esperar. Pido a Postmates beicon, coles de Bruselas, patatas fritas y brochetas de carne de un sitio que me gusta. Me sirvo un vaso de tequila hasta los bordes para acompañar.

Me trago el tequila antes de que llegue el de Postmates. Para cuando llega, estoy hambrienta. Lo devoro todo lo más rápido posible. En cuanto termino, lo vomito todo.

A la mierda. Esto me sirve. La bulimia me ayuda. Mi abuela está bloqueada, mi cuerpo está vacío y estas son cosas que necesito.

63

Llevo semanas trabajando por inercia. Por las mañanas leo mis frases, sin esforzarme en memorizarlas. Me desconecto por completo entre las tomas y la prensa: la última mitad del almuerzo suele estar repleta de entrevistas para todas las revistas de adolescentes. Desde que me quitaron mi oportunidad de dirigir un episodio, cuento los días que faltan para que termine el programa.

Quedan veinte días a partir de mañana. Solo cuatro episodios más. Y aun así, no estoy del todo segura de que sea capaz de aguantar hasta entonces.

Siento que estoy esperando que me dé un ataque al corazón inducido por la bulimia. Es difícil admitirlo, pero una parte de mí lo desea. Ya no tendría que estar aquí. Mis pensamientos se han vuelto así de oscuros y dramáticos en las últimas semanas. Y aunque al principio era consciente del cambio, y estaba preocupada, ya no se siente como un cambio. Simplemente me siento yo misma. Las decepciones en mi vida se acumulan, y con cada decepción añadida, también crece mi tristeza. La muerte de mamá por sí sola debería habérmelo quitado todo, pero desde entonces la montaña se ha hecho cada vez más grande.

No puedo controlar mi bulimia. Se ha apoderado de mí y he dejado de luchar. ¿Qué sentido tiene? Es más fuerte de lo que nunca seré yo. Es más fácil no luchar contra ella. Es más fácil aceptarla, incluso abrazarla.

He asumido el hecho de que no me gusta actuar. Aunque fui capaz de aguantar la temporada por la promesa de dirigir, ahora que me han quitado esa oportunidad, siento que todo lo que he sido y todo lo que seré es una actriz. Una actriz que ya no existe, porque ¿quién va a querer contratarme si he pasado casi diez años en Nickelodeon? ¿Cómo voy a conseguir un trabajo de actriz «de verdad», algo fuera de esta esfera falsa y extraña? Nunca fui a la universidad y no tengo habilidades en la vida real, así que aunque quisiera conseguir una profesión lejos de la industria del entretenimiento, estoy a años luz de que eso sea una opción realista.

Los hombres tampoco me llaman la atención. Todos me parecen distracciones. Y aun así, prefiero distraerme con una botella de vino cada noche, o con un vaso de whisky puro, lo que tenga a mano. Incluso bebo vodka, aunque mi cuerpo ha empezado a rechazarlo y me salen ronchas cada vez que lo tomo. No me importa, estar borracha amerita las ronchas.

No tengo esperanza. Y no puedo evitar cargar con esa desesperanza. Camino lentamente, con los hombros encorvados. Mis párpados están perpetuamente caídos. No recuerdo la última vez que sonreí a no ser que fuera para una escena.

Si no lo supiera, diría que mi mala energía es la que está contagiando a todos los que me rodean y llevando el ambiente del plató a la miserable depresión en la que se encuentra últimamente. Pero sé que no es así. Sé la verdadera razón.

El Creador se ha metido en problemas con la cadena por las acusaciones de abusos emocionales. Siento que hace tiempo que se veía venir, y debería haber sucedido mucho antes.

Me alegra la cantidad de problemas en los que se ha metido. No se trata solo de una amonestación menor. Sino que ha llegado al punto de que ya no se le permite estar en el plató con ningún actor, lo que complica la comunicación entre tomas.

El Creador está sentado en una pequeña sala en forma de cueva al lado del escenario, rodeado de montones de embutidos, su aperitivo favorito, y de los dirigibles de los Kids' Choice Awards, su logro más preciado en la vida. Ve nuestras tomas en cuatro monitores distintos, uno para cada cámara, instalados en su guarida. Cuando quiere decirnos algo, se lo dice a un ayudante de dirección, que luego tiene que correr por todo el estudio de sonido para transmitirnos el mensaje. Así que nuestros días de rodaje pasaron de unas trece horas a unas diecisiete. El ambiente general en el plató estos días puede describirse como de malestar unido a un «Dios mío, por favor, acabemos con esto».

Estamos en la última escena del día, una que tiene lugar en uno de nuestros escenarios principales: un restaurante temático de robots en el que todos los camareros son, como podéis adivinar, robots. Se supone que mi personaje salta sobre una mesa y derriba a alguien… o algo así. No sé ni me importa. Las escenas, las acciones, las frases… todo se difumina a estas alturas.

He hecho esa escena varias veces. Entre las acrobacias, las largas horas y la bulimia, estoy agotada. Todo lo que quiero hacer es llegar a casa y tomar un poco de whisky.

Finalmente, pasada la una de la madrugada, terminamos. Llego a casa, me sirvo un vaso lleno y me bebo la mitad antes de ducharme para quitarme las pestañas postizas, la pastosa base de maquillaje y la resequedad del pelo debido a la laca. Cuando salgo, el whisky ya ha hecho efecto. Cuando miro el correo electrónico, se me nubla la vista. Se acumulan los mensajes, la mitad de los cuales ni siquiera miro porque estos días aplico el mismo criterio descuidado a mi bandeja de entrada como a todo lo demás en mi vida. Estoy a punto de asomarme a la ventana cuando veo un siniestro asunto en la parte inferior de la cadena de mensajes no leídos. Es de mis mánagers, diciendo que tenemos que hablar a primera hora de la mañana.

Salgo de mi buzón de correo, relleno mi vaso e intento dormirme.

64

A la mañana siguiente estoy hablando por teléfono con los agentes 1, 2 y 3, los mánagers 1 y 2 y los abogados 1 y 2. No recuerdo cuándo exactamente el equipo se hizo tan grande y todavía no sé por qué —no puedo recordar la última idea emocionante que tuvo alguien de este equipo y la mitad de las veces se limitan a repetir lo que dijo otra persona en la teleconferencia y luego se ríen un buen rato—, pero aparentemente esto es lo que se hace cuando se tiene éxito en el mundo del espectáculo.

—Espera, ¿van a cancelar el programa? —digo, sin poder ocultar mi alegría.

—Sí, sabíamos que te alegrarías —dice el agente 1.

—Lo mejor es que… —empieza a decir el agente 2, haciendo una pausa para conseguir un efecto dramático (juro que los agentes son los que mejor actúan)— … te ofrecen trescientos mil dólares.

Hago una pausa. Esto no me huele bien.

—¿Por qué?

El mánager 2 interviene. Me doy cuenta de que se siente intimidado por el resto de los hombres, así que cuando por fin interviene, lo suelta todo de golpe, como si se hubiera estado preparando para decirlo y ganando confianza mientras los demás hablaban.

—Bueno, considéralo un regalo de agradecimiento —suelta de sopetón. Deja escapar un suspiro de alivio después de escupir la frase, como si hubiera hecho su parte y ya no tuviera que volver a hablar durante el resto de la llamada.

¿Un regalo de agradecimiento? Qué sospechoso.

—Sí, un regalo de agradecimiento —repite el mánager 1—. Te darán trescientos mil dólares y lo único que quieren es que nunca hables públicamente de tu experiencia en Nickelodeon. —Específicamente en relación al Creador.

—No —digo de forma inmediata e instintiva.

Se produce una larga pausa.

—¿N-no? —pregunta al fin el agente 3.

—Claro que no.

—Es dinero gratis —ofrece el mánager 1.

—No, no lo es. Esto no es dinero gratis. Me parece que es dinero para callarme.

Un silencio tenso. Uno de ellos se aclara la garganta.

A lo largo de los años, he aprendido poco a poco que en el mundo del espectáculo rara vez se habla de lo que se dice. Esta forma de obrar no solo no me gusta, sino que me parece realmente imposible adaptarme a ella. Todo el mundo parece ser capaz de adoptar una postura discreta y coreografiar sus frases de manera que la parte importante de lo que se dice queda maquillada, y lo que acaba ocurriendo es que usualmente no entiendo de qué se habla y tengo que preguntar abiertamente.

Sin embargo, hay ocasiones en las que sí entiendo lo que está pasando, como en este momento. Y en estos casos, en lugar de preguntar abiertamente qué está pasando, lo digo. Los resultados varían. Algunas veces son risas. A veces es incomodidad. Esta vez es incomodidad.

—Bueno, yo… yo no lo vería así si fuera tú —dice el mánager 1 con una risa nerviosa.

—Pues es lo que hay. No voy a aceptar dinero a cambio de mi silencio.

—Bueno, ehh, vale. Si estás segura... —dice el agente 1, o el 2 (sus voces son indiscernibles).

Y con eso, todos cuelgan. *Clic. Clic. Clic.* Hasta que soy la única que se queda en la línea de la teleconferencia. Yo también cuelgo y me siento en el borde de la cama.

¿Qué demonios? ¿Nickelodeon me ofrece trescientos mil dólares para que no hable públicamente de mi experiencia en el programa? ¿Mi experiencia personal de los abusos del Creador? Esta es una cadena de programas para niños. ¿No deberían tener algún tipo de sentido moral? ¿No deberían al menos tratar de presentar algún tipo de estándar ético?

Me apoyo en el cabecero de la cama y cruzo las piernas. Extiendo los brazos detrás de la cabeza y los apoyo allí, orgullosa. ¿Quién más podría tener la fuerza moral? Acabo de rechazar trescientos mil dólares.

Espera... Acabo de rechazar trescientos mil dólares. Es mucho dinero. He hecho una cantidad decente con este *spin-off* de *Sam & Cat*, pero definitivamente no lo suficiente como para que trescientos mil dólares no marquen una diferencia. Mierda. Tal vez debería haberlos aceptado.

65

El programa ha terminado hace tres semanas y media y la historia que ha difundido la prensa es que se terminó porque me molestó que mi coprotagonista cobrara más que yo, lo cual me molesta porque es falso. Mi representante me dijo que se canceló por una demanda de acoso sexual contra uno de nuestros productores.

Lo que sea. Tienen que culpar a alguien, así que me han elegido a mí, y no hay nada que pueda hacer al respecto.

Excepto decir la verdad. Y considero hacerlo en múltiples ocasiones, pero nunca me atrevo porque hablar sobre el programa y mi tiempo en Nickelodeon solo mantendrá mi conexión con el programa y Nickelodeon en la mente de la gente. En todo caso, cimentará mi posición como «chica Nickelodeon». Como «Sam».

Odio que me conozcan como Sam. Lo odio con toda mi alma. He intentado encontrar algo de paz con ello, pero no lo he conseguido. Cuando la gente dice: «Te pareces a esa chica de *iCarly*», yo solo digo: «Nop, no soy yo». Todos los días, muchas veces al día, la gente me grita cosas como «¡Sam!», «¡Pollo frito!» o «¡Chica de *iCarly*!» y luego me piden una foto. Digo que no y me voy. A veces me dicen que soy una maleducada. Sigo caminando.

Sin embargo, posaré para la foto con cualquiera que sepa mi nombre real porque aprecio de verdad la cortesía. Pero con todos los demás... no.

Sé que me he amargado. Sé que me he vuelto una resentida. Pero no me importa. Siento que ese programa me robó la juventud, una adolescencia normal en la que podría haber experimentado la vida sin que cada pequeña cosa que hiciera fuera criticada, discutida o ridiculizada.

Cuando cumplí los dieciséis años, la fama empezó a disgustarme por completo, pero ahora, a los veintiuno, la desprecio.

Tampoco ayuda que sea famosa por algo que empecé a hacer cuando era una niña. Pienso en cómo sería si cualquiera se hiciera famoso por algo que hizo cuando tenía trece años: su banda de música de la escuela secundaria, su proyecto de ciencias de séptimo, su obra de teatro de octavo. Los años de la escuela secundaria son años para tropezar, caerse y meterse debajo de la alfombra tan pronto como los terminas porque para cuando tienes dieciocho ya los has superado.

Pero para mí no es así. La gente me considera la persona que era cuando era una niña. Una persona que siento que he superado con creces. Pero el mundo no me deja superarlo. El mundo no me deja ser otra persona. El mundo solo quiere que sea Sam Puckett.

Soy lo suficientemente consciente para saber lo jodidamente molesto y quejumbroso que suena todo esto. Millones de personas sueñan con ser famosas, y aquí estoy yo con la fama, odiándola. De alguna manera, me siento con derecho a odiarla, ya que no fui yo quien soñaba con ser famosa. Era mamá. Mamá me lo impuso. Puedo permitirme odiar el sueño de otra persona, aunque sea mi realidad.

66

Estoy en el asiento trasero de un Uber con Colton. Llevo un vestido negro muy corto y unos tacones demasiado altos. Supongo que cuanto más alto sea el tacón, más posibilidades hay de que me quite algo de inseguridad. De momento, no ha habido suerte.

La bulimia me mantuvo delgada durante los primeros meses. Pero a partir de esos primeros meses, la bulimia me ha traicionado. Mi cuerpo parece estar reteniendo cualquier alimento que pueda. Se niega a adelgazar y, de hecho, está aumentando.

He engordado cinco kilos desde aquellos primeros meses de bulimia, cuando tenía el peso que mamá quería para mí. Estos cinco kilos son lo primero que noto cuando me despierto por la mañana, lo último que noto cuando mi cabeza toca la almohada por la noche y lo que más noto a lo largo de un día cualquiera. Estoy obsesionada con estos cinco kilos. Me torturan.

No lo entiendo. ¿Por qué mi cuerpo no hace lo que quiero que haga? ¿Por qué la bulimia ya no me ayuda? Pensé que éramos amigas. Pensé que la bulimia me cubría las espaldas. Y no lo hace. Obviamente me he equivocado con esta relación. Sin embargo, parece que no puedo salir de ella. Me siento enganchada, esclavizada, codependiente de mi bulimia.

El conductor llega al bar y nos deja bajar. Colton y yo salimos a la calle y entramos rápidamente en el local, donde algunos amigos ya están bebiendo.

—¡Feliz cumpleaños! —me gritan todos a la vez. Uno de ellos me pasa un trago de tequila. Lo bebo, y luego otro. Y otro.

Al cabo de una hora, estoy ebria. Para entonces han aparecido unos cincuenta amigos, y todos estamos pasando un rato bastante decente, cuando me quedo paralizada al ver a mi amiga Bethany caminando hacia mí. Lleva un pastel con velas.

Mierda. No es un pastel con velas. Cualquier cosa menos un pastel con velas.

Bethany extiende el brazo libre y me estruja en un apretado abrazo. Incluso con un solo brazo, duele un poco. Bethany es una mujer fuerte.

—No eres muy buena abrazando —dice con su característico tono de chica pija.

—Sí, bueno…

—He traído un pastel. Es de vainilla, tu favorito. Y tiene esa cobertura, ya sabes, de glaseado de mantequilla muy guay, que se supone que es, ya sabes, increíble.

—Genial —miento.

—Lo sé, ¿verdad? ¿Quieres que probemos ya el pastel? Venga. ¡Eh! —grita a la multitud, chasqueando los dedos. Todo el mundo empieza a cantar.

Estoy demasiado borracha como para poder distinguir completamente el borrón de figuras que están frente a mí cantando en una gama de tonos. ¿Por qué el «Cumpleaños feliz» es la canción más difícil de cantar en la Tierra, cuando también es la más popular? ¿Qué clase de broma de mal gusto es esta?

Al menos los cha-cha-chá ya no están de moda. Me quedaré con lo que pueda. El canto termina y todos me miran fijamente, esperando que apague las llamitas de los palitos de cera.

Esto es todo. Es por esto que de entrada no quería una tarta ni velas. No quería tener que lidiar con mi deseo de cumpleaños. A los veintidós años, este es el primer deseo de cumpleaños que pediré en el que no sabré qué desear porque lo que he estado deseando toda mi vida ya está hecho. Se acabó. Caso cerrado. Durante todos estos años esperé secretamente tener algún tipo de control sobre una cosa, y ahora sé que no lo tengo, y nunca lo tuve.

El propósito de toda mi vida, mantener a mamá animada y feliz, no sirvió para nada. Todos esos años que pasé centrándome en ella, todo el tiempo que pasé orientando cada uno de mis pensamientos y acciones hacia lo que creía que la complacería más, no tenían sentido. Porque ahora se ha ido.

Intenté desesperadamente entender y conocer a mi madre —lo que la entristecía, lo que la hacía feliz, y así sucesivamente— a costa de no conocerme nunca a mí misma. Sin mamá cerca, no sé lo que quiero. No sé lo que necesito. No sé quién soy. Y ciertamente no sé qué desear.

Me inclino hacia delante y apago las velas, sin desearlo.

—¡Tienes que probar el pastel! El glaseado de mantequilla! —grita Bethany, que ya está cortando la tarta y repartiéndola. Me da el primer trozo.

Doy un bocado y pongo ojos de «ooh, qué bueno», esperando que esto satisfaga a Bethany. Parece que sí. Aplaude y salta de un lado a otro. Me dirijo al baño para vomitarlo.

67

Tengo esperanza. Por primera vez en años, tengo esperanza. Me han ofrecido el papel principal en una nueva serie de Netflix —NETFLIX (traed el confeti)— y no es a dos manos, cariño. Es todo para mí. Bueno, en realidad es un grupo de gente, pero yo soy la protagonista y, teniendo en cuenta el ascenso en la cadena, lo aceptaré.

Es cierto que «aceptarlo» no era la opción más fácil. Ya había expresado mi preocupación por el guion del piloto. Lo educado en actuación es decir: «No respondo del material», aunque la frase correcta podría ser algo más como: «Me aterra que esto sea una basura». Pero mis agentes me habían instado a aceptar el proyecto porque el sueldo era bastante bueno, los únicos otros proyectos que me ofrecían eran papeles de comedias cursis y *reality shows*, y decían que valía la pena crear conexión con una empresa respetable y prometedora como Netflix. Me pareció muy lógico, así que firmé el contrato.

Es primero de octubre cuando aterrizo en Toronto, la versión más limpia y amigable de Nueva York a la que llamaré hogar durante los próximos tres meses de mi vida. Llego a mi apartamento del hotel emocionada, incluso inspirada. Estoy convencida de que mi vida está dando un giro, de que este nuevo trabajo es la motivación que necesito para poner en marcha mi vida.

Voy a protagonizar un programa de verdad. Se acabaron los programas infantiles. Las estrellas de los programas infantiles pueden ser un desastre debido a su abuso del alcohol y su bulimia. Pero las estrellas de verdad, como las de Netflix, no son un desastre. Las estrellas de verdad tienen sus asuntos en orden.

Así que el día que llego a Yorkville, el barrio de Toronto en el que me hospedo, doy comienzo a mi tentativa con un viaje a la librería para comprar una pila de libros de autoayuda. Los leo a fondo en una semana y planeo una sólida declaración de objetivos positivos, una declaración de intenciones que creo que resume lo esencial de todos los conocimientos de autoayuda que he acumulado durante la última semana.

Me centraré en mí misma. Escribo la frase en mi agenda y la toco cinco veces. (Este es uno de los tics de mi TOC que aún persiste. También hago una pirueta cada vez que entro en el baño, pero al menos ese es un poco divertido).

Sé que centrarme en mí misma no será fácil. Requerirá un esfuerzo continuo, tiempo y atención. Significará trabajar en mis problemas, afrontarlos en lugar de dejar que sirvan de distracción o intentar fingir que son menos de lo que son. Significará hacer UN GRAN TRABAJO. La introspección del alma que se necesita para entender de dónde vienen los malos hábitos, las inseguridades y los patrones de autosabotaje y por qué, además de la motivación para desafiar y cambiar esos malos hábitos, inseguridades y patrones de autosabotaje, incluso cuando siguen siendo desencadenados una y otra vez por diversas circunstancias de la vida.

Estoy dispuesta a eliminar todo y a todos de mi vida si es necesario. Estoy dispuesta a centrarme únicamente en mí misma.

Hasta que conocí a Steven.

* * *

Es el primer día de rodaje. Estoy sentada en mi caravana, hojeando los guiones de los episodios dos a seis, cuando me doy cuenta de algo terrible.

Puede que forme parte del primer fracaso de Netflix. No respondo ante estos guiones, incluso más de lo que no respondí ante el del piloto. El presupuesto es más bajo de lo esperado —no es que haya nada malo en un proyecto de bajo presupuesto, es solo que ese no es exactamente el tipo de presupuesto que quieres para un drama postapocalíptico en un pequeño pueblo en el que estalla un virus y todos los mayores de veintiún años empiezan a morir—. No ha habido ni un solo representante de Netflix presente en ninguna de las fiestas previas de bienvenida a la serie, lo que no tiene sentido para mí. Siempre hay un representante de la cadena en esas cosas.

Cojo el teléfono y llamo a mis agentes. Uno de ellos coge la llamada y, después de expresarle mis preocupaciones, me explica que la razón por la que no hay ningún representante de Netflix se debe a que esta serie es una colaboración entre Netflix y una cadena canadiense llamada CityTV. CityTV es la productora, y Netflix es solo el distribuidor.

Oooohhhhh. Oh oh oooohhhhh.

Así que no es un programa de Netflix (traed el confeti). Este es un programa de CityTV (traed... otra cosa).

Una parte de mí desearía no haber preguntado, para poder seguir aquí sentada pensando ingenuamente que estoy en un programa de Netflix. Y la otra parte de mí desearía haber preguntado antes para poder huir de este programa que no es de Netflix.

Cuelgo el teléfono y me siento aquí en mi caravana, mirando mi reflejo en el espejo. Estoy muy avergonzada de mí misma. De mi carrera. Soy consciente de que hay cosas peores que protagonizar series de televisión de las que no estás orgullosa, pero eso no cambia nada. Esa es la verdad para mí. Estoy avergonzada.

Quiero hacer un buen trabajo. Quiero hacer un trabajo del que esté orgullosa. Me importa a un nivel profundo e intrínseco. Quiero marcar un cambio, o al menos sentir que estoy marcando un cambio a través de mi trabajo. Sin ese sentimiento, esa conexión, el trabajo parece inútil e insípido. *Yo* me siento inútil e insípida.

Sé que si me hago vomitar ahora mismo, se me hincharán las mejillas y se me pondrán los ojos llorosos y se va a notar en cámara. Pero no puedo evitarlo. Lo necesito. La vergüenza que siento es intolerable. Necesito mi mecanismo de defensa. Necesito la sensación de agotamiento que tengo después de una buena purga. Me levanto de un salto del sofá, pero en ese momento llaman a mi puerta. Es nuestro ayudante de producción, listo para llevarme al plató. Mierda, no hay tiempo para una purga. Bajo las escaleras del remolque y sigo al ayudante de producción mientras caminamos hacia nuestra primera toma del día, que tiene lugar en el exterior en medio de una tormenta de nieve.

Allí, a través de la ráfaga de copos de nieve y de los fuertes vientos, le veo: pelo castaño, ojos verdes conmovedores y una encantadora actitud de chico malo, vestido con pantalones chinos, una bufanda y un gorro con un pompón. Está recostado sobre un remolque Star Wagon, con un pie apoyado contra la rueda mientras fuma un cigarrillo. Habla por su iPhone en una combinación de italiano e inglés.

—Aayyyy. Aaayyy. De acuerdo. Ti amo. Ciao, ma.

¿Llama a su madre en los descansos? Este chico es demasiado bueno para ser verdad. Cuelga el teléfono y se lo mete en el bolsillo del abrigo. Saca un cigarrillo y lo enciende.

—¡Steven! Ya casi estamos —dice el ayudante de producción a mi nuevo amor. Así que Steven es ayudante de dirección en nuestro rodaje. Mi corazón da un vuelco. Esto significa que podré verlo todos los días de la semana durante los próximos tres meses.

—Vale —dice Steven, y luego se dirige al plató.

Ya estoy fantaseando sobre cómo voy a terminar junto a Steven. Los libros de autoayuda dicen que hay que ser flexible a la hora de fijar objetivos, estar dispuesto a ajustarlos y modificarlos, y Dios mío, estoy dispuesta a ajustarlos y modificarlos. Estoy dispuesta a abandonar mi objetivo de centrarme en mí misma. No quiero trabajar en mi vergüenza y humillación y pena y bulimia y problemas con el alcohol.

Tal vez no sea tan malo que esté en este programa de CityTV. Tal vez sí que se merezca un poco de confeti después de todo.

68

Después de dos semanas y media de arduos encuentros «casuales», Steven me invita a salir.

Tomamos unas copas en un bar llamado Sassafraz, justo en la calle del hotel en el que me hospedo. Steven pide un whisky con ginger ale. Yo pido un gin-tonic.

Hay una dulzura en Steven que está muy lejos de ser la típica dulzura de chico bueno, que es, admitámoslo, aburrida. Su dulzura es interesante, por decirlo de alguna manera. Tal vez sea su voz la que lo hace. *Dios mío,* su voz. Es lo que más me gusta de él: grave y áspera, probablemente debido a sus dos paquetes diarios, pero no importa, podemos ocuparnos del cáncer de pulmón más adelante.

Steven tiene una ventaja que se compensa perfectamente con su sencillez. Nunca he visto que alguien tan atrevido parezca tan humilde, y viceversa. Es una anomalía andante. Me ha cautivado.

Para nuestra segunda cita, vamos a Jack Astor's —una cadena de restaurantes de Canadá, del estilo de TGI Fridays— y compartimos unos nachos y una sopa. Los vomito en el baño, me refresco con una tira de Listerine y vuelvo al comedor, donde Steven me hace señas. No puedo creer que hace apenas unas semanas estuviera dispuesta a esforzarme para deshacerme de la bulimia. Es como una parte de mí, como un hábito básico. Me siento aliviada de seguir contando con ella.

Nos tomamos un par de copas y luego volvemos a mi casa para tomar un par más mientras vemos comedias en vivo en mi portátil. Nuestra dinámica es fácil y cómoda. Hablamos de lo que queremos de la vida y de lo que no. De lo que nos resulta raro en nuestros veintitantos años. Relaciones pasadas. Las heridas del pasado. Esperanzas. Sueños. ¡Las cosas buenas! Hablamos hasta la una de la mañana, nos besamos en mi sofá durante una hora, y luego seguimos hablando hasta las cuatro.

En nuestra tercera cita, salimos a bailar (idea de Steven). Me emborracho lo suficiente como para perder completamente la inhibición. Steven y yo bailamos juntos. Lo que debería parecer extremadamente patético se vuelve extremadamente mágico y todo gracias a Steven. Nunca me había sentido así por un chico. Incluso mis sentimientos por Joe —a quien, hasta este momento, había considerado mi primer amor— parecen tan inmaduros, tan infantiles comparados con esto, sea lo que sea. Esto es real. Es puro. Es profundo. Me siento completamente comprendida por Steven, y él parece sentir lo mismo.

En nuestra cuarta cita, vemos *La Voz* en casa de Steven. Sus gustos televisivos son dudosos, pero soy feliz viendo a Christina Aguilera lanzar cumplidos falsos a los concursantes del programa si eso significa pasar tiempo con Steven. Nos terminamos una botella de tequila entre los dos y, al llegar a las últimas gotas, empezamos a besarnos en su sofá. Me quita la camisa, luego los pantalones. Se pone un condón. ¿También es responsable?

Tenemos sexo por primera vez y es increíble. Los típicos comentarios que me pasan por la cabeza durante el sexo no aparecen por ningún lado.

Las veces que he tenido sexo siempre me ha parecido una cosa que está pasando en segundo plano de lo que pasa en mi cabeza. Incluyo algunos gemidos para que no se den cuenta. Pero esta vez no. Esta vez, me pierdo en el momento. Steven hace que me olvide de mí misma. Eso me encanta.

Me pongo a llorar. Steven me pregunta si estoy bien. Le digo la verdad. Lloro porque me doy cuenta de que así es como debe sentirse el sexo. Me besa más fuerte. Tenemos sexo unas cuantas veces más. Me pide que me quede a dormir. Dice que nunca más quiere dormir sin mí. Christina piropea a una joven que canta una canción de Whitney Houston. Todo va bien.

69

Estoy en mi sala de estar, sentada en mi sofá. Billy está taladrando en el piso de arriba. Llevo tres largas semanas en California y el polvo de hadas de Toronto se ha asentado.

Mi fijación por Steven había frenado mis preocupaciones acerca de la calidad del programa de no-Netflix y mi estado en general, pero ahora, sin Steven cerca, la ansiedad han vuelto.

¿Acabará este programa con mi carrera? O peor aún, ¿explotará para convertirse en otro fenómeno vergonzoso que eclipse mi identidad?

¿Y cuál es mi identidad? ¿Qué coño es eso? ¿Cómo voy a saberlo? He fingido ser otras personas toda mi vida, toda mi infancia, adolescencia y juventud. Los años que se supone que pasas encontrándote a ti mismo, los he pasado fingiendo ser otras personas. Los años que se supone que pasas construyendo tu carácter, yo los pasé construyendo personajes.

Estoy más convencida que nunca de que tengo que dejar la actuación. Que no sirve para mi salud mental ni emocional. Que ha sido destructivo para ambas. Pienso en qué otras cosas han sido destructivas para mi salud mental y emocional. Los trastornos alimentarios, por supuesto, y los problemas con el alcohol.

Y entonces me doy cuenta de que, por mucho que esté convencida de que tengo que dejar estas cosas —la actuación, la bulimia, el alcohol—, no creo que pueda hacerlo. Por mucho que me molesten, en cierto modo me definen. Son parte de mi identidad. Tal vez por eso me molestan.

El estrés que me generó darme cuenta de eso me lleva al baño, como lo hace cualquier estrés. Me purgo. Para cuando vuelvo al sofá, veo una llamada perdida de Steven.

Steven y yo nos declaramos pareja oficial el día que dejé Toronto y, Dios mío, qué gran alivio. Me aterraba la idea de que nuestra relación no fuera más que un rollito. Una aventura. Algo para pasar el rato que de otro modo habría pasado aburrida en el trabajo. Eso hubiera significado que lo había interpretado mal. Qué tonta. Estaba convencida de que había algo real entre nosotros, pero necesitaba una etiqueta que lo confirmara, que respaldara mi realidad.

La mañana en que mi vuelo debía despegar, Steven me despertó con una carta de amor pidiéndome que fuera su «mujer». Dejarle fue una verdadera agonía. El momento de subir al taxi y despedirme fue uno de los más intensos de mi vida: me sentía temblorosa, aterrorizada, apasionada e impotente. No tenía ni idea de adónde nos llevaría el futuro, sobre todo porque vivíamos lejos el uno del otro. Es posible que los últimos meses hayan sido solo una fantasía, una ilusión. Tal vez Steven vuelva a su vida, y yo a la mía, y regresemos a nuestros viejos patrones habituales y nos olvidemos lentamente el uno del otro, a pesar de la etiqueta.

Por eso ahora, cuando Steven me llama, me siento aliviada. Sé lo que significa esta llamada. Anoche, mientras estábamos en nuestro FaceTime nocturno de tres horas de duración, mencionó que iba a buscar vuelos a Los Ángeles y que me llamaría por la mañana si conseguía uno de última hora porque no podíamos soportar estar separados durante más tiempo. Entonces esa llamada significa que pudo conseguir un vuelo. Esa llamada significa que Steven va a venir a visitarme hoy. Esa llamada significa que nuestra relación no era una aventura.

* * *

El avión de Steven aterriza. Solo lleva un equipaje de mano, ya que solo se quedará un par de días, así que se sube a un Uber rápidamente y nos enviamos mensajes durante todo el trayecto. No puedo esperar más. Echo a Billy. Deja sus herramientas por todas partes. (¿Cuándo va a terminar este tipo con sus reformas? Ha pasado más de un año).

Llaman a la puerta. Dejo entrar a Steven. Es una locura verlo en persona después de haberlo visto solo a través de una pantalla durante tres semanas. Nos mostramos tímidos al principio. La conversación es lenta. Estoy aterrorizada. ¿Este es el *nosotros* de Los Ángeles? ¿El *nosotros* mágico era el *nosotros* de Toronto? ¿Y entonces este *nosotros* qué es?

Al final, tras los tres minutos más largos de mi vida, Steven me abraza y empezamos a besarnos. Me quita la ropa y yo le quito la suya, y él saca un condón del bolsillo (por supuesto que lo hace), se lo pone y blande su pene hacia mí, y yo me quedo embelesada. Follamos tres veces en el sofá y después nos ponemos a hablar y todo vuelve a la normalidad. Fácil. Cómodo. La incomodidad solo se debía a la tensión sexual. Claro.

Después de una hora de abrazos y charlas, Steven va al baño a orinar. Vuelve a entrar en la habitación de manera lenta y con cara de preocupación. Se detiene en la arcada de la sala de estar, manteniendo cierta distancia con respecto a mí. Parece preocupado. No dice nada.

—¿Qué? —pregunto finalmente.

—Jenny… —dice Steven, preocupado.

—¿Qué? —vuelvo a preguntar, más preocupada que antes—. Me estás asustando. ¿Qué pasa?

—Es que…

Steven baja la mirada y frota sus calcetines sobre el parqué de cerezo. No tengo ni idea de lo que va a decir, y su vacilación me pone nerviosa. Solo quiero que lo diga.

—¿Tienes algún problema? —pregunta finalmente.

—¿Un problema? —pregunto.

—Sí. Un problema.

—No estoy segura de lo que quieres decir…

—Hay restos de vómito en el inodoro.

—Ahhh, ¿eso es todo? —pregunto, tratando de disimular—. Bueno, realmente no lo consideraría un problema, es más bien una… cosa que hago.

No se lo cree.

—Ya sabes, como cuando fumas. —Intento ser sincera con él—. Tú fumas cigarrillos y yo vomito. Son cosas que hacemos.

—No, son diferentes —me asegura Steven—. La bulimia puede matarte.

—También te pueden matar los cigarrillos.

—Sí, pero lo voy a dejar.

—Perfecto. Yo también.

Steven suspira.

—De verdad, quiero que estés bien y saludable, Jenny.

—Bueno, casi siempre lo estoy.

—Pero no lo estás.

—Pero casi siempre lo estoy.

Me mira fijamente con dureza. Nunca me había mirado así. Es compasivo y paternal. No me gusta, pero hay algo en su gravedad que me hace comprender que no va a ceder. No voy a ser capaz de convencerlo.

—Mira, Jenny, necesitas buscar ayuda para esto o… no podré seguir contigo. No puedo ver cómo te haces esto.

Estoy sorprendida. *¿De verdad?*

Sus ojos responden. *De verdad.*

Mierda.

70

Estoy sentada en la oficina de Laura en Century City. Es mi primera vez en la sala de espera de un terapeuta y no es lo que esperaba en absoluto. ¿No se supone que estos lugares sean impersonales? Esta sala es cualquier cosa menos eso. Es acogedora y atractiva. Es cierto que Laura es terapeuta y *coach*, así que tal vez los terapeutas que son multitarea decoran más. Me muestro escéptica.

Hay un puf de ganchillo turquesa en una esquina, junto a una estantería llena de libros de autoayuda. Estoy sentada en una silla naranja con una manta de punto de color crema doblada sobre el respaldo. «*Boho chic*». Tal vez lo habría sabido si hubiera leído las críticas de Yelp, pero en cuanto vi esas cinco estrellas, reservé una cita sin dudarlo. Además, ¿quién quiere leer una reseña de alguien que se toma el tiempo de escribir una reseña? No se puede confiar en ellos, tienen demasiado tiempo libre.

Acaricio la suave manta que me cubre y planeo lo primero que le diré. Quiero empezar de una forma ligera. No quiero ser otra desdichada que se sienta en la silla de una terapeuta y se queja de sus problemas mientras la pobre terapeuta se arrepiente de su título. Laura sale a recibirme.

—¿Jennette? —pregunta, a pesar de que soy la única sentada en esta sala de espera y la única con una cita programada para esta hora.

Le sigo la corriente.

—¿Laura?

Sonríe ampliamente, revelando una de las sonrisas más bonitas que haya visto en mi vida. Laura también debe estar usando blanqueador dental.

—¡Hola!

Se mueve hacia mí de una manera que podría describirse como «flotar». No estoy segura de si flota por su falda de flores de la pradera que fluye por el suelo con cada paso que da hacia mí, o si flota porque simplemente es así. Estoy intrigada.

Me abraza. No suelo abrazar a nadie, pero hay algo en la calidez y la confianza inmediata que transmite Laura que hace que me rinda a su abrazo. Huele a ropa limpia. Aspiro su aroma, esperando ser discreta. Qué aroma a sábanas limpias desprende Laura.

Laura se aparta y me agarra de los antebrazos mientras me mira a los ojos, profundamente. Toda mi interacción con Laura hasta ahora me hubiera puesto a la defensiva si ella hubiera sido cualquier otra persona. Pero Laura es Laura. Las reglas habituales aquí no valen.

—Empecemos, ¿vale? —pregunta con, lo juro por Dios, un brillo en los ojos. Sí, lo haremos, Laura. Lo haremos. Empezaremos.

Me siento frente a Laura en su pequeño despacho, que se asemeja estéticamente a su sala de espera. Se me ha olvidado la frase de presentación porque me ha desarmado por completo.

Me pregunta qué me trae por aquí, y le cuento el ultimátum de Steven, y cómo le quiero y cómo deseo que las cosas funcionen entre nosotros, y por eso acepté venir aquí.

—De acuerdo, está bien. Pero hacer terapia es algo que cada persona debe decidir que quiere hacer. Tenemos que querer cambiar, no por otra persona, sino por nosotros mismos. —Laura toma un largo sorbo de té—. Entonces, Jennette, ¿quieres cambiar?

—Sí —digo, sabiendo que, aunque hay matices, es lo que debo decir. Es como si Laura fuera la directora de casting y yo la niña actriz, y trato de decir exactamente lo que me hará conseguir otra audición. Sí, sé nadar. Sí, puedo saltar con pogo saltarín. Sí, quiero cambiar.

—Vale, bien —dice Laura.

Laura me pregunta con qué estoy teniendo dificultad en este momento de mi vida, por qué motivo Steven me sugirió que viniera aquí, y yo me zambullo de lleno: la muerte de mamá, la bulimia, los problemas con el alcohol, todo. Intento hacerle una versión resumida. Creo que tendremos más sesiones para hablar de los detalles.

Con su voz aterciopelada, Laura me explica cómo vamos a trabajar.

—Adopto un enfoque holístico del proceso de recuperación, por lo que nuestras sesiones serán muy variadas. Hoy nos centraremos en una rueda de la vida para poder calibrar por dónde vas a empezar, y la utilizaremos como punto de referencia para seguir tu progreso a lo largo del tiempo.

Asiento. No tengo ni idea de lo que es una rueda de la vida, Laura, pero vamos a hacerla girar.

—Durante los próximos cuatro meses, iremos a comprar alimentos, cocinaremos juntas, descubriremos tus aficiones y pasiones a través de la experimentación, leeremos un montón de libros sobre trastornos alimentarios y tomaremos notas sobre lo que te gusta y lo que no, y exploraremos juntas opciones de actividad física equilibrada y no obsesiva. —(Mi trastorno alimentario se traslada también al ejercicio. Corro una media maratón dos veces por semana y entre cinco y diez kilómetros cada dos días).

Todo esto me parece muy bien, sobre todo porque Laura estará a mi lado durante el proceso, y yo perderé a Steven si no lo hago. ¿Dónde hay que firmar, cariño? Apúntame. Estoy lista para cambiar.

71

Percibo un tufillo a tostada quemada y a pis de perro: el inconfundible olor de mi bronceador en spray. Me pregunto si Dwayne «La Roca» Johnson también lo habrá olido. Aunque pueda olerlo, no lo demuestra. Bendito sea.

Estoy entre bastidores en alguna entrega de premios Teen Choice People's Choice Fan Favorite —todos se parecen— esperando a que termine la pausa publicitaria y comience mi parte. Llevo unos zapatos de tacón demasiado caros con tiras que se me clavan en los tobillos y un conjunto floral de dos piezas de color turquesa, aunque no me gustan los estampados florales. Este es el atuendo que aprobó la cadena, así que es el que llevo.

La serie de Netflix aún no se ha estrenado, así que sigo siendo conocida solo por las cosas de Nickelodeon. Siguen emitiendo nuevos episodios de *Sam & Cat*, así que sigo apareciendo en las portadas de todas las revistas para adolescentes, con una mano en la cadera y una sonrisa deslumbrante en la cara, representando la imagen de una estrella despreocupada con el mundo a sus pies. Ja, ja.

A pesar de que llevo un mes viendo a Laura, me siento peor que cuando me senté por primera vez en su sillón. En primer lugar, porque Steven, que es la razón por la que me senté en el sillón de Laura en un principio, está fuera de la ciudad trabajando en un programa que se rueda en Atlanta, así que no puedo contar con él. Y en segundo lugar, porque ahora soy consciente de lo sombrías que son las cosas. Ya no puedo seguir negando lo problemático que es mi consumo de alcohol (y bien problemático) ni mi bulimia (más todavía). Ya no puedo negar la magnitud de mi dolor por la muerte de mamá (insuperable).

Las primeras tres semanas de mi terapia con Laura consistieron en evaluar dónde estoy parada mediante la recopilación de información. Y hasta ahora, no me gusta la información que hemos recogido.

Me doy atracones y purgas de cinco a diez veces al día y bebo al menos ocho o nueve vasos de alcohol por noche. Las tres primeras semanas con Laura me han mostrado lo oscura que es mi situación, lo fracasada que me siento.

Pero ahora estamos en la cuarta semana de nuestra terapia de cinco sesiones semanales. Y la cuarta semana es la primera en la que, en lugar de limitarse a evaluar lo patética que es mi vida cotidiana, Laura empieza a ayudarme a cambiar. Ya hemos identificado mis principales desencadenantes de los atracones, las purgas y el consumo de alcohol, y los EVENTOS EN LA ALFOMBRA ROJA están casi al principio de la lista, no solo por el estrés y la índole de los eventos en sí, sino porque los eventos en la alfombra roja inevitablemente conllevan mucha... mucha... comida. Y mucha, mucha comida significa muchas, muchas oportunidades para darse un atracón y/o purgarse. En consecuencia, Laura y yo hemos decidido que, durante los próximos meses, Laura será mi acompañante en todos estos eventos para que pueda controlar mi comportamiento y servirme de apoyo emocional y mental.

Las luces son tenues. Puedo ver al público. Laura está sentada en primera fila. Hago contacto visual con ella. Laura sonríe y empieza a pronunciar «Tú puedes», pero justo cuando dice «puedes», una madre que trata de controlar a su flotilla de niños corretea delante de ella. Laura pone cara de «pídeme disculpas» hasta que se da cuenta de que la madre es Angelina Jolie. El «pídeme disculpas» se convierte en «oh, sigue adelante, ángel glorioso».

Intento volver a hacer contacto visual con Laura, aunque sea por un segundo, antes de que las luces vuelvan a encenderse. Estoy desesperada por recibir su apoyo. Estoy segura de que le traspaso el alma con mi desesperación, pero ahora no importa. La he perdido por Angelina. No es que pueda culpar a Laura. La entiendo.

El operador de cámara, Chip —en realidad no sé su nombre, pero hay un noventa por ciento de posibilidades de que cualquier operador de cámara se llame Chip—, empieza a darme la cuenta atrás con los dedos. Me trago los nervios. Las luces me sobresaltan cuando se encienden. No importa en cuántas galas de premios para preadolescentes/adolescentes/niños participe, nunca me acostumbro a las luces. Son cegadoras, y me sorprende que haya personas que den o recojan premios absurdos que no entrecierren los ojos mientras están aquí arriba.

Empiezo a hablar, leo lo que aparece en el apuntador con una gran sonrisa y mi voz «divertida». Me doy cuenta de que mis manos hacen muchos gestos, pero al parecer no puedo controlarlos. Se siente como una experiencia extracorporal.

Nick Jonas aparece bailando y acepta un premio, y las luces vuelven a apagarse. Tomo aire como alguien que respira después de aguantar la respiración bajo el agua durante demasiado tiempo. Me miro las manos. No puedo verlas porque mis ojos aún no se han adaptado a la oscuridad, pero no necesito verlas para saber que están temblando.

Se me acerca un guardia de seguridad que se comporta como alguien que come alitas extrapicantes solo para demostrarse algo a sí mismo. Mientras me acompañan a la zona de bastidores, siento unos chorros cálidos que recorren mis mejillas. Mierda. Lágrimas.

Por fin, cuando llegamos al lúgubre túnel entre bastidores iluminado con luces fluorescentes, puedo verme bien las manos. Están temblando y apretadas en puños. No necesito más pruebas. Estoy teniendo un ataque de pánico. Y sé exactamente por qué.

No he vomitado en todo el día. Laura aceptó ser mi acompañante con la condición de que nos reuniéramos antes del evento para ir a comer juntas. Laura sabía que mi instinto sería pasar hambre antes de la entrega de premios, lo que podría llevarme a un atracón y una purga más tarde.

Pidió un almuerzo saludable para las dos y se comportó con tranquilidad mientras yo picoteaba la comida como una niña de tres años con una rabieta.

—Sé que no quieres, pero necesitas comer. No puedes enfrentar una cosa como esta sin tener algo de comida en el estómago.

Estuvimos sentadas durante casi una hora, con mi comida sin tocar, cuando llegó el coche que nos llevaría al evento. Empujé mi asiento hacia atrás y me puse de pie hasta que Laura me miró con ojos de «imposible». Sabía que no se subiría a ese Cadillac Escalade hasta que yo cumpliera mi parte del trato. Me metí unos cuantos bocados en la boca, Laura me animó a tomar unos cuantos más y nos pusimos en marcha.

El viaje hasta el pabellón fue un infierno. No podía concentrarme en nada, excepto en la vergüenza que sentía por la cantidad de comida que había consumido, las calorías de esa comida, y el hecho de que no podía deshacerme de ella. Lo único que quería era ir a un baño, y todo lo que conseguí fueron cuarenta y cinco minutos en el tráfico de Los Ángeles escuchando algunas canciones lentas contemporáneas en la radio. (El gusto musical de Laura es dudoso).

—¿Está bien, señora?

Ahora no, Alitas Picantes. Estoy al borde de una discreta crisis nerviosa. Murmuro una respuesta, me seco los ojos y abro la puerta de la zona de bastidores. Lo primero que veo es, por supuesto, la mesa del bufé. La inevitable mesa de bufé entre bastidores, llena de crudités, aceitunas, minisalchichas, cócteles de gambas, minisándwiches de queso fundido, palomitas de pollo y minihamburguesas con queso.

MIEEEERDA. Malditas minihamburguesas con queso. Me muero por engullir unas jugosas hamburguesas y luego vomitarlas en el baño. El acto de purgarme me da un subidón de adrenalina y es tan agotador físicamente que apenas siento ansiedad cuando termino. Necesito la dosis.

Pero sé que no debo hacerlo. Por eso está Laura aquí. ¡Laura! Eso es lo que necesito. Necesito a Laura. ¿Dónde está Laura?

Escudriño frenéticamente la sala. Manny de *Modern Family* charla con Sheldon de *The Big Bang Theory*. Fergie habla con Kristen Stewart, que está de pie en una esquina mordiéndose las uñas. En el otro extremo de la sala veo a Laura, radiante, mientras halaga a Adam Sandler. Está claro que está enamorada de él. ¿Quién no lo está? Adam Sandler sin camiseta en la escena de «el champú es mejor» de *Billy Madison* me pareció verdaderamente pornográfica cuando era niña.

Estoy indecisa. ¿Interrumpo la interesante charla de Laura con el actor favorito de los Estados Unidos para decirle que estoy en pleno ataque de pánico? ¿O me apresuro a ir a la mesa del bufé y me atiborro con un montón de aperitivos, para luego ir a vomitarlos al baño? ¿Me doy mi dosis?

Me dirijo a la mesa del bufé y ni siquiera cojo un plato. Me llevo a la boca unas hamburguesas con queso y empiezo a masticarlas. Me doy la vuelta para que nadie pueda ver lo que estoy haciendo. Doy mordisco tras mordisco. He terminado con la primera hamburguesa y voy por la mitad de la segunda cuando oigo...

—Me parece estupendo que comas. Sin embargo, me encantaría que lo hicieras un poco más despacio. Y quiero asegurarme de que después vayamos a un área privada para que puedas procesar tus emociones sin purgarte. ¿Qué te parece?

Mi corazón da un vuelco. Mi hamburguesa con queso también. La siento como una piedra en el estómago. Sé que Laura tiene buenas intenciones, pero en este momento la odio. Odio que esté interrumpiendo mi posibilidad de purgarme.

—¿Sabes qué? ¿Por qué no nos vamos ya? —sugiere Laura. Debe de haber notado el rastro de lágrimas en mis mejillas, o mis manos apretadas, o puede que me conozca tan bien que sepa lo desolada que me sentiré por tener que quedarme con las minihamburguesas dentro de mi cuerpo.

Nos metemos en el coche e inmediatamente empiezo a sollozar. El ataque de pánico es total. Es como la muerte.

—¡NOOOOO! ¡¡¡LAS MINIHAMBURGUESAS NO!!! ¡¡¡POR QUÉ ME COMÍ LAS MALDITAS MINIHAMBURGUESAS!!! —me lamento.

—Lo sé, cariño —dice Laura dulcemente. Me acaricia el pelo—. Tú puedes. Lo estás haciendo muy bien.

¿De verdad? No parece que lo esté haciendo «bien». Me siento como si estuviera en medio de una crisis en toda regla después de leer tres líneas del apuntador y y ser incapaz de hacer frente a dos hamburguesas. Laura me asegura que es normal tener este tipo de reacciones por no poder purgarme, ya que mi cuerpo ha estado acostumbrado a ese hábito durante mucho tiempo y ese hábito ha sido una fuente de represión emocional para mí. Pero no me parece normal. Mi reacción me parece humillante e imposible de frenar.

Sigo lamentándome. El conductor mira hacia delante con cara impasible. Me pregunto qué más habrá sucedido en la parte trasera de su Cadillac para que este tipo no reaccione ante una bulímica histérica que le está manchando de bronceador en spray sus asientos de cuero recién pulidos.

—¿Puedes poner la radio KOST 103.5? —pregunta Laura amablemente.

El conductor enciende la radio. Gloria Estefan empieza a cantar «Rhythm is Gonna Get You».

—¡A mamá le encantaba Gloria Estefannnnnn! —sollozo, y me derrumbo en el regazo de Laura. Noto el golpeteo de sus pies, siguiendo el ritmo.

—Jennette... —dice Laura, haciendo una pausa para frotarse los labios, algo que hace cada vez que siente que está a punto de decir algo importante—. La recuperación es así.

Una de las desconexiones emocionales más insoportables para mí es cuando alguien dice algo que cree que es relevante y yo lo recibo como si fuera una absoluta mierda. Este es uno de esos casos. Y se vuelve peor aún porque Laura CIERRA LOS OJOS y lo repite.

—La recuperación...

NO, Laura, por favor, no hagas esa pausa dramática para enfatizar. NO me vengas con ese dramatis...

—... es así.

72

Me siento en el sillón frente a Laura y suelto un suspiro. Pero no es un suspiro pesado, sino más bien uno de esos suspiros que salen cuando acabas de realizar una tarea de la que te alegras y quieres presumir de haber hecho.

Por fin lo he conseguido. He pasado veinticuatro horas sin vomitar. Tal vez no suene tan impresionante, pero para mí lo es. Han sido tres años en los que he tenido atracones y purgas todos los días, muchas veces al día. He sido controlada por este trastorno alimentario. Incluso desde que empecé a trabajar con Laura, no he pasado un día entero sin vomitar. Me esfuerzo durante nuestras sesiones y, luego, tan pronto como regreso a casa, me purgo hasta liberarme por completo de la agitación emocional acumulada desde la última purga. Al día siguiente visito a Laura y le cuento con pesar mis fallos. Luego volvemos a empezar y lo intentamos de nuevo. El patrón de comportamiento ha resultado agotador, y la decepción de mí misma ha sido abrumadora. Pero ahora, por fin, lo he conseguido.

Desde nuestra sesión de ayer por la mañana, no me he purgado ni una sola vez. Mi suspiro es el de una maldita triunfadora, y Laura se da cuenta. Con un atisbo de sonrisa, me pregunta si tengo algo que compartir con ella. Le cuento las buenas noticias. Aplaude y me pregunta cómo he podido hacerlo, cómo me las he arreglado.

Es entonces cuando mi orgullo empieza a desvanecerse. Ha sido muy duro, y no estoy convencida de que pueda volver a hacerlo. Para no vomitar durante veinticuatro horas, he estado escribiendo un diario casi constantemente para plasmar mis sentimientos en el papel, lo cual es una tarea difícil ya que me cuesta identificar mis emociones. ¿Es una opción «todas las que son incómodas»? He tenido algunos episodios de sollozos y anoche llamé a Laura tres veces, ya que ella me dio esa opción en un esfuerzo por ayudarme a lograr algún progreso real.

La tarea de SENTIR esta confusa y abrumadora masa de emociones en lugar de distraerme con la bulimia es desalentadora. La bulimia me ayuda a librarme de estas emociones, aunque sea una solución temporal e insostenible. Enfrentarse a estas emociones me parece imposible. Si ni siquiera puedo identificarlas con claridad, ¿cómo voy a poder tolerarlas?

Le expreso mis temores a Laura y me asegura que será un proceso gradual. Llevará tiempo. Pero lo conseguiremos, juntas. Me siento reconfortada. Entonces me explica que ahora que he experimentado lo que es no vomitar durante un día, ahora que sé que puedo hacerlo, tenemos que profundizar. Aunque esta experiencia debe servirme de motivación, no podemos limitarnos a tratar el problema y no la causa. Para llegar a lo que hay detrás de la bulimia, a lo que la provoca, tenemos que desentrañar mi vida de una manera más completa.

—De acuerdo… —dudo. ¿Qué implicará esto? Odio la incertidumbre.

—Quiero entender más a la pequeña Jennette —dice Laura con tenacidad—. Tengo entendido que te sentías muy presionada, que tuviste muchas responsabilidades a una edad muy temprana. Pero quiero entrar en detalles.

Y dale con la infancia, estos terapeutas. He visto suficientes películas y programas de televisión para saber que este es el clásico lugar común de la terapia. Alguna mierda pasó en tu infancia, te echó a perder, por eso eres como eres.

Pero yo no. No tuve un padre alcohólico, mis hermanos no me torturaban cuando mis padres no estaban en casa. Éramos pobres, claro, y vivíamos en una casa de huéspedes, sí, y mamá tuvo cáncer cuando yo era muy pequeña, lo que me asustó mucho. Pero, por lo demás, todo iba bien. Se lo transmito a Laura, sugiriendo suavemente que me niego a jugar al juego de «mi infancia fue un desastre».

—Vale —dice Laura con una sonrisa cómplice que, por alguna razón, me irrita profundamente.

Esta irritación me confunde. Normalmente Laura me agrada mucho.

—Háblame de tu madre. Háblame de la relación que tenían cuando eras pequeña.

Inmediatamente me pongo a la defensiva. ¿Por qué quiere que hable de mamá? ¿Qué problema hay con mamá? No hay ningún problema. Mamá era perfecta. En mi interior sé que no me lo creo, que es mucho más complicado, pero ¿por qué demonios le contaría a Laura los detalles? Nunca le he contado a nadie los detalles y nunca lo haré. Ni siquiera los entiendo del todo. Y no quiero hacerlo. No necesito hacerlo.

—Mamá era maravillosa. Era realmente la madre perfecta.

—¿Ah, sí? ¿Qué era tan perfecto?

Pongo mi mejor sonrisa falsa. Laura es muy lista. Estoy segura de que cala a la mayoría de sus clientes. Pero a mí no. He protagonizado comedias de mierda durante una década y he aprendido a hacer creíble una frase en la que no creía.

—Honestamente, todo. Cuidó de mí y de mis hermanos, estoy segura de que fue muy duro para ella.

—Ese era su trabajo.

Me siento como en un interrogatorio, como si no pudiera decir lo correcto. Acelero, trato de explicarme.

—Bueno, pero quiero decir que era diferente de la mayoría de los padres. —Mierda. Odio haberlo dicho.

—¿Cómo es eso?

Hago una pausa para serenarme. Laura no logrará inquietarme. Hablo en un tono uniforme y calculado.

—Lo sacrificó todo por mí. Constantemente prescindía de todo para poder cuidar de mí. Yo era su prioridad, por encima de ella misma.

—Mmm. ¿Y crees que eso es saludable?

¿Qué clase de tortura es esta? ¿Qué es esta prueba imposible de afrontar? No tengo ni idea de cómo se supone que debo responder para que mamá quede bien.

—Bueno, quiero decir, yo también le di prioridad, así que eso lo equilibró. Nos equilibramos la una a la otra. Poniéndonos la una a la otra… como prioridad.

Laura me sostiene la mirada. Su mirada es ilegible. No dice nada. El silencio es ensordecedor.

—Éramos mejores amigas —aclaro.

—¿Sí? ¿Tu madre también tenía amigos de su edad, o su principal amistad era la que tenía contigo?

¿Qué quieres de mí, Laura? Me remuevo en mi asiento.

—¿Estás cómod…?

—Estoy muy cómoda.

—¿Tu madre tenía amigos?

—Sí, ya he escuchado la pregunta —digo de mala manera.

Laura parece ligeramente asustada. Me apena. Su tono todo este tiempo ha sido de amable curiosidad, y yo me lo he tomado como un ataque personal. Tal vez no quiera decir nada con sus preguntas. Tal vez todo esto sea inofensivo.

—Lo siento.

—Está absolutamente bien.

¿No podría haber estado simplemente bien, Laura? ¿Tenía que estar «absolutamente» bien? Me pregunto *por qué me molesta tanto.* Le sonrío, más tensa de lo que me gustaría. Ella me devuelve la sonrisa, más suave de lo que me gustaría.

—Así que… —comienza.

—Tenía conocidos, sí. Siempre decía que no tenía tiempo para los amigos. —Antes de que Laura pueda adelantarse con otra pregunta, me adelanto yo—. Lo cual tiene sentido para mí porque ella estaba muy ocupada llevándome a las audiciones y al estudio y todo eso.

—Ah, sí. —Laura asiente con un gesto melancólico—. ¿Y cuándo fue que quisiste empezar a actuar?

Reconozco una pregunta trampa cuando la oigo.

—En realidad, mamá quiso que empezara a actuar porque quería que tuviera una vida mejor que la suya.

—¿Así que no querías empezar a actuar? ¿Fue tu madre quien lo quiso?

—*Sí* —digo con un poco más de énfasis del que me hubiera gustado—. Porque quería que tuviera una vida mejor que la suya. Fue muy amable y generoso de su parte.

—De acuerdo.

—Lo fue.

—Lo entiendo.

Una pausa.

—¿Puedes decirme la primera vez que fuiste consciente de tu peso o de tu cuerpo de una… —Laura hace una pausa para encontrar las palabras adecuadas—… manera significativa?

No quiero responder esta pregunta, pero siento que, si la esquivo, Laura se me lanzará a la yugular e insistirá. Me ando con cuidado.

—Bueno, cuando tenía once años me preocupaba tener tetas, así que mamá me enseñó la restricción calórica para ayudarme.

—¿Para ayudarte?

—Sí.

—¿Qué quieres decir con eso de ayudarte?

—Bueno, me preocupaba tener tetas.

—Claro. Pero ¿cómo te ayudó el hecho de que tu madre te enseñara la restricción calórica?

—Porque vigilar mis calorías significaba que podía retrasar la edad adulta.

Laura me dirige otra de sus características miradas ilegibles. Aunque no puedo calibrar los detalles, me doy cuenta de que está especulando demasiado. Siento la necesidad de añadir algo más.

—Además de para actuar. Siempre interpreté personajes más jóvenes que yo, así que si quería que me siguieran contratando, era importante que pareciera más joven. Al enseñarme a restringir calorías, me ayudaba a asegurar mi éxito.

Hago un pequeño gesto con la cabeza para puntualizar mi afirmación. Espero que eso mueva el dial del juicio de Laura, pero después de unos segundos me doy cuenta de que no lo ha hecho.

—Jennette, lo que describes es… realmente muy poco saludable. Tu madre básicamente consintió tu anorexia, la alentó. Te la enseñó. Eso es abuso.

Mi mente se remonta a la primera vez que oí la palabra «anorexia», cuando estaba sentada en una camilla cubierta de papel en la sala 5 de la consulta del doctor Tran. De repente, me siento como esa niña de once años que estaba confundida, asustada e insegura. Aquella niña de once años que no sabía si comprendía la verdad de la situación, que no estaba segura de que su madre fuera la heroína que fingía ser, pero que apartaba a un lado esas dudas.

Siento que se me llenan los ojos de lágrimas. Me da vergüenza. Estoy bien entrenada para llorar y no llorar en el momento oportuno, así que recurro a mis trucos habituales: rechinar los dientes para distraer la atención de las lágrimas y parpadear varias veces rápidamente para tratar de ahuyentarlas.

—Está bien que lo sueltes.

Laura se inclina hacia delante.

CIERRA LA BOCA, LAURA. No puedo soportarlo más. ¿Llevo aguantando todo un día sin vomitar y ahora estamos tratando de destronar a mi madre y demoler la historia a la que me he aferrado toda la vida?

—Tengo que irme —digo rápidamente mientras me levanto y me dispongo a irme.

—Espera, Jennette, estás haciendo un buen trabajo. Es importante.

—Tengo que irme —repito por encima del hombro mientras abro la puerta y salgo a toda velocidad.

Las lágrimas caen por mis mejillas mientras conduzco a casa, intentando desesperadamente procesarlo todo. Laura sugirió que mamá era abusiva. Toda mi vida, toda mi existencia ha estado marcada por el hecho de que mamá quería lo mejor para mí, mamá hacía lo mejor para mí, mamá sabía lo que era mejor para mí. Incluso en el pasado, cuando empezaron a surgir resentimientos o a haber brechas entre nosotras, los he controlado, los he frenado para poder seguir adelante con este relato intacto, esta narrativa que siento que es esencial para mi supervivencia.

Si mamá realmente no quería lo mejor para mí, ni hacía lo que era mejor para mí, ni sabía lo que era mejor para mí, eso significa que toda mi vida, mi punto de vista y mi identidad se han construido sobre una base falsa. Y si toda mi vida, mi punto de vista y mi identidad se han construido sobre una base falsa, enfrentarse a esa base falsa significaría destruirla y construir una nueva base desde los cimientos. No tengo ni idea de cómo hacerlo. No tengo ni idea de cómo ir por la vida sin hacerlo a la sombra de mi madre, sin que todos mis movimientos estén dictados por sus deseos, sus necesidades, su aprobación.

Llego a mi solitaria casa y me quedo sentada en el coche con el motor en marcha. Saco mi teléfono y escribo un correo electrónico a Laura.

> Laura, gracias por toda tu ayuda este último mes, pero ya no asistiré más a la terapia. Gracias, Jennette.

Mi dedo se detiene en el botón de envío durante unos segundos antes de pulsarlo bruscamente y apagar el teléfono. Subo a toda prisa los escalones de mi casa y, una vez dentro, corro al baño. Me hago vomitar repetidamente. Me meto los dedos en la garganta cada vez con más fuerza hasta que toso. Sale algo de sangre. Continúo. El vómito salpicado de sangre sale de mi boca y cae en la taza. Se desliza por mi brazo. Trozos de vómito se me meten entre el pelo. Sigo. Lo necesito.

Después me doy un baño para intentar relajarme. Cuando salgo, tengo el cuerpo dolorido y febril, como siempre después de cada purga. Me meto en la cama con el cuerpo dolorido y cansado y me hago un ovillo. Enciendo el teléfono. Tres llamadas perdidas de Laura y un mensaje en el buzón de voz. Borro el número de Laura. Ya no tendré acompañante para mi próximo evento.

73

Estoy de pie junto a la puerta, pasándome las manos por los pantalones con ansiedad, cuando el taxi de Steven se detiene frente a mi casa. Steven tiene un proyecto aquí en Los Ángeles —un proyecto de seis meses— y se quedará en mi casa todo ese tiempo. Vamos a vivir juntos. Es un gran paso. Y eso es bueno, de verdad que lo es.

Sin embargo, lo que no es tan bueno es que tengo que decirle a Steven que he dejado la terapia. No tengo ni idea de cuál será su reacción, pero estoy segura de que no será buena, ya que fue él quien la incitó.

Abre la puerta del taxi y sale con su jersey de cuello redondo y sus pantalones chinos. El taxi se aleja mientras Steven sube los escalones con su bolsa de lona y su equipaje de mano. Tiene más energía que de costumbre. Steven no es el típico hombre que va corriendo. Steven es más un paseante, un andariego. Me imagino que esa energía extra debe ser por la emoción que siente al verme, lo que agrava la culpa que siento por tener que darle la noticia. Una vez que atraviesa la puerta principal, me abraza con fuerza.

—*¡Jenny, Jenny bo Benny Banana fanna fo Fenny Fee fy mo Menny, Jenny!* —canta mientras giramos.

Empiezo con la siguiente rima, pero me rindo a mitad de camino porque... es demasiado. Steven me deja en el suelo y me preparo para lo que voy a hacer. Voy a decírselo. Voy a hacerlo.

—Steven...

Antes de que las palabras salgan de mi boca, Steven empieza a hablar a mil por hora de lo emocionado que está, pero no por estar en Los Ángeles, ni por el proyecto en el que va a trabajar, ni porque vamos a vivir juntos. No es ninguna de las cosas que esperaba que le entusiasmaran. Steven dice que está emocionado por... llevarme a la iglesia.

¿La iglesia? No he estado en una iglesia desde el funeral de mamá, y no pensaba volver a ninguna por lo pronto (nunca). Sé que Steven se crio como católico, pero supuestamente su familia nunca fue a un servicio. No pensaba que la religión tuviera algún tipo de peso significativo para él ni siquiera en su juventud, y mucho menos hoy en día. Estoy confundida. Steven se explica.

—No sé, siento que hay más en la vida. Más profundidad, más sentido.

No entiendo la conexión. ¿Cómo espera Steven conseguir más profundidad a través del catolicismo? No quiero fastidiarlo mientras está tan iluminado, así que le hablo con mi tono más amable y le recuerdo nuestras primeras conversaciones de pareja, en las que parecía estar de acuerdo conmigo en que la religión es algo que impide el crecimiento, no algo que lo promueva.

—De acuerdo. —Asiente—. Pero ahora estoy completamente en desacuerdo con eso. —Vaaale. Le pido que me dé más detalles.

—Bueno, vi *Dios no está muerto* en Netflix, y realmente me impactó. Creo que hay mucha verdad en ella, Jenny. Mucha verdad. Y quiero que intentemos ir a la iglesia. Quiero que intentemos encontrar algún tipo de religión.

—Espera. ¿Viste una película cristiana de mierda en Netflix y ahora quieres abandonar toda tu filosofía de vida por Jesús?

Mi tono hiere a Steven; puedo verlo en sus ojos. Hay un momento de silencio. Empiezo a preguntarme si Steven está bien. No parece el mismo. Por otra parte, solo llevamos unos meses de relación, todavía es muy reciente. Tal vez este cambio es el cambio natural que ocurre cuando la fase de luna de miel ha terminado. Tal vez esto es lo que realmente es.

—Steven, dejé la terapia.

No puedo creer que las palabras hayan salido así de mi boca, las palabras que hace diez minutos me provocaban tantos nervios. Tal vez las dije para decir algo, para llenar el vacío. O tal vez las dije para desviar la atención de la iglesia. Independientemente de por qué, las dije y ahora están ahí, flotando en el aire. Espero la reacción de Steven. Deja de rebuscar en su bolsa para mirarme.

—Está bien.

¿De verdad? ¿Está bien? No puedo creerlo. Esto parece demasiado bueno para ser verdad. Abre la boca para decir algo más.

—No necesitas terapia. No, si tienes a Jesús.

74

Steven y yo estamos sentados en uno de los últimos bancos de una iglesia bautista del sur en Glendale mientras un coro recita un himno entre lágrimas. El himno en sí será lo que sea, pero algunas de estas mujeres son auténticas estrellas.

A pesar del talento del coro, estoy sentada con los ojos entrecerrados. Este es el cuarto servicio religioso al que Steven y yo vamos en una semana. Ni siquiera me he negado. Solo le he agradecido que no me obligue a hacer terapia. Seguirle la corriente a lo que imagino que será una fase muy efímera de su vida me parece un precio bajo a cambio de no tener que ver nunca más a Laura ni a ningún otro terapeuta empeñado en hacer trizas mi relato sobre mamá.

Primero fuimos a un servicio religioso católico, que Steven dijo que no le parecía bien. Luego fuimos a un servicio no confesional en Hollywood, que a Steven le pareció demasiado hollywoodiense. Luego fuimos al centro de la Cienciología, del que Steven desconfiaba desde el principio pero que quería probar por si acaso. Es como el caso de Ricitos de Oro y los tres osos de las iglesias, solo que Steven no encontró una que fuera «perfecta» en las tres primeras, así que ahora estamos en la iglesia número cuatro.

Steven parece realmente comprometido. Asiente al ritmo del sermón. Abre la app de notas de su iPhone para anotar los versículos de las escrituras. Levanta los brazos en señal de alabanza durante los himnos. Por fin el servicio termina. Aleluya. Esto es lo más cerca que he estado de creer en Dios en todo el día.

Para cuando llegamos a casa, ya estoy preparada para tomar un vaso de vino con vodka, como he estado haciendo durante los últimos meses. Steven sigue hablando del servicio. Hago ver que lo escucho hasta que dice…

—Y Jenny… He rezado al respecto y no creo que debamos tener más sexo. Voy a hacer un voto de celibato.

—Que tú… ¿Perdón? ¿Qué?

—Sí, es que… no creo que debamos seguir pecando de esta manera.

Mis dedos aprietan fuerte la copa de vino. Steven continúa.

—He rezado por ello, y realmente creo que no debemos tener más sexo. Es un pecado. Espero que estés de acuerdo.

Yo… no. El sexo con él es el mejor que jamás he tenido. No querría renunciar a ello aunque mi vida fuera viento en popa en todas las demás áreas. Pero no es así. Mi vida ahora mismo es miserable. El sexo es un alivio. Es en donde me pierdo. No quiero renunciar a esta pizca de luz en mi vida.

—¿Y si no lo estoy? —escupo.

Me trago lo último que queda de mi vino y dejo el vaso sobre la mesa de la forma más seductora posible, permitiendo que mis dedos se detengan en el borde del vaso. La maldita Marion Cotillard está aquí, no me hagas caso. Me inclino y empiezo a besar a Steven. Él me devuelve el beso, primero tímidamente y luego con pasión. Lo tengo.

Muy pronto tengo la mano en su polla. Está dura. Muy dura.

—Mira qué dura la tienes para mí —le susurro al oído.

—Jenny, para —dice Steven, con la cara sonrojada.

—¿Quieres que pare? —le digo con mi mejor voz de susurradora de palabras sucias, que está a medio camino entre la de una niña curiosa y la de una adolescente quejumbrosa, pero que parece funcionar. Me sorprende lo que un poco de calentura puede perdonar. Empiezo a apartar la mano.

—No... no. No pares.

Steven coge mi mano y la vuelve a poner en su polla. Le bajo la cremallera de los pantalones, se los quito y me inclino para empezar a hacerle la mamada de su vida. Estoy haciendo todo lo posible. Lo estoy viviendo, lo estoy dando todo, me estoy esforzando. Hay mamadas, y luego está esta. Estoy chupando, estoy acariciando, estoy susurrando, estoy lamiendo, estoy dando el ciento cincuenta mil por ciento. Se corre en mi boca.

Lo miro, orgullosa y expectante, segura de que Steven dirá que le será imposible no tener sexo conmigo. Que quiere, que NECESITA tenerlo conmigo cada segundo de cada día. Estoy a punto de tragar con toda la seducción que puedo reunir, cuando Steven empieza a acariciarse la barbilla.

—Sí, eso no ha estado muy bien, Jenny. No podemos volver a hacerlo. De verdad que no podemos repetirlo.

La mirada de Steven es tan rotunda que sé que no voy a acercarme a esa polla en el futuro inmediato. El semen se desliza fuera de mi boca y me baja por la barbilla. Gotea sobre mi regazo. Con los ojos apagados, lo miro fijamente. ¿Qué he hecho?

75

—¿Hubo alguna vez una fase buena en tu relación con mamá, o fue siempre... como la recuerdo?

Conozco la parte de la historia de mamá, la de que papá «probablemente la engañaba» o «no hacía lo suficiente por la familia» o cualquiera que fuera el tema del día. «Tu padre es vago e incompetente, no hay otra forma de decirlo. Es un hombre distante con el nivel emocional de una patata».

En cuanto a cómo lo recuerdo, recuerdo algunas cosas buenas. Recuerdo que me encantaba cómo olían las franelas de papá: a madera de pino con una pizca de pintura fresca. A veces dormía con ellas para sentirme cómoda. Recuerdo que me enseñó a atar mis zapatos rosas de Winnie the Pooh con el truco de las orejas de conejo mientras estaba sentada en un carrito de la compra en Sam's Club y mamá se quejaba de lo caro que se había puesto el papel higiénico. Recuerdo que me invitó a la fiesta de Navidad de su trabajo en Home Depot. No podía creer que me hubiera elegido para acompañarlo a la fiesta. A mí. No tuve que creerlo durante mucho tiempo porque pronto descubrí que era mamá la que quería que fuera con él, para que recopilara información sobre las compañeras de trabajo con las que podría llegar a tener una aventura. «No descartes a Don. Siempre me he preguntado si tu padre es gay en secreto. Algo en la forma en que se sienta, la forma en que cruza las piernas». A pesar de todo, me divertí en la fiesta. Había cortinas de gasa roja y verde colgando de las paredes. Árboles de Navidad sin vender se alineaban en la sala. Aprendí a jugar al *blackjack*. Ese día me sentí realmente querida por papá.

Pero por lo demás, los recuerdos fueron menos que fantásticos. Sobre todo, recuerdo que papá no estaba. Parecía no estar interesado. Recuerdo que intentaba leernos a Scottie y a mí *Stan the Hot Dog Man* todas las noches durante lo que debió de ser un periodo de tres o cuatro semanas, hasta que al final renunciamos a que nos lo leyera porque no podía hacerlo sin quedarse dormido. Recuerdo que se olvidaba de los recitales de baile y que se quedaba dormido durante las fiestas familiares en que veíamos mis actuaciones en la televisión. Recuerdo la Gran Debacle de la Pornografía de 2003. Mamá pilló a papá mirando pornografía —un pecado importante en el mormonismo— y lo echó de casa de nuevo, esta vez durante un mes. Insistió en que yo le llamara por su nombre de pila —«Mark»— a partir de ese momento. Lo hice hasta que ella murió.

Ahora, mientras estoy aquí sentada frente a papá y su nueva novia, no estoy buscando la versión de mamá, ni la versión de mis recuerdos. Estoy buscando la versión de papá.

—Sabes, fue hace tanto tiempo que apenas lo recuerdo —responde finalmente papá, tras una pausa de diez segundos. Mira a su novia en busca de aprobación.

La novia de papá es Karen, la mejor amiga de mamá del instituto, la que le robó el nombre de su bebé. Mientras observo a Karen desde donde estoy, me doy cuenta de que mamá se intentaba maquillar como Karen. O tal vez Karen intenta maquillarse como lo hacía mamá. No lo sé, pero en cualquier caso me incomoda.

Quiero que papá sea feliz, pero está un poco… *demasiado* feliz. Ha pasado un año desde la muerte de mamá, y ha estado viéndose con Karen desde una semana después de su muerte. Papá parecía más preocupado por conseguir el número de teléfono de Karen que por llorar a su esposa en la fiesta posfuneral. (¿Así es cómo se llama la parte después del funeral en la que todos comen sándwiches y te dicen que entienden cómo te sientes porque perdieron un gato hace unos años?).

Papá se movió más rápido de lo que mis hermanos y yo esperábamos, y no ha sido fácil para ninguno de nosotros. Nos costó, pero seguimos esforzándonos por conectar con él. Ya perdimos a nuestra madre, no queremos perder a nuestro padre también. Para ser justos, papá también se ha esforzado, mucho más de lo que se esforzaba cuando mamá estaba viva. Nos ha llamado de vez en cuando para saber cómo estábamos, y nos hizo hacer listas de deseos en Amazon para Navidad para saber qué regalarnos.

Por eso, cuando papá me llamó la semana pasada para decirme que quería que nos viéramos en persona para «hablar de cosas», aunque me sorprendió un poco, supuse que esta sesión fijada para hoy era uno más de esos esfuerzos.

Pero mientras estoy sentada aquí frente a papá y Karen, empapándome de la falta de química, me doy cuenta rápidamente de que no se trata de otro de los esfuerzos de papá. Hay más de rigidez de la habitual en su lenguaje corporal. Me imagino que debe tratarse de una especie de anuncio.

Ahora soy yo la que se pone rígida. Mierda. Papá y Karen se van a casar. Dios, ¿voy a tener que fingir que los apoyo, que me emociona? Me muerdo las uñas para no tener que hacer contacto visual mientras me preparo para lo que voy a preguntar.

—Entonces... ¿Por qué querías que nos reuniéramos?

—Oh, bueno, eh... —Papá mira a Karen. Ella le dice «adelante» con la mirada.

Oh, Dios, no, ya viene.

Ya viene…

—Dustin, Scottie y tú… no sois… mis hijos biológicos.

…

…

…

¿QUÉ?

Estoy en *shock*. Siento que se me va el color de la cara. Estoy segura de que voy a desmayarme.

—¿Qué…? —digo finalmente con la boca seca.

Papá se limita a asentir. A Karen se le llenan los ojos de lágrimas.

—Pero él es tu padre —dice ella, con la voz quebrada por la tensión emocional—. Este hombre es tu padre.

El mareo empieza a remitir, pero sigo sin poder pensar con claridad. Las lágrimas caen por mis mejillas a pesar de que estoy completamente anestesiada.

—He pensado que debías saberlo —dice papá, mirándose las manos mientras se las frota. Mamá siempre odiaba que papá se frotara las manos. «Hazte con una crema de manos, Mark».

Me inclino y le abrazo. Él me devuelve el abrazo. Karen me observa.

—Gracias por decírmelo —digo.

Entierro la cabeza en su franela. Huelo la madera de pino y la pintura que me resultan tan familiares. Todo lo que puedo ver es el bolsillo del pecho a cuadros justo delante de mis ojos. Siento que la tela se moja con mis lágrimas.

Karen se inclina hacia mi cuerpo encorvado y me cubre con su brazo derecho en una especie de medio abrazo. ¿Por qué, cuando dos personas se abrazan en una habitación donde hay tres, la tercera persona siente la necesidad de participar en el abrazo? Los abrazos son una actividad para dos personas, no para tres. No te necesitamos, número tres. Gracias.

—Me lo dijo, y yo le dije que tenía que decírtelo —susurra Karen en mi pelo—. Le dije que tenía que decírtelo. Te mereces saberlo.

Finalmente me separo y miro por la ventana para no tener que mirar a papá o a Karen. Hay algo en los momentos tan profundamente dramáticos que hace que el contacto visual resulte aún más pesado y dramático. Es como poner un sombrero encima de otro sombrero. Ya hay suficiente drama. Ya estamos bien.

Sigo mirando por la ventana cuando empiezo a pensar en preguntarle a papá quién es mi padre biológico. Quiero preguntarlo desesperadamente. Me muero por saberlo. ¿Quién es? ¿Tengo algo en común con él? ¿Nos llevaríamos él y yo mejor que Mark y yo? ¿Habría naturalidad en nuestra dinámica? Estoy a punto de preguntar, pero me detengo. No quiero ofender a papá. O «papá», más bien. Por esta noche, lo dejaremos así. Tendré tiempo para preguntar más adelante.

—Entonces, ¿deberíamos ir a ver una película, o…? —pregunta «papá».

Patata.

76

Me pone tan nerviosa la idea de contarle a Steven la noticia que lo he retrasado todo lo que he podido: hasta este momento. Se supone que tengo que ir a una rueda de prensa en Australia dentro de una hora. Netflix está de estreno allí, por lo que están enviando a algunos miembros del reparto de varios programas al extranjero para promocionar el lanzamiento. Estaré yo, Daryl Hannah, Ellie Kemper, Aziz Ansari, e incluso he oído rumores de la mismísima diosa, Robin Wright. Crucemos los dedos.

—Tengo algo importante que decirte —le digo a Steven mientras nos sentamos uno frente al otro en mi mesa del comedor.

Ha pasado una semana desde que Mark me dijo que no es mi padre, y estoy lejos de haber procesado la información. Todos los días desde entonces los he sentido como un borrón. He recurrido mucho a las purgas y al alcohol para pasar la semana. He tenido tiempo de hacerle a Mark algunas de mis muchas preguntas. ¿Sabía de la aventura de mamá mientras estaba ocurriendo? (Dice que sí). ¿Saben mis hermanos todo este fiasco? (Dice que no). ¿Está absolutamente seguro al mil por ciento de que es verdad? (Dice que sí). ¿Sabe quién es mi padre? (Dice que sí). Pero aparte de estas respuestas básicas y concretas que he obtenido, todas las demás preguntas que le hago se las saca de encima con un «no lo sé» o algo parecido.

¿Cómo se quedó con mamá durante todos esos años cuando sabía que ella tenía una aventura de la que nacieron tres hijos? («No lo sé...»). ¿Sabe mi padre biológico que existo? («No estoy seguro...»). ¿Cómo terminó finalmente la aventura? («Mmmmm... no lo sé»).

La pregunta de la que más desesperadamente quiero la respuesta, con diferencia, es ¿por qué no nos lo dijo mamá? ¿Por qué no nos lo dijo mamá cuando tuvo la oportunidad? ¿Cómo pudo no decírnoslo?

He intentado justificar su decisión, encontrarle un sentido. Pero cuanto más intento excusar su decisión o incluso tratar de comprenderla, más me enfado.

Independientemente de *por qué* no nos lo dijo, no lo hizo. Eso ya me duele por sí solo.

Es la persona que significaba para mí más que cualquier otra persona o cosa en el mundo. Es la persona que era el centro de mi existencia. Sus sueños eran mis sueños, su felicidad era mi felicidad. ¿Cómo la persona por la que vivía y respiraba podía haberme ocultado una parte tan fundamental de mi identidad?

Podría fingir que nunca tuvo la oportunidad de decírnoslo, que deseaba desesperadamente decírnoslo pero que nunca era el momento adecuado, pero no es cierto. Tuvo oportunidades, momentos en los que pensó que se estaba muriendo, en los que fue consciente de su propia mortalidad. Pienso que los últimos días de alguien son la oportunidad perfecta para atar los cabos sueltos, poner sus asuntos en orden, decirles a sus hijos quiénes son sus verdaderos padres. Entonces, ¿por qué mamá no lo hizo? ¿Por qué siguió escondiendo la verdad?

La falta de respuestas, de cualquier conclusión, es exasperante. Cuantas más preguntas hago de las que no recibo respuesta, más preguntas tengo. Cuantas más preguntas tengo, menos respuestas recibo, y me estoy volviendo loca en el proceso de intentar encontrarlas. Necesito a alguien con quien desahogarme, una caja de resonancia, una voz de la razón.

No le he contado a Steven nada acerca del asunto de mi padre biológico en la última semana porque estaba esperando a que se calmara toda la situación acerca de la religión. Creo que se puede tener una situación tensa sobre el padre biológico o una situación tensa sobre la religión, no ambas al mismo tiempo. Pero ahora que tengo que salir a tomar un vuelo, no tengo otra opción. Sería raro esperar a volver para contárselo a la persona más importante de mi vida.

—Vale —dice Steven mientras asimila mis palabras—. Y de hecho, también tengo algo importante que decirte.

—Vale —digo, un poco desconcertada—. Bueno, tú primero, porque lo mío es bastante gordo.

—No, tú primero, el mío es realmente muy gordo —dice Steven con seguridad.

—Empieza tú. Por favor.

—Muy bien —dice Steven soltando un fuerte suspiro—. Yo… soy Jesucristo reencarnado.

…

…

…

¿QUÉ?

Mi primera reacción es soltar una carcajada, el tipo de risa incómoda que es el resultado automático de la conmoción, la tristeza, la ira y la incredulidad combinadas. ¿Steven se cree Jesús Nuestro Señor y Cristo Salvador? Vamos. Tiene que estar de broma. En el momento en que me doy cuenta de que no es ninguna broma, me sacude mi segunda reacción. Quiero llorar. Quiero derrumbarme y soltarlo todo.

—Tienes que creerme, Jenny —dice Steven con gravedad—. Sé que parece una locura, pero tienes que creerme.

Me vienen arcadas y voy a vomitar al baño mientras ideo un plan. Cuando vuelvo, intento averiguar si hay algo que pueda hacer para que mi novio no se crea Jesucristo en los minutos que me quedan antes de irme.

Está claro que Steven no está bien, pero no tengo a nadie a quien contarle esa información que pudiera ayudarme de alguna manera. No tengo ningún número de teléfono de sus familiares o amigos, nuestra relación es demasiado reciente. Intento pedir discretamente el número de teléfono de uno de sus amigos que vive cerca, pero Steven se echa a llorar y me ruega que no le cuente a nadie el secreto.

—Es solo entre tú y yo, Jenny —grita.

—Creo que deberías decírselo a tu familia —le insisto, sabiendo que si lo hace, verán que algo pasa y probablemente vendrán a cuidarlo.

—No puedo —dice, sacudiendo la cabeza—. Simplemente no puedo. No me creerán. Solo tú me creerás, Jenny.

No respondo. No me quedan palabras para responderle. Me siento impotente. Y angustiada. Steven es mi primer amor de verdad. Hasta hace diez minutos, la alegría producto de esta relación ha sido lo único positivo en mi vida en el último tiempo. No estoy dispuesta a dejarlo ir. Me seco una lágrima con la manga, y mi ojo capta el reloj de la pared. Voy a llegar tarde. Tengo que irme.

Abrazo a Steven. Él me devuelve el abrazo. Recibo un mensaje de mi representante de camino al aeropuerto. Robin Wright ha confirmado que asistirá.

77

El vuelo a Sídney es un infierno de catorce horas de vómitos en el baño del avión. Me tomé dos comidas completas durante el vuelo y vomité las dos, además del flujo casi constante de tentempiés que me ofrecía la azafata: ositos de goma, galletas Graham, Doritos. Ya he vomitado hasta el último tentempié que me comí. Es un caos. No hay un solo momento del vuelo en el que no esté comiendo o vomitando o, en el tiempo que transcurre entre la comida y el vómito, planeando cómo levantarme por decimocuarta vez sin que el hombre de negocios con peluquín que se sienta a mi lado me dirija una mirada extraña.

La última vez que vomito, siento que estoy a punto de desmayarme. Tengo la boca dolorida y agria por el vómito. Me meto los dedos en la garganta, con los ojos desorbitados, y un líquido marrón espeso sale de mi boca y, mientras cae en el inodoro gris como una fea cascada, veo algo pequeño, blanco y duro. Me paso la lengua por los dientes y me doy cuenta de que me falta uno. La acidez de mis fluidos estomacales ha desgastado mi esmalte a tal punto que acabo de perder una muela en la parte inferior izquierda.

Tengo un mal sabor de boca y escupo en el fregadero. Un chorro de sangre. De mala gana, meto la mano bajo el grifo y me lavo la boca con esa agua tan dudosa. Lo hago cuatro o cinco veces antes de mirar mi reflejo en el espejo. Intento evitarlo, pero no puedo. Y menos en un espacio tan pequeño con un espejo tan grande. Me miro durante un largo rato. No me gusta lo que veo.

Aterrizamos en Sídney. Mientras me dirijo al Nissan Sentra que me está esperando, veo en mi teléfono que hay un mensaje de voz de un número desconocido. Abro el teléfono para comprobarlo. Son los padres de Steven. Me dicen que les ha llamado, frenético, y que estaban tan preocupados que volaron a visitarlo. Ahora están con él en un centro psiquiátrico para hacerle unas pruebas porque un psiquiatra de allí cree que Steven podría tener esquizofrenia. Termino de leer el mensaje y me subo al asiento trasero del coche.

—Hola, ¿qué tal? —pregunta el animado conductor de Uber.

Miro al frente, sin contestarle. ¿Cómo va todo? Va jodidamente mal. Mamá me ha mentido toda la vida sobre quién era mi padre biológico, estoy atrapada en la resaca de la bulimia, voy a tener que hacer toda una rueda de prensa mientras me falta un molar inferior y mi novio es esquizofrénico. No podría ir peor.

—Ooh, me encanta esta canción. ¿Te importa si la subo?

El conductor de Uber sube el volumen antes de que le dé mi respuesta. Es el éxito de Ariana Grande «Focus on Me».

—Es incluso mejor que su último sencillo, ¿eh? —pregunta el conductor. Mueve la cabeza y tararea. Golpea el salpicadero con entusiasmo.

Miro por la ventana y veo la Ópera de Sídney en la distancia. Toco con la lengua el espacio con la muela que me falta, sumida en mis pensamientos. Quizá Ariana tenga razón. Quizá sea el momento de centrarme en mí.

78

—Hola, Jennette.

—Hola, Jeff.

—¿Por qué no te subes a la báscula?

¿Eh? ¿Perdón? En ninguna parte de la documentación de la consulta había una cláusula que dijera que tendría que pesarme en la primera sesión con el especialista en trastornos alimentarios que encontré en internet. Si hubiera leído eso, no creo que hubiera reservado la cita. E incluso si, por algún motivo, la hubiera reservado igual, me habría puesto mi atuendo de «pesarse en público» que uso para todas las citas médicas que tengo, sin importar el clima: una falda de popelina y mi camiseta de tirantes más fina (para que mi ropa agregue el menor peso posible). Malditos vaqueros gruesos y pesados. Y un jersey. Un jersey abultado, pesado y de punto.

—¿Tengo que hacerlo?

—Sí. Pero no tienes que mirar el número y no te lo diré. Es simplemente para mis fines clínicos. Necesitaré documentar tu peso al comienzo de cada sesión.

Me retuerzo las manos con agitación.

—Pareces molesta.

—No quiero que me pesen.

—Es solo parte del proceso, y entiendo perfectamente que pueda ser molesto. Para ser sincero, tu reacción es leve comparada con muchas de las que veo.

—¿Qué ves?

—La gente empieza a sollozar, a veces gritan, una vez alguien tiró su bolso al suelo. Fue divertido.

Me río.

—Afrontar tu experiencia emocional será la parte más transformadora de tu recuperación. Se empieza afrontando tu experiencia emocional en torno a la comida, a la alimentación, a tu cuerpo y, sí, a pesarte. Estaré aquí para ayudarte en todo, pero si quieres mejorar, vas a tener que enfrentarte a todo eso.

—No parece que haya mucho margen de maniobra, Jeff.

Se ríe, y luego su risa termina abruptamente y no dice nada. Se queda mirándome.

Jeff es alto —un metro ochenta, quizá—, tiene unos ojos azules y una barba rubia perfectamente recortada que hace juego con su pelo rubio perfectamente peinado hacia un lado. Lleva pantalones, una camisa a cuadros con corbata y un cinturón negro con hebilla de plata. Sus gestos son tan exactos como sus frases: no dice «ehh» ni «ehm», ni cuando habla ni cuando gesticula. Se trata de un hombre sin ehms. Le respeto. Cuesta mucho ser un hombre que no dice «ehm».

Me levanto y me dirijo a la báscula. Cierro los ojos, inhalo largamente y me subo a ella. Le escucho tomar nota en su portapapeles.

—Ya puedes bajarte.

Lo hago. Vuelvo al sofá y me siento. Jeff me sonríe; su sonrisa es algo cálida, pero es más bien la sonrisa de alguien que va en serio.

—Vamos a trabajar.

79

—No puedo creer que alguna vez me haya creído Jesús —dice Steven entre risas, mientras se come una patata frita.

Estamos sentados el uno frente al otro en una mesa de Laurel Tavern, un bar de Studio City. Estoy tomando un *mezcal mule* y pendiente de Steven de la misma manera que solía estar pendiente de mi madre después de cualquiera de los roces con la muerte a los que sobrevivió. Es una forma pura de acoger a alguien. Hay asombro y gratitud. Están aquí. Todavía están aquí.

Pensé que el viaje de Steven a la sala de psiquiatría podría ser lo último que escucharía de él. Pero tan pronto como pudo tener acceso a su teléfono, llamó. Ambos lloramos. Parecía el mismo de siempre, más o menos. Su tono de voz era más letárgico, con una insensibilidad que no solía tener. Me dijo que se debía al litio que estaba tomando y que, con el tiempo, volvería a ser el mismo de antes del diagnóstico. Yo deseaba desesperadamente que así fuera.

Y ahora, sentada frente a él, dos meses después, empiezo a pensar que así lo es. Estamos viviendo juntos de nuevo, y parece que le va bien. Acude activamente a un terapeuta y a un psiquiatra. Está tomando medicamentos. Su voto de celibato ha terminado y tenemos buen sexo. Se toma su episodio de esquizofrenia como solo te lo puedes tomar cuando es cosa del pasado.

—Yo tampoco me lo puedo creer —coincido.

Steven toma mis manos entre las suyas desde el otro lado de la mesa. Sus dedos están grasientos por las patatas fritas. No me importa.

—Debe haber sido muy aterrador —dice.

—Lo fue.

—Lamento no haber estado ahí.

—No pasa nada. Yo tampoco podría estar ahí para ti, a decir verdad. Con todo lo que estaba pasando.

—Lo sé. Pero ahora ambos estamos trabajando en nuestras cosas. Vamos a ser capaces de estar ahí el uno para el otro. Va a ser muy bueno.

Asiento. Le creo.

80

Miro fijamente el plato de espaguetis que tengo delante. Llevo al menos diez minutos mirándolo fijamente mientras proceso todos los pensamientos y emociones que me surgen antes de comerlo.

Cojo el lápiz y empiezo a rellenar mi hoja de trabajo.

Pensamientos: Quiero estos espaguetis, pero no quiero estos espaguetis. Me aterra que me hagan más pesada. No quiero sentirme sobrecargada. No quiero sentirme pesada. Estoy cansada de sentir tanta pesadez. Tengo miedo de comer. No quiero vomitar esto.

Sentimientos: Pavor - 8/10. Ansiedad - 8/10. Miedo - 7/10. Deseo - 6/10.

Respiro profundamente y pruebo un bocado. Más pensamientos. Más sentimientos. Siempre más pensamientos y sentimientos. Pensamientos y sentimientos constantes y agotadores. Vuelvo a mi hoja de trabajo para empezar a escribirlos.

Pensamientos mientras comía: Mamá siempre decía que el sodio me hinchaba la cara. Tengo miedo de que mi cara esté hinchada mañana. Mamá se enfadaría si me viera comiendo esto. Mamá se decepcionaría. Soy un fracaso.

Sentimientos: Tristeza - 8/10. Decepción - 8/10.

Me pongo a llorar. Suelto el lápiz y dejo que las lágrimas caigan, como me ha indicado Jeff.

Llevo tres meses viendo a Jeff y los progresos son lentos pero constantes. Hemos trabajado tanto que es difícil llevar un registro detallado.

El trabajo comenzó con la eliminación de todos los alimentos dietéticos (cenas congeladas Lean Cuisine, zumo de arándanos dietético, tés dietéticos, etcétera), así como de toda la ropa deportiva. No se puede hacer ejercicio durante esta fase de la recuperación. Los estiramientos y los paseos están bien, pero se acabaron las medias maratones para mí. Todos los indicadores de dieta tenían que desaparecer.

Luego me dijo que tomara nota de mis atracones y purgas durante dos semanas, así como de cada cosa que comía y la hora en que lo hacía. Llevar un registro de mis purgas tenía sentido, era algo que Laura me hacía hacer, así que lo esperaba, pero llevar un registro de la ingesta de alimentos me confundía. ¿Rastrear lo que se come no forma parte del trastorno alimentario? ¿No es algo compulsivo y poco saludable?

—Sí, el registro de lo que comes es un comportamiento que eliminaremos con el tiempo. De hecho, con el tiempo te haré llevar un recuento de la frecuencia con la que haces ese registro, para que podamos trabajar para que ese número llegue a cero.

—Entonces, es el registro del registro.

Se ríe ligeramente. Para de golpe.

—Correcto.

—Muy bien. Entonces, ¿por qué estoy rastreando mis alimentos ahora si se supone que debo trabajar para no rastrearlos?

—Necesito tener una idea de tus comportamientos en torno a la comida. Ver qué entra en tu cuerpo y cuándo me ayudará a entenderlo.

Tras dos semanas de seguimiento, Jeff lee mis hojas de trabajo mientras se acaricia la barba.

—Mmm. Sí. Interesante. Mmm. Sí.

¿Qué? ¿Qué, Jeff? ¿Qué?

—Interesante…

—¿Qué es lo interesante? —pregunto finalmente, cuando ya no puedo aguantar más.

—Te saltas el desayuno casi todos los días, y luego almuerzas tarde, sobre las dos y media o las tres de la tarde. No es una comida completa. Veo ocho bocados de salmón el martes —muy específico—, una barra de proteínas el miércoles, dos huevos el jueves. ¿Por qué purgaste los huevos?

Me encojo de hombros.

—Ya llegaremos a eso. Bien, entonces haces estos almuerzos muy tardíos e incompletos, y luego alrededor de las ocho de la noche parece que tienes una cena, que también es incompleta cada noche. Entonces, y aquí es donde las cosas empiezan a encajar realmente, alrededor de las once de la noche tienes lo que describes como un atracón. Un plato entero de *pad thai* con arroz frito, más un burrito de Del Taco. Y luego parece que purgas todo lo que comes alrededor de esa hora, cada noche.

Sí, lo sé, Jeff. Yo escribí la lista.

—Correcto —digo, fingiendo que estoy aprendiendo algo.

—Esta es la cuestión, Jennette. Te estás muriendo de hambre durante la primera parte del día. No desayunas, almuerzas y cenas tarde y de forma incompleta, y luego estás tan hambrienta a las once de la noche que comes porque tu cuerpo te lo pide. Y tienen mucho sentido los alimentos que eliges para comer a esta hora. Porque estás tan hambrienta que quieres algo sustancioso, algo que te alimente. Pero entonces, por supuesto, debido a tus juicios en torno a esos alimentos y a tus patrones de pensamiento destructivos profundamente arraigados, los purgas. Y al día siguiente repites el ciclo.

—Honestamente, ha sido una buena semana —explico—. Creo que porque quiero "hacerlo bien" en la terapia o lo que sea.

—Tiene sentido —me asegura Jeff—. No hace falta analizarlo demasiado. Simplemente tómalo como es. Un paso adelante. —Asiente amablemente, luego baja la barbilla y me mira con determinación—. Pero creo que podemos hacer más.

Le creo. Está muy seguro. Y un hombre sin ehms no está seguro de algo sin razón. Un hombre sin ehms está seguro de las cosas de las que está seguro.

—Esto es lo que vamos a hacer. Vamos a normalizar tu alimentación. Tres comidas completas al día y dos tentempiés, cada una a horas predeterminadas. Sin negociaciones. Antes de empezar el proceso de normalización de la alimentación, tenemos que identificar tus alimentos de riesgo. Los alimentos de riesgo son los que te hacen juzgar mucho, los alimentos que te sientes más obligada a purgar.

No tiene que decírmelo dos veces. Empiezo a enumerar.

—Pasteles, tartas, helados, sándwiches, patatas fritas, pan, queso, mantequilla, chips, galletas, pasta…

—Genial, genial —dice Jeff mientras toma notas rigurosas pero no me pide que vaya más despacio. Se nota que es un triunfador. El bolígrafo vuela. Cruza la «*t*» de «pasta» y me mira.

—Así que uno de nuestros objetivos finales aquí en la terapia es reducir los juicios en torno a la comida. Todos los juicios. Queremos que neutralices la comida. Es solo una cosa que comes, ni buena ni mala. Sin importar si es piña o panqueques.

—Veo ambas cosas como malas, porque ambas tienen mucho azúcar.

Jeff parpadea una vez.

—Bien, entonces eso es lo que vamos a trabajar.

—De acuerdo.

—Y te advierto, Jennette, que normalizar tus patrones de alimentación y neutralizar mentalmente la comida no va a ser fácil. En absoluto. Va a ser un duro trabajo emocional. Durante mucho tiempo, tu forma de comer ha sido tan... jodida.

No esperaba esa bomba, Jeff, pero aprecio el fervor.

—Va a ser intenso. Pero te ayudaré a superarlo.

* * *

Estoy aquí sentada con mis lágrimas saladas cayendo sobre mi plato de espaguetis, regando la salsa marinera. Jeff tenía razón. Normalizar mi forma de comer y neutralizar la comida es un trabajo duro a nivel emocional.

El llanto se hace más intenso hasta el punto de que mi pecho empieza a agitarse. Me enfado conmigo misma por llorar. Me hace sentir dramática. Fuera de control.

Las lágrimas caen sobre mi hoja de trabajo y borran la tinta. Joder. Intento soplar sobre la mancha húmeda para secarla, pero los mocos me gotean de la nariz, caen sobre la hoja y empeoran la situación. Hago una bola con la hoja de trabajo y la lanzo a la papelera. No cae ni remotamente cerca. Por Dios.

A la mierda. Me levanto, me apresuro a ir al baño y me purgo.

81

—Los deslices son totalmente normales. Cuando tienes un desliz, es solo eso. Un desliz. No te define. No te convierte en una fracasada. Lo más importante es que no dejes que ese desliz se convierta en un resbalón —me dice Jeff, y luego me entrega un sobre titulado *No dejes que los deslices se conviertan en resbalones.* (Tengo la sensación de que ha ensayado este momento. «Dilo, y luego dale el sobre. Sí, eso dará en el clavo»).

Estos sobres son un acontecimiento semanal. Al final de cada sesión, me entrega uno. Suelen incluir un artículo, tal vez un cuestionario o dos, y algunas hojas de trabajo. Los temas son muy variados, desde *cómo establecer relaciones saludables (y hacer un balance de las actuales)* hasta la *construcción de una identidad sin el trastorno alimentario* o *qué es el autocuidado, en realidad.*

Me gustan estos sobres. Me gusta poder volcarme en el papel. Me simplifica las cosas. Cuando todo está en mi cabeza, me parece caótico y desordenado. Pero cuando puedo mirar una hoja de papel y verme reflejada en palabras, cuentas y gráficos, es clarificador.

Los sobres siempre reiteran el tema de nuestra sesión, así que sé que la sesión de hoy va a ser acerca de los deslices.

—Jennette, esta va a ser una de las partes más importantes de la recuperación. Aceptar los deslices y seguir adelante con ellos.

Asiento.

—Las personas con propensión a los trastornos alimentarios suelen ser del tipo de personas que se quedan atrapadas en sus errores y les cuesta superarlos. Perfeccionistas. ¿Te suena?

—Sí… —(La etiqueta es un poco molesta, pero me suena).

—El problema con esto es que si nos castigamos después de un desliz, añadimos la vergüenza a la culpa y la frustración que ya sentimos por nuestro error. Esa culpa y frustración pueden ser útiles para hacernos avanzar, pero la vergüenza nos mantiene estancados. Es una emoción paralizante. Cuando quedamos atrapados en una espiral de vergüenza, tendemos a cometer más errores del mismo tipo que nos causaron vergüenza originalmente.

Asiento, comprendiendo.

—Hace que los deslices se conviertan en resbalones.

Jeff me señala con orgullo.

—Bingo.

Podría haber prescindido del «bingo», pero de hecho resuena en mí de una manera profunda y poderosa. Me estoy dando cuenta de cuánto han contribuido las espirales de vergüenza a mis problemas. Estoy muy cansada de jurar una y otra vez que «esta vez he terminado de verdad». Tal vez esta aceptación de los deslices sea la pieza que falta. Tal vez, cuando tenga un desliz, pueda reconocer lo decepcionante y frustrante que es sin tener que quedar atrapada en la espiral de la vergüenza. Sin dejar que esa espiral me lleve a más deslices, y más deslices, y más deslices, hasta que se conviertan en un resbalón. Quizá ahora un desliz pueda ser, como dice Jeff, solo eso. Un desliz.

82

Mierda. Llego tarde a una reunión. Cojo mi bolso y me apresuro a bajar las escaleras cuando le veo sentado, mirando por la ventana y revolviéndose el pelo con el dedo índice. Su expresión es catatónica, como suele ser últimamente. Me asusta verle así. La primera vez que ocurrió, pensé que tal vez era porque estaba tomando una dosis demasiado alta de litio. Pero le han ajustado la dosis de litio una docena de veces, y la catatonia no ha cesado. Fue entonces cuando me di cuenta de que era otra cosa.

—Hola, guapo —digo, intentando sonar lo más despreocupada posible—. ¿Cómo va todo?

Parece que no me oye.

—¿Steven?

Nada. Me muerdo el labio.

—Tengo que ir a una reunión. ¿Quieres acompañarme? ¿Quizás puedas dar una vuelta mientras yo estoy allí? No debería durar más de una hora.

He empezado a invitar a Steven a que me acompañe siempre que tengo citas o trabajo o reuniones. Tengo miedo de que si no es así no salga más de casa.

Steven ha dejado de trabajar y parece oponerse a volver a hacerlo. Afirma que «el trabajo es una pérdida de vida». No tiene aficiones y no le interesa pasar tiempo con sus amigos. Lo único que hace Steven estos días es fumar hierba. Se levanta por la mañana y ya fuma, y luego fuma continuamente durante todo el día. Está colocado cada minuto que pasa despierto. Es demasiado. Más de lo que nunca he visto hacer a nadie. Un alto nivel de catatonia.

Al principio pensé que estaba bien. Parecía aliviarle de su diagnóstico de esquizofrenia y de todo el agobio que conllevaba.

Traté de apoyarlo. Incluso lo ayudé a encontrar un distribuidor que pudiera conseguirle la cantidad que quería, que era mucha.

Pero luego derivó en esto. Y no es que no lo entienda. Lo entiendo. Entiendo mucho la necesidad de adormecer todo en tu vida. Pero yo ya no me adormezco. Y tal vez ese es el problema ahora, para nosotros al menos. Estoy avanzando en mi recuperación de la bulimia. Ya no abuso de mi cuerpo de la manera en que solía hacerlo. Intento cada día enfrentarme a mí misma. Los resultados varían, pero los intentos son constantes.

Cuanto más avanzo en mi recuperación, más se adentra Steven en su droga preferida. Y más nos alejamos el uno del otro.

Así que hace unas semanas tuve la brillante idea de volver a ponernos en la misma onda, costara lo que costara. Steven intentó ayudarme con mi bulimia, así que yo intentaré ayudarle con su adicción a la marihuana.

Imprimí un montón de artículos sobre cómo dejar de fumar hierba. Busqué grupos de apoyo. Le sugerí que probara con un nuevo terapeuta especializado en adicciones. Planifiqué actividades al aire libre, ya que así era menos probable que consumiera. Le invité a todos los sitios a los que iba para poder vigilarle. Le propuse posibles hobbies. Me deshice de su hierba.

Nada ha funcionado. No quiere leer los artículos. No quiere ir a los grupos de apoyo. No quiere probar un nuevo terapeuta e incluso ha dejado de ir al actual. No quiere un hobby. Ha comprado más hierba.

Me siento desamparada. Impotente ante él. Pero le quiero. Y quiero que estemos juntos. Así que seguiré intentándolo.

—Entonces, ¿quieres venir? —le pregunto de nuevo.

—Oh, uh… ahh, Jenny. Me voy a quedar aquí. Pero gracias por invitarme —dice mientras sigue revolviéndose el pelo.

83

—Bob, ¿la has oído? Se le acabó el dinero.

La abuela se lamenta, luego echa la cabeza en el hombro del abuelo y llora sin lágrimas.

—No ha dicho nada de eso, cariño —le asegura el abuelo con más paciencia de la que puedo entender.

Estoy sentada con mis abuelos en el salón de mi casa de Studio City. Todavía tengo a la abuela bloqueada, pero no deja que el abuelo me vea sin que ella esté presente. Acabo de darles la noticia de que voy a vender mi casa. La noticia no está siendo bien recibida.

—¿Qué le voy a decir a Linda? ¿Y a Joanie? ¡¿Y a Louise?! —La abuela grita agitando los brazos.

—Creo que puedes decirles la verdad —ofrezco.

—¿Que mi nieta, a quien quiero más que a nada en este planeta, ha decidido a su antojo mudarse de su preciosa casa a un mísero apartamento de una habitación?

—Claro.

—¡No!

—Todo saldrá bien, cariño —le dice el abuelo a la abuela dándole una palmadita en la mano.

Las áreas de mi vida que me causan estrés es un tema que discuto a menudo en terapia con Jeff. El tema de mi casa ha surgido lo suficiente como para que Jeff me pregunte por qué no la vendo.

—Bueno, hace tiempo que quiero venderla, pero no puedo hacerlo.

—¿Por qué no? —pregunta Jeff.

—Porque no es… inteligente.

—¿Por qué no es inteligente?

—Porque una casa es una buena inversión.

—Mmm. Dime qué es lo que te estresa de tu casa.

—Bueno, se está cayendo a pedazos. Siempre hay algo que arreglar: viene un contratista casi todos los días. No me di cuenta de que ser propietaria de una casa iba a ser otro trabajo más, un trabajo que no me interesa y para el que no tengo tiempo.

—¿Algo más?

—Me siento sola. Y da un poco de miedo. Es demasiado grande para mí. Y no me gusta el barrio. Y alguien filtró mi dirección en internet, así que he tenido un par de acosadores que aparecen a veces y dejan notas espeluznantes, y una vez uno de ellos dejó un ramo de rosas chorreando sangre.

—Son muchas cosas estresantes.

—Sí.

—¿Y aun así no la vendes porque es una buena inversión?

—Sí.

—¿Qué hace que sea una buena inversión?

—No estoy exactamente segura. Es una especie de cosa que he oído. ¿Sabes? Todo el mundo dice que una casa es una buena inversión.

—Una buena inversión para una persona puede ser una mala inversión para otra.

—De acuerdo.

—¿Y la inversión en tu salud mental? Sentirse seguro es importante para la salud mental, y has mencionado que no te sientes segura.

—No…, pero… no lo sé. No creo que pueda venderla.

Jeff me mira fijamente sin pestañear.

—Podría comprar algunas plantas. —Me encojo de hombros. La cantidad de veces que he pensado que comprar plantas podría cambiar mi vida es asombrosa.

—¿Alguna otra idea? —pregunta Jeff.

—Podría tomar más vacaciones.

—Pero eso no influye directamente en tu entorno principal: tu casa. Que es el principal entorno que influye en tu salud mental. Así que ¿por qué no nos centramos en el hogar?

—¿Pero y las plantas?

—Más importante que las plantas. —Jeff asiente.

—¿Podría… contratar a un decorador de interiores?

—Bien, ¿y eso cómo reduciría tu estrés?

—Bueno, la casa tiene un aspecto algo vacío. Y la siento algo solitaria.

—¿Y unas alfombras van a ayudar a eso?

—Puede que sí —digo animada. No me gusta esa pregunta, Jeff.

—Muy bien —dice Jeff—. Entonces, ¿por qué no empezamos por ahí?

Llego a casa y llamo a mi agente inmobiliario para preguntarle si conoce a algún buen decorador de interiores. Dice que solo conoce a una.

* * *

Liz se presenta en mi casa con un top negro con volantes y unos *leggins* con estampado de leopardo. Debería haberme dado cuenta en ese momento. Shania Twain es la única persona en la tierra a la que se le debería permitir el estampado de leopardo.

—¿Cómo describirías el estilo de tu casa? —pregunta Liz mientras se sienta en la mesa del comedor. Pone su gran bolsa sobre ella y empieza a sacar retazos de tela, carpetas de materiales y gruesas revistas de hogar.

—Ehhh… —Miro alrededor de la habitación vacía—. No tengo ni idea. Estaba pensando aceptar lo que sea que tengas pensado.

—Ohhh, excelente —dice Liz con entusiasmo—. Tengo muchas ideas. Creo que la favorita es… *glamour chic* con toques de *animal print.*

Hago todo lo posible para evitar mirar sus *leggins.*

—No soy muy entusiasta del *animal print.*

—Oh —dice ella, ligeramente ofendida—. Bueno, solo serían detalles sutiles. Podríamos poner algún estampado de leopardo, o de vaca, o de cebra, que está muy de moda ahora.

¡¿Por qué insistes con las cebras, Liz?! No quiero estampado de cebra en mis almohadas ni en mis mantas ni en mis cortinas. Es algo que nunca he entendido, por qué tenemos que intentar que las almohadas, las mantas y las cortinas sean «divertidas». Estas cosas no son divertidas, son funcionales. Dame unos muebles sencillos, de colores sólidos y que combinen entre sí y dejémoslo estar.

—Mira… —le digo con toda la delicadeza que puedo—. Solo quiero cosas sencillas. No tengo ojo para ello, pero sé que quiero algo sencillo.

—¡Pero eres tan joven! ¡Y divertida! ¿No quieres que tu espacio lo refleje?

No.

—Ehh…

—¿Por qué no lo probamos? ¿Por qué no empezamos con este plan y luego todo lo que no te guste lo puedo devolver, excepto las cosas que no son reembolsables?

Ser pusilánime es algo malo, pero ser un pusilánime obstinado es peor. Un pusilánime es simpático y sigue la corriente, sea cual sea. Un pusilánime obstinado se comporta bien y sigue la corriente, pero en silencio y con resentimiento. Yo soy una pusilánime obstinada.

—De acuerdo —digo amablemente, cabizbaja.

Tres días después, unas cortinas con estampado de leopardo en color menta y crema aparecen en mi puerta con un recibo: $ 14.742. Está claro que Liz está acostumbrada a trabajar con clientes a los que no les importa soltar quince mil dólares para tapar el sol, pero yo no soy una de esos clientes.

Dejando a un lado los estampados y los precios, estoy empezando a aceptar que no importa qué tipo de mantas o cortinas o almohadas tenga, no compensarán los arreglos constantes ni la soledad ni los acosadores con las malditas rosas. No puedo vivir en esta casa.

Llamo a Liz para decirle que ya no necesitaré sus servicios.

—Bueno, qué decepción —me dice—. Pero lo entiendo perfectamente y te deseo la mejor de las suertes con la decoración de tu casa.

—Gracias, pero en realidad creo que voy a venderla.

—¿Ah, sí?

—Sí.

—Bueno, está bien…

—Sí. Así que… hazme saber dónde quieres que deje las cortinas de leopardo para que puedas devolverlas.

—Oh, esas no son reembolsables.

* * *

Ahora, días después, intento razonar con la abuela.

—No entiendo por qué la venta de esta casa es tan importante para ti.

—¡Porque sí! —grita la abuela.

Siempre olvido que tratar de razonar con los irrazonables es… poco razonable.

—Es lo mejor para mí. Y te agradecería mucho que apoyaras la decisión.

—Pues yo no. Simplemente no. —La abuela entierra su cabeza en la axila del abuelo.

—Todo irá bien, cariño. Todo saldrá bien —le dice el abuelo.

—¿A dónde te vas a mudar, niña? —pregunta la abuela con un resoplido.

—Me voy a mudar a un apartamento encima de La Americana.

—¿La Americana? —La abuela se gira para mirarme, sin resoplar—. ¿Ese elegante centro comercial con la fuente y la música de Frank Sinatra?

—Ese mismo.

Ella vacila.

—Supongo que no será tan malo. Tienen un Ann Taylor Loft allí…

84

—¿Me queda bien? —les pregunto a Colton y a Miranda.

Me están ayudando a elegir la ropa que voy a llevar al gran evento.

—Yo me quitaría la falda. Es un poco… demasiado —me dice Colton. Agradezco su sinceridad y cojo unos vaqueros—. Mejor. —Asiente.

—¿Y si no le gusto? —les grito mientras me dirijo al baño para cambiarme.

—Le vas a gustar —me dice Miranda para que me sienta segura.

Estoy muy nerviosa. Estoy más nerviosa que en ninguna otra primera cita. Tal vez porque lo que está en juego es muy grande. Esta no es una primera cita cualquiera. Es mi primera cita con mi padre biológico.

Estamos en el Porsche de Miranda en la 405 mientras nos dirigimos a Newport Beach, al hotel donde se celebra el concierto.

—¿Así que tu padre biológico toca la trompeta? —pregunta Colton cuando nos acercamos al destino.

—El trombón —le corrijo.

—Es lo mismo —dice Colton encogiéndose de hombros.

Sé que intenta mantener la conversación porque el ambiente se vuelve más pesado cuanto más nos acercamos al hotel. Y con razón.

Me presento sin avisar en el concierto de jazz de mi padre biológico, que no sé si sabe que existo.

Aunque no pude sacarle mucha información a Mark-Papá, sí pude conseguir el nombre completo y la ocupación de mi padre biológico, lo que fue suficiente para que una rápida búsqueda en línea me llevara a su sitio web oficial. Tenía una lista de las bandas sonoras de innumerables películas en las que había participado, como *La guerra de las galaxias*, *Parque Jurásico*, y *Lost*, y una lista de las próximas fechas de la gira de su divertido proyecto personal, una banda de jazz. Elegí la última fecha posible en el área de Los Ángeles, porque quería tener el mayor tiempo posible para prepararme emocionalmente.

Y ahora estoy aquí, a unos minutos de este concierto. Hace meses que decidí venir, y todavía no me siento emocionalmente preparada.

¿Sabe Andrew que es mi padre? ¿Sabe que es el padre de Dustin y Scott? ¿Estuvo cerca alguna vez cuando yo era pequeña? ¿Cuándo lo dejaron él y mamá? ¿Se mantuvo en contacto con ella? ¿Sabe que está muerta? ¿Tiene familia ahora? ¿Conocen esta situación?

Tengo muchas preguntas, y el abanico de posibilidades de respuestas me resulta inquietante. He pensado en la posibilidad de que tenga familia, que sus hijos vayan a verlo hoy y que no sepan nada. Y no quiero ser yo quien les dé la noticia. Así que he decidido que me acercaré a él al final del concierto, en cuanto abandone el escenario, y únicamente si está solo.

También he considerado que tal vez lo niegue. Tal vez diga: «vete a la mierda». Tal vez no lo sepa. No tengo ni idea de lo que me espera.

Miranda se acerca al aparcacoches y nos apeamos. Colton me agarra del brazo para confortarme, pero Miranda no. Muchas amistades femeninas parecen estar muy acostumbradas al contacto físico: agarrarse las manos, abrazarse constantemente, tocarse el pelo, lo que sea. Miranda y yo tenemos una amistad que no carece totalmente de contacto físico, pero casi. Los abrazos entre nosotras son raros, y me parece bien.

Caminamos por los pasillos del hotel y me detengo en el baño para orinar. Miranda me acompaña, creo que para asegurarse de que no me purgue. Nunca me lo ha dicho directamente, pero me doy cuenta. No me acompaña siempre. No es del tipo obvio.

Lo normal sería que me sienta inquieta, como cuando Steven intentaba interceptar una purga. Pero esta vez no, porque esta vez no lo tengo previsto. No hay nada en mi cuerpo que purgar. He sentido náuseas todo el día y no he podido comer. Me he anotado en la mente que mañana hablaré de esto en la terapia, pero hoy solo quiero terminar con esto.

Me lavo las manos durante un buen rato, con la esperanza de que esto las libere de su humedad. Me pongo más rímel y un poco más de colorete. ¿Por qué me preocupa tanto mi aspecto ante mi padre biológico? Lo he notado durante todo el día. Vuelvo a meter el rímel en el bolso y nos dirigimos al hotel y al patio, donde se celebra el bolo. Odio la palabra «bolo», pero estoy segura de que es el término apropiado para esto.

Colton, Miranda y yo nos sentamos en una mesa cerca del fondo unos minutos antes de que empiece el espectáculo. El público es en su mayoría gente de entre cuarenta y cincuenta años, de aspecto adinerado. Mucho Gucci.

—¿Qué os trae por aquí? —me pregunta la mujer sentada a mi lado, borracha de vino y vestida de perlas.

Pienso en decir: «Bueno, mi padre biológico, al que no he conocido, toca el trombón en esta banda, así que iba a abordarlo después del espectáculo para tratar de encontrar respuestas acerca de mi infancia disfuncional», pero no lo hago.

—Nos gusta el jazz —dice finalmente Colton, cuando se da cuenta de que tengo la mirada perdida.

—Oh, eso es bueno. Necesitamos más jóvenes como tú. Cultos. ¿Qué grupos de jazz te gustan?

—Todos. Todos ellos. —Colton asiente.

—Genial, genial —responde Perlas con una sonrisa, aparentemente satisfecha por esa no respuesta—. ¡Ooh, aquí están!

Perlas aplaude con entusiasmo y los tres nos giramos para ver a la banda salir al escenario. Miro inmediatamente a mi padre, que carga su trombón. No puedo decir que vea algún parecido. Tal vez estoy sentada demasiado atrás. O tal vez los genes de mamá eran más fuertes.

La banda empieza a tocar. Colton me agarra la mano varias veces. Miranda me mira de reojo. Me siento como si estuviera en trance durante todo el concierto.

Una hora después, el saxofonista anuncia que van a tocar la última canción.

Se me seca la boca. Mis manos están empapadas. Me late con fuerza el corazón.

—Vale, vamos —dice Colton, cogiendo mi mano. Los tres nos levantamos de la mesa y nos dirigimos hacia la salida del escenario.

—¡¿A dónde vais?!

Ahora no, Perlas.

La canción final está llegando a los compases finales y aún no hemos llegado a la salida del escenario. Aceleramos el ritmo.

—No pueden estar aquí —nos dice un guardia de seguridad.

—Lo siento, ella tiene que hacer una cosa rápida —dice Colton con la confianza de alguien que está dando información legítima.

El guardia de seguridad está lo suficientemente confundido como para dejarnos pasar. Levanto la vista y veo a mi padre biológico cruzando el escenario.

—¡Deprisa! —dice Miranda.

Corro los últimos treinta metros más o menos hasta llegar a él justo cuando baja las escaleras del escenario. Me ve. Hacemos contacto visual. Parece perplejo, tal vez un poco alarmado.

—Creo que tenemos algo en común —es lo que sale de mi boca.

Sus ojos se llenan de lágrimas. Los míos también.

Los siguientes diez minutos son un intercambio de información borrosa. Le pregunto si sabía de mí, que existía. Dice que sí. Y de mis hermanos. Dice que ha estado esperando a que nos pusiéramos en contacto con él. No quería ponerse en contacto con nosotros porque no estaba seguro de que lo supiéramos. Me pregunta cómo me enteré. Se lo cuento. Dice que las cosas terminaron mal con mamá y que hubo una gran batalla por la custodia cuando éramos pequeños, que mamá dijo que él era un abusador (él me asegura que no). Ella ganó. Le pregunto si sabía que mamá había muerto. Dice que sí, que lo vio en *E! News*. Pienso en lo extraña que es esa frase.

Los técnicos empiezan a decirnos que tenemos que irnos. Mi padre biológico me da su número de teléfono y me dice que le envíe un mensaje. Nos abrazamos y nos despedimos. Miranda y Colton se acercan a mí. Tengo muchos sentimientos y puedo identificar cuáles son. Es un progreso.

Me alegro de que supiera que existíamos. Estoy aliviada de haber terminado bien esta prueba. Estoy decepcionada por la brevedad. Estoy confundida y triste porque no me buscó él primero. Nunca sabré con seguridad si quería verme, o si solo lo dice porque es lo que se supone que hay que decir.

En cuanto a las primeras citas, esta ha sido sin duda la más interesante en la que he estado. No estoy segura de si habrá una segunda.

85

Está fría y pesa en mis manos. Camino despacio con ella porque me voy parando. Me he deshecho de ella antes, siete u ocho veces. Pero cada vez, salgo al día siguiente y consigo una nueva. Hasta ahora no he sido capaz de pasar veinticuatro horas sin comprarme una nueva, pero tengo la esperanza de que esta vez será diferente. Quizás esta vez podré deshacerme de ese hábito para siempre, ya que lo estoy convirtiendo en un acontecimiento, ya que librarme de esa actitud es un regalo a mí misma por mi vigesimocuarto cumpleaños.

Mi báscula me ha definido durante mucho tiempo. El número que muestra me dice si estoy teniendo éxito o fracasando, si me estoy esforzando lo suficiente o no, si soy buena o mala. Sé que no es sano que algo tenga tanta autoridad sobre mi autoestima, pero por mucho que haya intentado luchar contra ello, siempre me he sentido reducida al número que indica la báscula, porque, en cierto modo, es más fácil. Definirse a uno mismo es difícil. Complicado. Lioso. Dejar que el número de la báscula lo haga por ti es sencillo. Directo. Simple.

Peso cuarenta y tres kilos. O cuarenta y siete kilos. O cincuenta y dos kilos. O cincuenta y seis kilos. Independientemente de lo que marque la báscula, eso es lo que soy.

O mejor dicho, eso era. Ya no quiero que ese número sea todo lo que soy. Que me defina. Estoy preparada para experimentar la vida más allá de la báscula.

Suena ridículo, «la vida más allá de la báscula». Es tan dramático pero, desgraciadamente, es cierto para mí. Me avergüenza que esta sea mi realidad. Tal vez sea algo bueno. Tal vez crecer es eso, avergonzarse.

Me acerco al basurero y abro el pestillo para abrir la puerta del vertedero. Lanzo la báscula en el vertedero. Oigo cómo se desliza por él, golpeando contra los lados mientras cae. Me voy.

El día siguiente llega y se va. No me compro otra báscula.

86

Estamos sentados en un bote-cisne en el lago Echo Park. En un maldito y horrible bote con forma de cisne. Ninguno de los dos ha dicho una palabra en los últimos cinco minutos, que parecen mucho más que cinco minutos cuando estás sentado en un estúpido bote con forma de cisne.

Miro a Steven. Él no percibe mi mirada. Mira a lo lejos, medio nostálgico, medio deprimido. Está muy contemplativo estos días, pero de esa manera que no te lleva a ninguna parte. Es como que tus tuercas giran y tus pensamientos dan vueltas en bucle pero no hay ningún progreso.

He intentado durante mucho tiempo ayudar a Steven. O controlarlo. No estoy segura de cuál de las dos cosas, ya que están muy relacionadas. Pero hace unos meses, me rendí. Comenzó cuando Jeff me dio algunos materiales para leer acerca de la codependencia. Todo lo que leí me sonó demasiado y me obligó a aceptar que Steven y yo teníamos una relación profundamente codependiente. Jeff sugirió que me concentrara en tratar de resolver mis propios problemas.

—Pero si estoy aquí. *Estoy* tratando de resolver mis problemas.

—Y estás haciendo un gran trabajo —afirmó Jeff, asintiendo—. Pero tengo la sensación de que podrías progresar más si tomas toda esa energía que estás gastando en tratar de controlar la vida de Steven y la dedicas a controlar la tuya.

El cambio se produjo rápidamente. Por sugerencia de Jeff, añadí la terapia de grupo a mi régimen semanal de superación personal. Leí más libros sobre la recuperación de los trastornos alimentarios. Cuanto más tiempo pasaba concentrada en mis problemas, menos tiempo tenía para concentrarme en los de Steven. Y cuanto menos me concentraba en los de Steven, más nos distanciábamos.

Ha sido triste reconocer lo mucho que recomponernos el uno al otro ha sido el pilar de nuestra relación. Ya sea Steven tratando de sanar mi bulimia o yo intentando curar su adicción a la marihuana o empujándolo a encontrar el cóctel adecuado de medicamentos, ha sido el pegamento de nuestra relación. Sin ese aspecto de intentar arreglar al otro, no tenemos mucho de qué hablar. Como en este momento.

—Steven —digo finalmente.

Eso lo hace salir de su trance. Me mira. No tengo nada que decir. Sabe lo que viene. Empieza a llorar. Yo también. Lloramos y nos abrazamos y pedaleamos en nuestro estúpido barco gigante con forma de cisne.

87

—Jennette, estoy con todo el equipo —me dice por teléfono uno de los ayudantes de mi agente.

Siempre que «todo el equipo» está presente en una llamada, es una de dos cosas: una muy buena noticia o una muy mala. «Todo el equipo» solo entra en una llamada para celebrar algo o para brindarte su apoyo, nada más. Uno por uno, cada miembro de «todo el equipo» entra en la teleconferencia. Espero a saber de qué tipo de noticias se trata.

—¿Ya están todos? —pregunta una voz.

—Sí, estamos todos —dice otra voz—. Entonces, Jennette…

Malas noticias. Una pausa siempre es una mala noticia.

—… han cancelado tu serie de Netflix.

Silencio. Puede que sea una mala noticia para mis agentes, pero a mí no me parece mal. Me parece… bien.

—Vale.

—¿Vale? —pregunta una de las voces, confusa.

—Vale —repito—. Gracias por decírmelo.

—Muy bien —dice otra voz, que parece aliviada—. Bueno, de acuerdo entonces. Ehh, sí, así que… la buena noticia es que podemos empezar a presentarte para otros papeles ahora que ya no estás pendiente de Netflix.

—En realidad...

Percibo la tensión mientras todos esperan escuchar lo que viene a continuación. Casi puedo sentir sus miedos a través de la línea. *¿Va a llorar? Por favor, que la actriz no llore. Que Dios me ayude.*

—En realidad, he estado pensando en ello durante un tiempo, ya que hemos estado esperando para saber si la serie sería elegida para una tercera temporada. Y decidí que, si nos elegían, participaría. Pero que, si no, me tomaría un descanso de la actuación.

Silencio.

—Oh —dice una voz finalmente—. Muy bien entonces, mmm... ehh. ¿Estás segura?

—Sí, lo estoy.

—¿Segura segura? —pregunta uno de ellos.

—Sí, completamente segura.

—Muy bien. Bueno... avísanos si cambias de opinión. Nos encantaría seguir buscando papeles para ti.

—Os lo haré saber.

Se intercambian algunas despedidas incómodas y finaliza la llamada. Así de sencillo. Una carrera de dieciocho años terminó en una llamada telefónica de dos minutos.

Me siento en paz con la decisión. Por fin. Al principio no lo estaba. Me ha llevado más de un año de reflexión y de idas y venidas con Jeff para llegar hasta aquí. He sabido durante mucho tiempo que mi relación con la actuación es complicada. No es diferente a mi relación con la comida y mi cuerpo.

Los siento a ambos como un toma y daca constante, un anhelo, un ruego, una lucha. Intento desesperadamente conseguir su aprobación, su afecto, y parece que nunca lo consigo. Nunca soy lo suficientemente buena.

Estoy resentida por la lucha, y agotada.

Por fin he empezado a tomar el control de mi relación con la comida, y cuanto más sana es esa relación, más insana me parece la carrera de actriz. Entiendo que muchos aspectos de cualquier trabajo están fuera del control de una persona, pero en la actuación es particularmente así.

Como actriz, no puedes controlar qué agentes quieren representarte, para qué papeles te presenta tu agente, qué audiciones consigues, qué convocatorias obtienes, qué papeles consigues, de qué tipo es el papel, cómo te ves para tu papel, cómo el director dirige tu actuación, cómo edita tu actuación el montajista, si la serie es elegida o la película va bien, si a los críticos les gusta tu actuación, cómo te retratan los medios de comunicación si te haces famosa, etcétera. Que Dios bendiga a las almas que pueden tolerar tener tantas cosas en el aire, pero yo ya no puedo.

Gran parte de mi vida la he sentido fuera de mi control durante mucho tiempo. Y ya no quiero que esa sea mi realidad.

Quiero que mi vida esté en mis manos. No en las de un desorden alimentario o en las de un director de casting o en las de un agente o en las de mi madre. En las mías.

88

—Me encanta —digo, y no miento como lo hice cuando cumplí seis años y estrené mi pijama de *Rugrats*. Realmente me encanta.

Tengo la mochila desde hace tres años y se ha estropeado bastante. Me he quejado de ella durante meses, pero no he sido capaz de encontrar un sustituto decente. Pero Miranda sí. Encontró una preciosa mochila Tumi negra con detalles dorados. Es perfecta.

Lo único que supera los regalos de Miranda son sus tarjetas. Saco la suya para leerla. Su letra es meticulosa. Sus frases son amables y sencillas. Siempre incluye un par de chistes. Y siempre firma sus tarjetas como Alec Baldwin. Ya ni siquiera recuerdo de dónde salió esa ocurrencia, pero siempre me hace reír.

—¿Vamos primero a Disneylandia o vamos a cenar? —pregunta Miranda.

Es mi vigesimosexto cumpleaños. Aunque el abuelo ya no trabaja en Disney, por haber trabajado allí durante quince años tiene un suministro honorífico de por vida de pases de acceso a los parques y descuentos para empleados. Utilizó su descuento para conseguirme una rebaja del cuarenta por ciento en una habitación con vistas al patio en el hotel Grand Californian. Gracias, abuelo.

—Vamos a Disneylandia.

Por supuesto que elijo Disneylandia. Y no solo porque sea Disneylandia. Si alguna vez tengo que elegir entre la cena y otra cosa, elijo la otra cosa.

Llevo unos años recuperándome de mi trastorno alimentario, pero el camino sigue siendo accidentado. Algunas semanas no me purgo. Otras semanas sí. Los criterios de diagnóstico de la bulimia estipulan que debe haber una secuencia de atracones y purgas al menos una vez a la semana durante tres meses. Así que aunque a veces me exceda de las especificaciones semanales, las purgas son lo suficientemente inconsistentes como para que, según Jeff, ya no se me considere una bulímica. Solo soy una «persona que a veces muestra un comportamiento bulímico». Lo cual sigue sin parecerme bien.

Me alegro de que, al menos, cuando tengo un desliz, ese desliz ya no se convierte en un resbalón. Es un gran progreso, lo sé. Pero sigo diciéndole a Jeff que no quiero ser una «persona que a veces muestra un comportamiento bulímico». Quiero ser mejor. Más fuerte. Más segura de mi recuperación. Quiero sentir que he superado los trastornos alimentarios y que son una cosa del pasado. Pero hasta ahora, ese momento no ha llegado.

La comida —la falta de ella, el deseo de ella, las ganas de ella, el miedo a ella— sigue ocupando gran parte de mi energía. Cualquier mención a comida, cualquier recuerdo de ella, sigue provocando una oleada de ansiedad en todo mi cuerpo.

Por eso, si hay que elegir entre la cena y otra cosa, siempre elijo la otra cosa. Quiero posponer el caos de la comida el mayor tiempo posible.

Cojo mi peluca de pelo rizado caoba y mis gafas de sol de la mesita de noche. He empezado a usar este disfraz cuando voy a los sitios para evitar que me reconozcan. Miranda y yo nos dirigimos a Disneylandia y nos subimos a Space Mountain, y luego a

Matterhorn, ya que está cerca, aunque a ninguna de las dos nos gusta mucho. Caminamos hasta el parque temático anexo, el California Adventure. Nos montamos en la atracción de Guardianes de la Galaxia y paseamos por el edificio de la Academia de Animación, donde aprendemos a dibujar a Simba. Estamos terminando de doblar nuestros dibujos cuando ocurre lo inevitable. Mi estómago ruge. Las dos nos reímos y acordamos ir a cenar.

Miranda lo sabe todo sobre mis problemas con la comida. Lo sabe desde hace tiempo, desde el principio de mi recuperación, cuando me sugirieron que se lo contara a algunos amigos de confianza. Desde entonces, Miranda me ha apoyado mucho.

Aprecio su apoyo, pero a veces también es difícil. Antes de que Miranda supiera de estas cosas, cuando la bulimia era mi secreto, podía superar los altibajos por mí misma. Era la única persona a la que tenía que rendir cuentas, la única a la que decepcionaba. Pero ahora que está al tanto del secreto, puedo decir que es muy consciente de mis tendencias alimenticias. Está constantemente observando. No solo me decepciono a mí misma con mis deslices, sino también a ella.

—¿A dónde quieres ir? —pregunta Miranda.

—Donde no haya cola.

Solo quiero terminar de comer para poder prepararme para el ataque de las emociones y abrirme camino a través de su intensidad hasta que pasen y no me haya purgado. Ojalá.

Caminamos hasta Downtown Disney, el distrito comercial adjunto a los parques temáticos, y nos dirigimos a Tortilla Joe's, ya que suele tener la cola más corta. Nos sentamos en un puesto de la esquina y pedimos enseguida: patatas fritas y guacamole para picar, Miranda pide tacos y yo salmón con ensalada. Siempre pienso que si pido lo más sano, tengo más posibilidades de no vomitar después. Supongo que siento menos vergüenza por el salmón que por una hamburguesa. O lo supondría si siempre fuera así. Pero no lo es.

A estas alturas tengo tanta hambre que no puedo contenerme con las patatas fritas y el guacamole. Me digo que solo una, solo dos, solo cuatro, solo seis, pero no me detengo ni en una, ni en dos, ni en cuatro, ni en seis. Sigo adelante. Me muestro despreocupada a pesar de lo que pasa por mi mente.

El cerebro con trastorno alimentario es muy molesto. Cada vez que tengo una conversación con alguien durante una comida, hay otra conversación interna: juicios, críticas y autodesprecio que me presionan con severidad. Son una distracción brutal. Nunca puedo estar del todo presente, esté con quien esté. Mi atención está siempre más centrada en la comida que en la otra persona.

Me han dicho que esta narrativa, esta forma de pensar, este «cerebro con trastorno alimentario» disminuirá con el tiempo. Supongo que ya veremos.

Llegan los platos principales. Me doy cuenta, por la forma en que Miranda me observa, de que nota que estoy ansiosa. Me recuerdo que debo masticar despacio, parecer tranquila, actuar con normalidad. Entonces me excuso y digo que tengo que hacer pis.

Llego al baño y miro el suelo de las cabinas para asegurarme de que están todas vacías. Empecé a hacerlo después de un viaje a Disneylandia hace tres años, cuando me bajé de Jungle Cruise y me dirigí al baño de Adventureland para vomitar mi crema de marisco. Estaba justo en medio de la purga cuando una manita se asomó por debajo de la puerta de al lado con su libro de autógrafos de Mickey & Friends, pidiéndome que se lo firmara. No podía hacerlo porque soy diestra y, como acababa de vomitar, me caían trozos de crema de marisco por el brazo. Si esos trozos llegaban a su libreta de autógrafos, la pequeña Bailey cambiaría para siempre.

Por suerte esta vez las cabinas están todas vacías. Tengo que ser rápida para que nadie me pille. Me apresuro a entrar en la más grande. Me meto los dedos en la garganta y me purgo repetidamente hasta que ya no sale nada. Me limpio el vómito del brazo con papel higiénico. Odio el papel higiénico de las instalaciones de Disney porque es muy fino y se deshace enseguida, por lo que tengo que restregarme los pequeños restos de vómito y papel higiénico del brazo con más papel higiénico fino, y luego todavía quedan restos de vómito y papel higiénico, y hay que seguir restregando, y así sin parar.

Estoy inclinada sobre el inodoro cuando recuerdo algo que me dijo Jeff. «No querrás tener cuarenta y cinco años en la fiesta de Navidad de la oficina, con tres hijos y una hipoteca, colándote en el baño para vomitar la salsa de alcachofa», había dicho.

Claro, no tengo cuarenta y cinco años. Y ni siquiera me gusta la salsa de alcachofa. Pero es mi vigesimosexto cumpleaños. Me estoy haciendo mayor.

Pienso en mamá. No quiero convertirme en ella. No quiero vivir a base de barritas de cereales Chewy y verduras al vapor. No quiero pasarme la vida restringiéndome y leyendo las páginas de las dietas de moda de *Woman's World*. Mamá no mejoró. Pero yo sí.

89

Estoy de pie en el césped recién cortado de una propiedad de Brentwood increíblemente cara. Mis tacones de aguja se han hundido en la hierba. Nunca debería haber llevado tacones de aguja a una fiesta con césped, pero no sé cómo vestirme y ya no tengo estilistas de Nickelodeon que me preparen para los eventos.

Está oscuro y hay luces parpadeantes y celebridades a mi alrededor. Estoy en una especie de reunión de la industria del ocio vacacional a la que me ha invitado mi nuevo mánager, el que me representa como escritora. (Mis agentes me abandonaron cuando se dieron cuenta de que mi descanso del mundo de la actuación no iba a ser breve).

Arranco los tacones de la hierba y me dirijo a la mesa del bufé cuando, ante mis ojos maravillados, aparecen unas minihamburguesas con queso… pero ahora no me apetece algo carnoso y con queso. Me apetece algo dulce. Y estos días presto atención a lo que siento. Veo una galleta de chocolate densa y caliente. Perfecto.

Mientras mastico, me doy cuenta de que se trata de una galleta de chocolate que jamás me habría permitido comer en mis días de anorexia, y que tampoco me habría permitido en mis días de bulimia. Una galleta de chocolate por la que no he sentido ansiedad por comerla y cuyas calorías no conozco. Pienso en que hace más de un año que me purgué por última vez y hace varios meses que realmente he podido encontrar placer en la comida que ingiero.

Hasta ahora, la recuperación es, en cierto modo, tan difícil como los años de bulimia y alcoholismo, pero difícil de una manera diferente, porque por primera vez estoy enfrentando mis problemas en lugar de enterrarlos con trastornos alimentarios y sustancias. Estoy procesando no solo el dolor por la muerte de mi madre, sino también el dolor por una infancia, adolescencia y joven adultez que siento que nunca pude vivir en mis términos. Es difícil, pero es el tipo de dificultad que me enorgullece.

Oigo por encima de mi hombro una voz estruendosa que me resulta familiar. Me giro y veo a Dwayne «La Roca» Johnson. Tiene un aspecto muy agradable y tan propio, con su gran sonrisa. El hombre rezuma carisma.

Pienso en acercarme a él y presentarme, recordándole aquella entrega de premios de hace años. ¿Podría darse cuenta de lo abatida que estaba la última vez que nos vimos? ¿Percibiría ahora la diferencia? ¿Comprendería todos los obstáculos y logros que representa esta galleta? ¿Es Dwayne Johnson Dios?

Intento pensar en algo divertido, ingenioso o encantador que decir, pero no puedo. Mi mente se congela en los ambientes sociales, especialmente si esos ambientes incluyen a La Roca/Dios. Pierdo mi oportunidad. Se aleja entre la multitud. Sigo comiendo la galleta. La disfruto.

90

Estoy cenando en mi apartamento cuando suena el teléfono. Es Miranda. No suele llamarme a menudo. Nos hemos distanciado. Es una triste realidad para mí, ahora que estoy al final de la veintena. Al principio de mis veinte años, parecía que las personas a las que estaba unida iban a ser amigas para toda la vida, y nunca hubiera podido imaginar que no las vería todos los días. Pero la vida pasa. El amor pasa. Las pérdidas ocurren. El cambio y el crecimiento se producen a ritmos diferentes para cada persona, y a veces los ritmos no coinciden. Se siente devastador si pienso demasiado en ello, así que normalmente no lo hago.

Pero sé por qué llama hoy. He estado esperando esta llamada y no sabía cuándo llegaría exactamente.

—¿Hola? —digo, mientras me levanto de la mesa y me pongo unas zapatillas.

—Hola.

Las dos empezamos a reírnos. No recuerdo la última vez que hablamos, pero en cuanto nos ponemos al teléfono empezamos a reírnos.

Salgo por la puerta principal para poder pasear por el barrio mientras charlamos. Nos ponemos al corriente de las novedades de nuestras familias disfuncionales y de los principales acontecimientos de la vida, y luego llega la pausa, el pequeño paréntesis antes de que salga a relucir el motivo de la conversación.

—Miranda, no voy a hacer el reinicio. No hay nada que puedas hacer para convencerme.

—¡Bueno, aun así lo voy a intentar! —Se ríe. Yo también me río.

Me dice que cree que el reinicio podría ser una oportunidad para que todos los miembros del reparto «volvamos a salir al mercado», y que tal vez tengamos otras oportunidades. Es el mismo discurso que ya escuché de un ejecutivo de la cadena hace unos meses, cuando me enteré del relanzamiento de *iCarly*.

Sé que tanto el ejecutivo como Miranda tienen buenas intenciones al decir estas cosas. Pero no estoy de acuerdo. No creo que un relanzamiento pueda conducirnos de verdad a otras oportunidades porque, si el actor no ha hecho un trabajo significativo entretanto, el reinicio solo sirve como recordatorio de ello. Además, afianza al actor en el papel que lo dio a conocer al menos una década antes, un papel que probablemente mantiene su carrera estancada, sin florecer.

Este negocio es duro. Y este negocio no ve un papel en un relanzamiento como un renacimiento de la carrera, se ve como un final de carrera.

—Pero da dinero —me dice Miranda—. Pregunté si te pagarían la misma cantidad que a mí, y me dijeron que sí.

Miranda tiene razón —la cadena fue generosa en su oferta— y fue muy amable de su parte alentar esa oferta.

—Lo sé —le digo a Miranda—. Pero hay cosas más importantes que el dinero. Y mi salud mental y mi felicidad entran en esa categoría.

Hay un momento de silencio. Es uno de esos raros momentos en los que siento que no he dicho ni mucho ni poco. Siento que me he representado correctamente y que no hay nada que cambiar en la forma en que lo he dicho. Me siento orgullosa. Terminamos nuestra conversación, prometemos seguir en contacto, y colgamos. Vuelvo a casa para terminar de cenar.

91

—Hola, mamá —casi digo en voz alta, pero me detengo porque no quiero parecer una loca ante los demás dolientes que me rodean. Doliente en singular en realidad. Solo hay uno, y es el mismo tipo que siempre veo aquí. Está sentado en una silla de jardín con una sombrilla encima, escuchando rock suave en un equipo de música y mirando la lápida de quien supongo que fue su esposa.

Miro la lápida de mamá. Hay una veintena de adjetivos escritos en ella porque toda la familia tenía sus propios calificativos y nadie estaba dispuesto a renunciar a los suyos.

—Tenemos que incluir «juguetona» —insistió el abuelo.

—¿Por qué a nadie le gusta «valiente»? «Valiente» es una buena palabra —se lamentó la abuela.

Así que simplemente apiñamos todas las palabras allí. Incluso el lugar de la muerte de mamá está desordenado.

Es la primera vez que visito la tumba de mamá desde su cumpleaños, el pasado julio. Mis visitas se han vuelto menos frecuentes a lo largo de los años, aunque le prometí a mamá, por petición suya, que visitaría su tumba todos los días. Al principio, la visitaba una vez a la semana y me sentía culpable por ello, como si no fuera suficiente. Pero con el tiempo y con la realidad, las visitas se han ido reduciendo, al igual que el sentimiento de culpa.

Me siento con las piernas cruzadas frente a su tumba. Miro con detenimiento las palabras de su lápida.

Valiente, amable, leal, dulce, cariñosa, elegante, fuerte, reflexiva, divertida, genuina, esperanzada, juguetona, perspicaz, y así sucesivamente…

¿Pero lo era? ¿Era alguna de esas cosas? Las palabras me enfadan. No puedo seguir mirándolas.

¿Por qué idealizamos a los muertos? ¿Por qué no podemos ser honestos con respecto a ellos? Especialmente las madres. Son las más idealizadas de todos.

Las madres son santas. Son ángeles por el mero hecho de existir. NADIE puede entender lo que es ser madre. Los hombres nunca lo entenderán. Las mujeres que no tienen hijos nunca lo entenderán. Nadie más que las madres conoce las dificultades de la maternidad, y las que no son madres deben alabar a las madres porque nosotras, las humildes y lamentables no madres, somos insignificantes comparadas con las diosas a las que llamamos madres.

Tal vez me siento así ahora porque vi a mi madre de esa manera durante mucho tiempo. La tenía en un pedestal, y sé lo perjudicial que era ese pedestal para mi bienestar y mi vida. Ese pedestal me mantuvo atascada, emocionalmente atrofiada, viviendo con miedo, dependiente, en un estado casi constante de dolor emocional y sin las herramientas para identificar ese dolor y mucho menos para lidiar con él.

Mi madre no merecía su pedestal. Era una narcisista. Se negaba a admitir que tenía problemas, a pesar de lo destructivos que eran para toda la familia. Mi madre abusó de mí emocional, mental y físicamente de formas que me afectarán para siempre.

Me hizo exámenes mamarios y vaginales hasta los diecisiete años. Estos «exámenes» hacían que mi cuerpo se pusiera rígido por el malestar. Me sentía violada, pero no tenía voz ni capacidad para expresarlo. Estaba condicionada a creer que cualquier límite que quisiera era una traición a ella, así que me quedé callada. Cooperaba.

Cuando tenía seis años, me empujó a iniciar una carrera que no me interesaba. Estoy agradecida por la estabilidad financiera que me proporcionó esa carrera, pero no mucho más. No estaba preparada para manejarme en la industria del entretenimiento con la competitividad, el rechazo, las apuestas, las duras realidades, la fama. Necesitaba ese tiempo, esos años, para desarrollarme como niña. Para formar mi identidad. Para crecer. Nunca podré recuperar esos años.

Ella me inició en un trastorno alimentario cuando tenía once años, un trastorno alimentario que me robó la alegría y cualquier atisbo de espíritu libre que me quedaba.

Nunca me dijo que mi padre no era mi padre.

Su muerte me dejó más preguntas que respuestas, más aflicción que curación, y muchas capas de dolor: el dolor inicial por su muerte, luego el dolor por aceptar su abuso y explotación, y finalmente, el dolor que aflora ahora cuando la echo de menos y me pongo a llorar, porque todavía la echo de menos y me pongo a llorar.

Echo de menos sus charlas motivacionales. Mamá tenía el don de encontrar el punto en una persona para que se iluminara y creyera en sí misma.

Echo de menos su espíritu infantil. Mamá tenía una energía que a veces podía ser entrañable. Incluso cautivadora.

Y echo de menos cuando era feliz. No ocurría tan a menudo como me hubiera gustado, no ocurría tan a menudo como intentaba forzar que ocurriera, pero cuando era feliz era contagioso.

A veces, cuando la echo de menos, empiezo a fantasear sobre cómo sería la vida si todavía estuviera viva y me imagino que tal vez se habría disculpado, y que habríamos llorado abrazadas y nos habríamos prometido empezar de nuevo. Tal vez apoyaría que yo tuviera mi propia identidad, mis propias esperanzas y sueños y búsquedas.

Pero luego me doy cuenta de que estoy idealizando a los muertos de la misma manera que desearía que los demás no lo hicieran.

Mamá dejó muy claro que no tenía interés en cambiar. Si todavía estuviera viva, seguiría haciendo todo lo posible para manipularme para que fuera quien ella quisiera que fuera. Seguiría purgándome, restringiendo las calorías o dándome atracones, o alguna combinación de las tres cosas, y ella seguiría tolerándolo. Seguiría forzándome a actuar, a participar abatida en brillantes comedias. ¿Cuántas veces puedes caerte sobre una alfombra o vender una frase en la que no crees antes de que se muera tu alma? Es muy probable que a estas alturas hubiera sufrido un colapso mental completo y público. Seguiría siendo muy infeliz y estaría gravemente enferma mentalmente.

Vuelvo a mirar las palabras. *Valiente*, *amable*, *leal*, *dulce*, *cariñosa*, *agraciada*...

Niego con la cabeza. No lloro. En el equipo de música del hombre triste empieza a sonar «What a Fool Believes» de los Doobie Brothers. Me levanto, me limpio la suciedad de los vaqueros y me voy. Sé que no volveré.

Agradecimientos

Gracias a mi editor, Sean Manning, por confiar en este libro. Por entender mi voz y hacerla mucho más fuerte.

A mi director, Norm Aladjem, su apoyo y estímulo tempranos significan mucho para mí. Gracias por tu sabiduría, tu estrategia, tu consideración y tu calma inquebrantable.

A Peter McGuigan y Mahdi Salehi: gracias por vuestro talento y humor, y por ayudar a hacer esto posible.

A Jill Fritzo y a todos los miembros de Jill Fritzo PR, gracias por vuestro brillo y experiencia.

A Erin Mason y Jamie C. Farquhar, por la guía y las herramientas transformadoras que me habéis proporcionado.

Y, por último, gracias, Ari, por tu infinito amor, apoyo y estímulo. Te quiero mucho. Eres mi mejor amigo. Estoy muy feliz de que seamos un equipo. *Estamos aquí para nosotros.*

books4pocket
www.books4pocket.com